Carl-Auer

Systemische Horizonte – Theorie der Praxis

Herausgeber: Bernhard Pörksen

»Irritation ist kostbar.«
Niklas Luhmann

Die wilden Jahre des Konstruktivismus und der Systemtheorie sind vorbei. Inzwischen ist das konstruktivistische und systemische Denken auf dem Weg zum etablierten Paradigma und zur *normal science*. Die Provokationen von einst sind die Gewissheiten von heute. Und lange schon hat die Phase der praktischen Nutzbarmachung begonnen, der strategischen Anwendung in der Organisationsberatung und im Management, in der Therapie und in der Politik, in der Pädagogik und der Didaktik. Kurzum: Es droht das epistemologische Biedermeier. Eine Außenseiterphilosophie wird zur Mode – mit allen kognitiven Folgekosten, die eine Popularisierung und praxistaugliche Umarbeitung unvermeidlich mit sich bringt.

In dieser Situation ambivalenter Erfolge kommt der Reihe *Systemische Horizonte – Theorie der Praxis* eine doppelte Aufgabe zu: Sie soll die Theoriearbeit vorantreiben – und die Welt der Praxis durch ein gleichermaßen strenges und wildes Denken herausfordern. Hier wird der Wechsel der Perspektiven und Beobachtungsweisen als ein Denkstil vorgeschlagen, der Kreativität begünstigt.

Es gilt, die eigene Intelligenz an den Schnittstellen und in den Zwischenwelten zu erproben: zwischen Wissenschaft und Anwendung, zwischen Geistes- und Naturwissenschaft, zwischen Philosophie und Neurobiologie. Ausgangspunkt der experimentellen Erkundungen und essayistischen Streifzüge, der kanonischen Texte und leichthändig formulierten Dialoge ist die Einsicht: Theorie braucht man dann, wenn sie überflüssig geworden zu sein scheint – als Anlass zum Neu- und Andersdenken, als Horizonterweiterung und inspirierende Irritation, die dabei hilft, eigene Gewissheiten und letzte Wahrheiten, große und kleine Ideologien so lange zu drehen und zu wenden, bis sie unscharfe Ränder bekommen – und man mehr sieht als zuvor.

Bernhard Pörksen, Professor für Medienwissenschaft an der Universität Tübingen

Matthias Eckoldt

Kann sich das Bewusstsein bewusst sein?

Gespräche mit
Dirk Baecker
Markus Gabriel
John-Dylan Haynes
Philipp Hübl
Natalie Knapp
Christof Koch
Georg Kreutzberg
Klaus Mainzer
Abt Muhô
Michael Pauen
Johannes Wagemann
Harald Walach

2017

Themenreihe »Systemische Horizonte«
hrsg. von Bernhard Pörksen
Reihengestaltung: Richard Fischer
Umschlagfoto: Richard Fischer · www.richardfischer.org
Satz: Drißner-Design u. DTP, Meßstetten
Printed in Germany
Druck und Bindung: CPI books GmbH, Leck

MIX
Papier aus verantwortungsvollen Quellen
FSC® C083411

Erste Auflage, 2017
ISBN 978-3-8497-0202-1 (Printausgabe)
ISBN 978-3-8497-8103-3 (ePUB)
ISBN 978-3-8497-8090-6 (PDF)

Bibliografische Information der Deutschen Nationalbibliothek:
Die Deutsche Nationalbibliothek verzeichnet diese Publikation
in der Deutschen Nationalbibliografie; detaillierte bibliografische
Daten sind im Internet über http://dnb.d-nb.de abrufbar.

Informationen zu unserem gesamten Programm, unseren Autoren
und zum Verlag finden Sie unter: **www.carl-auer.de**.

Wenn Sie Interesse an unseren monatlichen Nachrichten aus der Vangerowstraße haben,
abonnieren Sie den Newsletter unter http://www.carl-auer.de/newsletter.

Carl-Auer Verlag GmbH
Vangerowstraße 14 • 69115 Heidelberg
Tel. +49 6221 6438-0 • Fax +49 6221 6438-22
info@carl-auer.de

*»Nur dadurch, dass ich ein Mannigfaltiges gegebener
Vorstellungen in einem Bewusstsein verbinden kann,
ist es möglich, dass ich mir die Identität des Bewusstseins
in diesen Vorstellungen selbst vorstelle.«*

Immanuel Kant

Inhalt

Vorwort

Die Erklärungslücke

Wie konnte Bewusstsein überhaupt entstehen? Wie war es möglich, dass an einem durch nichts ausgezeichneten Punkt am Rande einer eher durchschnittlichen Galaxie die Funken des Geistes zu sprühen begannen? Warum fühlte es sich plötzlich nach etwas an, in einem Universum zu sein, einem Universum aus gewaltigen Massen fühlloser Materie, der ihre eigene Existenz gleichgültig war? Wenn die Atome keine bewussten Zustände kennen, wieso dann einige wenige Organismen, die doch ihrerseits aus nichts als Atomen aufgebaut sind? Im menschlichen Körper setzt sich dieses Paradoxon fort: Warum laufen die allermeisten Prozesse, wie Verdauung, Blutkreislauf und selbst das Schalten der Neurone im Hirn, ohne Bewusstseinsbeteiligung ab, während Zähne und Gedanken schmerzen können?

Möglicherweise werden wir die Antworten auf diese Fragen niemals finden. Doch das hält uns nicht davon ab, Bewusstsein zu erleben, womit eine weitere Eigentümlichkeit ins Spiel kommt. Obwohl uns allen eine im Prinzip gleiche Welt gegeben ist, empfindet sie doch jeder anders – aus der Perspektive des Ichs, der ersten Person. Das macht die Erforschung des Phänomens schwer, da sich die Naturwissenschaft genau jene subjektive Sicht verbietet und die Welt der Dinge aus der Dritte-Person-Perspektive beobachtet, um objektiv gültige Zusammenhänge zu erschließen. Das bereitet keine Probleme, solange es um die Welt der Dinge geht. Sobald aber die empirische Wissenschaft das Bewusstsein erkennen will, stellt sich die Differenz als unüberwindbar dar, was der US-amerikanische Philosoph Joseph Levine in den Begriff der grundsätzlichen Erklärungslücke zwischen der Erste-Person-Perspektive und der Dritte-Person-Perspektive fasste.

Zwar versuchen wir, unsere innere Erlebniswelt mitzuteilen, das jedoch kann nicht über den Umstand hinwegtäuschen, dass niemand meine Schmerzen zu fühlen und meine Gedanken zu denken vermag. Den tiefen Graben zwischen der Erste- und der Dritte-Person-Perspektive spürt man sogar an und in sich selbst in Momenten, in denen man dem behandelnden Arzt vergeblich die Qualität des Schulterschmerzes zu beschreiben sucht oder daran scheitert, seinem Gegenüber einen Gedanken mitzuteilen, der sich unausgesprochen im Inneren noch ganz klar anfühlte.

Phänomenales und intentionales Bewusstsein

Der Philosoph Thomas Nagel fand für den Zusammenhang von Bewusstsein und individueller Erlebniswelt eine griffige Formel. Immer, wenn es für einen Organismus auf irgendeine Weise *ist*, dieser Organismus zu sein, verfügt er über Bewusstsein. Sobald es ein Gefühl für sich selbst gibt, werden aus Tieren mehr als pure Reflexmaschinen. Man kann dann nicht umhin, ihnen mentale Zustände zuzubilligen. Für uns Menschen ist dieser Status selbstverständlich und drückt sich in der sprachlichen Formel des Ichs aus. Wenn es sich nicht anfühlen würde, ein Mensch zu sein, könnte man auch nicht von sich reden und brächte das Wort »Ich« nicht über die Lippen. Aber was ist mit Affen, mit Fledermäusen, mit Bienen, mit Amöben? Und was mit künstlichen Intelligenzen?

Dieser exklusive, von außen nicht erfahrbare Zustand wird auch als Qualia oder als phänomenales Bewusstsein bezeichnet. Neben der Erlebnisqualität weist Bewusstsein noch eine weitere Eigenschaft auf. Es ist immer auf etwas bezogen. Selbst die eigensinnigsten Gedanken handeln von etwas, ebenso wie man Schmerzen nicht an sich hat, sondern es immer ein Etwas gibt, das wehtut. Für diesen Aspekt hat sich der Begriff intentionales Bewusstsein eingebürgert.

Das Leib-Seele-Problem

Der französische Philosoph und Naturforscher René Descartes bringt im 17. Jahrhundert logische Schärfe in die Debatte um den zwar in jedem Menschen offensichtlichen, bei genauerem Nachdenken jedoch verwirrenden Zusammenhang zwischen Leib und Seele (später zwischen Geist und Materie oder Sein und Bewusstsein, noch später zwischen Gehirn und Geist). Descartes sieht das entscheidende Kriterium der gegenständlichen Welt in der Ausdehnung und findet dafür die Bezeichnung *res extensa*, die ausgedehnte Substanz. Gegenstück dazu bildet die *res cogitans*, die denkende Substanz. Sie verfügt offensichtlich über keinerlei räumliche Ausdehnung, denn einen Gedanken kann man nicht verorten. Er ist überall und nirgends. Mit dieser strikten Trennung geistiger und materieller Wesenheiten handelt sich Descartes – und mit ihm das abendländische Nachdenken über das Bewusstsein – nun jedoch ein gravierendes, unlösbares Problem ein: Wenn res cogitans und res extensa zwei ihrem Wesen nach getrennte Substanzen sind, wie ist es dann zu erklären, dass sie miteinander wechselwirken und sich sogar gegenseitig hervorbringen? Descartes behauptet, dass die Zirbeldrüse im Gehirn die Kraft besitze, die Wechselwirkung zu leisten. Diese durch nichts gedeckte Spekulation erscheint bereits seinen Zeitgenossen fragwürdig, seit die Steuerung des Schlaf-wach-Rhythmus durch die Produktion von Melatonin in der Zirbeldrüse aufgeklärt ist, klingt sie geradezu absurd.

Aber die Frage bleibt: Wenn man von der kausalen Geschlossenheit der Welt ausgeht, in der jeder materiellen Wirkung eine materielle Ursache vorausläuft, wie sollen dann nichträumliche, nichtmaterielle Zustände wie Gedanken materielle Wirkungen verursachen? Wäre es nicht geradezu ein Akt der Magie, wenn der Gedanke, meine Hand zu bewegen, die tatsächliche Bewegung meiner Hand verursachen würde? Die Philosophie schlägt sich fortan mit dem Thema herum und entwickelt ein breites Spektrum an Lösungsversuchen, bei denen der Prozess der Wechselwirkung entweder vom Geist her (Idealismus) oder von der Materie her (Materialismus) gedacht wird. Derweil geht die Naturwissenschaft zur Tagesordnung über und widmet sich ihrem Aufgabenfeld, das Descartes im Erkennen der Gesetze im Bereich der res extensa, der gegenständlichen Welt, sah.

Die Euphorie, die durch die Erfolgsgeschichte der Naturwissenschaften ausgelöst wird, lässt alle Grenzen überwindbar erscheinen, sodass sie sich schließlich sogar die Lösung des Leib-Seele-Problems zutrauen. Eine zur Demut mahnende Stimme erhebt sich jedoch in der zweiten Hälfte des 19. Jahrhunderts aus den eigenen Reihen. Der Begründer der Elektrophysiologie Emil du Bois-Reymond legt dar, dass Bewusstsein aus seinen materiellen Bedingungen heraus nicht erklärbar ist und sein wird: »Ignoramus et ignorabimus» (»Wir wissen es nicht, und wir werden es nicht wissen«).

Das schwierige Problem des Bewusstseins

Im 20. Jahrhundert verhallt die Stimme von du Bois-Reymond angesichts des immer rasanteren technischen Fortschritts. Besonders die Entwicklung einer Maschine, die so vieles besser kann als der Mensch, nimmt dem Erkenntnispessimismus den Wind aus den Segeln. Wenn man Computer bauen kann, die sogar das hochkomplexe Schachspiel besser beherrschen als der menschliche Weltmeister, scheint man auf dem richtigen Weg, um auch das Rätsel des Bewusstseins mit naturwissenschaftlichen Mitteln zu lösen, indem man entweder eine künstliche Intelligenz mit den markanten menschlichen Eigenschaften kreiert oder die Entstehung des Bewusstseins aus der immer besseren Kenntnis der Neurone und ihrer Verschaltungen heraus zu erklären vermag. Beides ist trotz jährlicher Verdopplung der Computerleistungen und der Entwicklung bildgebender Verfahren nicht gelungen, sodass der 1994 von dem australischen Philosophen David Chalmers geprägte Begriff vom schwierigen Problem des Bewusstseins bis heute Bestand hat. Nach seiner Unterscheidung tun sich mit der Frage nach dem Bewusstsein zwei Probleme auf: das einfache, bei dem es um die Erklärung von Verhalten geht, und das schwierige, das die Entstehung subjektiver Erfahrung aus physikalischen Prozessen zum Gegenstand hat.

Das vorliegende Buch gibt einen Einblick in den gegenwärtigen Stand der Erforschung jenes schwierigen Problems des Bewusstseins. Die dialogische Form ermöglicht dabei den schrittweisen Nachvollzug der Gedankengänge, sodass der Leser eine exklusive Einführung in die aktuelle Debatte erhält. Sie ist heute an einem spannenden Punkt angelangt, an dem sich mit einer gnadenlosen Deutlichkeit abzeichnet, dass keine Wissenschaftsrichtung allein das Rätsel Bewusstsein lösen wird. Daher versammelt das Buch Gesprächspartner aus verschiedenen Disziplinen.

Die Gesprächspartner

Die Philosophen sind dabei in der Mehrheit, weil sie die ersten Adressaten einer Forschungslandschaft sind, die sich langsam eingesteht, noch nicht die richtigen Fragen an den Untersuchungsgegenstand Bewusstsein formuliert zu haben. Mit begrifflicher Strenge reflektieren sie den Stand der Erkenntnisse und die Methoden, mit denen sie gewonnen wurden. Dabei herrscht unter den hier versammelten Philosophen alles andere als Einigkeit über den einzuschlagenden Weg.

Michael Pauen plädiert dafür, die Erklärungslücke zwischen Erste- und Dritte-Person-Perspektive zu minimieren, indem man objektivierbares Wissen über die nur subjektiv erfahrbare innere Welt sammelt, und setzt dabei auf Fortschritte der Hirnforschung bei der Erforschung der neuronalen Korrelate des Bewusstseins: »Wenn wir sehr spezifische Korrelationsdaten über neuronale Muster und psychologische Prozesse hätten, dann wäre die sinnvollste Erklärung unter bestimmten Umständen, dass es tatsächlich zwei Beschreibungen ein und desselben Prozesses sind.«

Markus Gabriel hält dagegen wenig von den Neurowissenschaften als Lieferanten neuer Erkenntnisse über das Bewusstsein, weil er den Geist nicht den Gesetzen der Natur, sondern seinen eigenen Gesetzen unterstellt sieht und daher eine an Hegel geschulte Konzeption des Geistes entwirft: »Wichtig daran zu verstehen ist, dass Geist hier als eine Invariante gesehen wird. Was jedoch variiert, ist das Bild, das wir uns von uns machen. Wenn wir nun sagen: ›Wir sind bewusst‹, dann machen wir uns ein Bild von uns selbst als geistige Lebewesen und fragen uns beispielsweise, in welcher Kontinuität steht unser Bewusstsein mit dem Bewusstsein anderer Tiere? Bewusstsein ist also gebunden an die Begriffe unseres Selbstporträts.«

In ähnlicher Richtung denkt der Strukturphänomenologe *Johannes Wagemann,* der Bewusstsein als ein eigenes, nichtmaterielles Organ begreift, dessen Funktion darin besteht, die vom Gehirn geleistete Zerlegung der Wirklichkeit in einem Sinnhorizont zusammenzufügen: »Die Funktion des Organs Bewusstsein wäre dementsprechend erstens mentale, interessengeleitete Eigenaktivität – ich kann mich ja in jedem Moment auch anderen Dingen zuwenden – und zweitens Sinnstrukturierung, also die innere, logische Gesetzmäßigkeit dessen, dem ich mich zuwende. Aber um die Sinnstrukturen auf den Punkt zu bringen, auf den konkreten Einzelfall festlegen zu können, benötige ich wiederum das Gehirn, das mir all die zusammenhanglosen Ansatzpunkte dazu vermittelt.«

Näher an der empirischen Wissenschaft sieht sich *Philipp Hübl,* wenn er sich im besten Sinne des Wortes als Szientist versteht und Erhellendes für das Verständnis des Bewusstseins von einer Disziplin erwartet, die nicht mehr streng zwischen Philosophie und Psychologie unterscheidet und die Erkenntnisse der Aufmerksamkeitsforschung systematisch in den Blick nimmt: »Da unser Geist eine begrenzte Aufnahmekapazität hat, brauchen wir eine Art Flaschenhals, über den Informationen selektiert werden. Aufmerksamkeit fungiert wie ein Türsteher in einem angesagten Klub. Es kommt niemals alles rein, was da auf den Eingang einprasselt. Ansonsten würde uns der Kopf platzen.«

Natalie Knapp konfrontiert in ihrem Nachdenken hingegen Bewusstseinsformen verschiedener Menschheitsalter mit dem je individuellen Bewusstseinswandel. Sie ist auf der Suche nach Anzeichen für die Entstehung einer neuen Bewusstseinsebene, die es ermöglicht, sich wieder über die eigene Lebensspanne hinaus verantwortlich zu fühlen: »Ich kann mir bewusst werden, dass mir verschiedene Arten der Rhythmisierung zur Verfügung stehen und sie ineinandergreifend praktizieren. Ich kann zwischen ihnen hin- und herpendeln und sehen, welche unterschiedlichen Welterfahrungen sie eröffnen. Das Resultat wäre dann eine integrale, vieldimensionale Einheit. So stelle ich mir vor, was Jean Gebser mit integralem Bewusstsein gemeint haben könnte.«

Der Soziologe *Dirk Baecker* setzt wiederum anders an und sieht bei der Erforschung des Bewusstseins in der gesellschaftsbildenden Du-Perspektive das notwendige Bindeglied, das es erlauben könnte, den Graben zwischen der Erste- und der Dritte-Person-Perspektive zu überspringen, denn: »Sie kennen den schönen Spruch, dass man ein Dorf braucht, um ein Kind zu erziehen. So braucht man eine Welt, um ein Bewusstsein zu erklären.«

Zugleich aber kommen auch empirisch forschende Wissenschaftler zu Wort: *John-Dylan Haynes* kann mithilfe eines von ihm entwickelten neurowissenschaftlichen Verfahrens bestimmte Gedanken lesen und weiß bereits sieben Sekunden bevor sich seine Probanden zu einer Handlung entschließen, was sie tun werden. So liefert er neuen Diskussionsstoff für die alte Frage, ob wir Menschen über einen freien Willen verfügen: »Das klingt wahrlich völlig paradox. Aber die Resultate waren solide.«

Klaus Mainzer beschäftigt sich mit der Theorie und Praxis künstlicher Intelligenzen. Ihm stellt sich der Mensch mit seinem Bewusstsein nicht als Krone der Schöpfung, sondern als Zwischenstufe der Evolution dar: »Bewusstsein ist bei uns Menschen hochgradig ausgebildet. Gleichzeitig erleben wir heute aber eine Strategie der technischen Intelligenz, die eine ganz andere Richtung einschlägt. Hier spielt das Bewusstsein allenfalls eine untergeordnete Rolle – zumeist jedoch gar keine.«

Mit *Georg Kreutzberg* ist ein Hirnforscher vertreten, der weltweit als Instanz auf dem Gebiet der Gliazellen gilt und sich nach seiner Emeritierung mit den verschiedenen Theorien der Menschwerdung auseinandergesetzt hat: »Einerseits stammen wir von Tieren ab, und die Natur hat uns alles, was die Tiere erfolgreich gemacht hat, weitergegeben, als wir noch auf den Bäumen saßen. Vor 282 000 Jahren ist jedoch noch ein zweiter Strang dazugekommen, der des Bewusstseins.«

Christof Koch ist ebenfalls Neurowissenschaftler und forscht über die neuronalen Grundlagen des Bewusstseins. Dabei stellt sich mit dem Claustrum eine kleine Struktur unterhalb der Großhirnrinde als enorm wichtig für die Bildung von Bewusstsein heraus: »Wir haben das Claustrum mit dem Dirigenten in einem Orchester verglichen, der zweihundert verschiedene Solisten synchronisiert, sodass eine Symphonie entsteht. Die Solisten wären die einzelnen Areale der Großhirnrinde und die Symphonie das Bewusstsein.«

Der Psychologe *Harald Walach* hält nicht viel vom Weg der Neurowissenschaft, sofern sie versucht, alle Phänomene auf materielle Grundlagen zu reduzieren. Er entwickelt seinen Ansatz von einer Einheit her und begreift Materie und Bewusstsein eher in einem komplementären als in einem gegensätzlichen Verhältnis, »als komplementäre Erscheinungsformen derselben Sache. Damit wird die Materie nicht als das Grundlegende angesehen, sondern als eine transzendente Realität, die sich zunächst erst einmal weder als Geist noch als Materie interpretieren lässt. Uns Menschen mit unserer speziellen Konstitution erscheinen diese beiden Dinge immer in der Doppelform.«

Neben den professionellen Forschern kommt auch ein Profi der Erste-Person-Perspektive zu Wort. *Abt Muhô* steht einem japanischen Zen-Kloster vor und hat sich in dreißigjähriger Meditationspraxis mit dem Bewusstsein auseinandergesetzt – im Extremfall bis zu 17 Stunden am Tag: »Wir sitzen vor der weißen Wand und lassen alle möglichen Fragen hochkommen. Wenn man philosophisch geneigt ist, können auch Fragen zum Bewusstsein selbst aufsteigen: Wer hört, wenn ich eine Vogelstimme höre? Warum bin ich ich und nicht mein Nachbar?«

Die Zusammenschau dieser zwölf unterschiedlichen Ansätze zur Erforschung des Bewusstseins gibt letztlich eine mögliche Antwort auf die titelgebende Frage nach dem Bewusstsein: Bewusstsein ist das Medium, in dem sich der Selbstklärungsprozess des Menschen vollzieht.

Matthias Eckoldt
Sarmstorf, Neujahr 2017

»Wie kann das Hirn die Grundlage von Bewusstsein sein, obwohl es selbst aus nichtbewussten, geistlosen Atomen besteht?«

Philipp Hübl über Baseballschläger, Zombies und den ViP-Bereich des Bewusstseins

© Juliane Marie Schreiber

Philipp Hübl, *geboren 1975 in Hannover, Studium der Philosophie und Sprachwissenschaft in Berlin, Berkeley, New York und Oxford; Lehrtätigkeit an der RWTH Aachen sowie der Humboldt-Universität zu Berlin; Fulbright-Scholar und Stipendiat der Studienstiftung des deutschen Volkes; Vorträge unter anderem in Antwerpen, Barcelona, Belfast, Bielefeld, Groningen, Innsbruck, Konstanz, Krakau, Lissabon, New York, Potsdam, Utrecht und Zürich.*
Hübl ist Juniorprofessor für Theoretische Philosophie an der Universität Stuttgart. Er forscht in der Philosophie des Geistes, Handlungstheorie, Sprachphilosophie, Metaphysik und Wissenschaftstheorie. Neueste Publikation zum Thema: Der Untergrund des Denkens. Eine Philosophie des Unbewussten *(2016).*

Mentale Faulheit

Matthias Eckoldt: Wie und warum ist Bewusstsein zu einem Thema für Sie geworden?

Philipp Hübl: Ich habe mich schon in der Schulzeit sehr für Psychologie interessiert. Im Studium wählte ich zunächst Sprachwissenschaft, weil ich immer wissen wollte, wie Sprache funktioniert. Ich dachte, wenn man der menschlichen Natur auf den Grund kommen will, muss man wissen, wie Sprache funktioniert. Dabei habe ich aber gemerkt, dass Sprache nur *eine* geistige Fähigkeit ist, die uns Menschen ausmacht und bin dann über mehrere Seminare in der Philosophie dazu gekommen, dass die Philosophie des Geistes eine übergeordnete Disziplin ist, in der es darum geht, unseren Geist, speziell unser Bewusstsein zu verstehen. Dabei ist Sprache eine wichtige Fähigkeit, aber dazu kommen noch die Handlungsfähigkeit, die Emotionen die Wahrnehmung, das Denken und so weiter. Diese Prozesse sind beim Menschen begleitet von Bewusstsein. In meiner Doktorarbeit habe ich mich dann mit Handlungstheorie beschäftigt. Dabei hat mich nicht so sehr interessiert, was die ethischen Grundlagen des Handelns sind, sondern wie die empirischen Grundlagen des Handelns aussehen. Welche Entscheidungen, Wünsche und Präferenzen treiben uns an, und wie setzen wir die tatsächlich in Handlung um? Da spielte dann natürlich sofort die Frage nach Aufmerksamkeit und Bewusstsein mit hinein.

Matthias Eckoldt: Wie bewusst sind wir eigentlich? Wenn wir uns beispielsweise die Aufgabe anschauen, die der israelisch-US-amerikanische Psychologe und Nobelpreisträger Daniel Kahnemann seinen Probanden stellte, nämlich: Baseballschläger und Ball kosten zusammen 1,10 Dollar. Der Schläger kostet einen Dollar mehr als der Ball. Wie viel kostet dann der Ball? Die meisten Probanden antworteten: 10 Cent. Was würden Sie sagen?

Philipp Hübl: Der Ball muss 5 Cent kosten, dann kostet der Schläger 1,05 Dollar und zusammen kosten die beiden dann 1,10 Dollar. Aber es ist richtig, die erste Antwort, die einem spontan in den Kopf schießt, lautet: 10 Cent. Interessant sind Prozesse, die an der Grenze zwischen Bewusstsein und Unbewusstem stattfinden. Da gibt es viele automatische, schnelle, auch als »intuitiv« bezeichnete Reaktionen und Einschätzungen. Diese Aufgabe mit dem Schläger und dem Ball ist dafür ein gutes Beispiel. Die spontane Antwort kommt uns sofort in den Sinn und führt zu der vorschnellen, aber falschen Antwort. Wenn wir dann aber reflektiert und aufmerksam nachdenken, merken wir, dass wir in die Irre geleitet wurden. Da muss dann erst das bewusste Nachdenken aktiviert werden.

Matthias Eckoldt: Nicht umsonst bezeichnet Kahnemann dieses Phänomen, das der schnellen, falschen Antwort zugrunde liegt, als »mentale Faulheit«!

Philipp Hübl: Es ist unglaublich anstrengend, sich bewusst auf eine Sache zu konzentrieren. Wenn man das den ganzen Tag über macht, ist man abends völlig erschöpft. Unser Gehirn ist insofern ökonomisch, als es so viel wie möglich sparsam und mit wenig Aufwand betreibt, das heißt, möglichst viele Prozesse ohne Bewusstsein ablaufen lässt. Daher befinden wir uns oft im Zustand der mentalen Faulheit. Das funktioniert eigentlich auch ganz gut. Der Zustand ist nur dann gefährlich, wenn uns jemand zum Kauf von Dingen, die wir gar nicht brauchen, überreden möchte. Dann sollte man die Aufmerksamkeit und damit das Bewusstsein einschalten.

Bewusstsein als gut geputzte Brille

Matthias Eckoldt: Was macht für Sie Bewusstsein aus? Sicherlich sind verschiedene Aspekte wie Aufmerksamkeit und Wachheit wichtig. Zugleich gibt es ja auch noch eine interne Unterscheidung zweier Bewusstseinsarten, nämlich intentionales und phänomenales Bewusstsein.

Philipp Hübl: Das sind die beiden wichtigen Begriffe, wenn man über Bewusstsein redet. Ich will mal etwas weiter ausholen: Mit Bewusstsein meinen wir im Alltag viele Phänomene. An dieser Stelle ist die Philosophie gefragt, die man als Arbeit am Begriff verstehen kann. Wir müssen also erst einmal sauber trennen und definieren, was wir überhaupt mit dem Wort »Bewusstsein« meinen. Da gibt es unter anderem folgende Aspekte: Aufmerksamkeit, Wissen, Selbstreflexion, Absicht. Wenn man über Bewusstsein als größtes Rätsel der Wissenschaft nachdenkt, stellt sich die Frage so: Wie kann es sein, dass in einem Universum, das aus Elementarteilchen besteht, die für sich genommen kein subjektives Erleben haben, irgendwann dieses subjektive Erleben entstanden ist? Dieses subjektive Erleben bezeichnen Philosophen auch als »phänomenales Bewusstsein«. Um sich klar zu machen, was damit gemeint ist, kann man sich Folgendes vorstellen: Man wacht morgens auf, und sieht die Welt nur noch schwarz-weiß. Das, was uns da verloren gehen würde, sind eben die Bewusstseinsqualitäten, nämlich die Farbeindrücke. Wenn wir jetzt alle Bewusstseinsqualitäten verlieren würden, also gar keine Farben mehr sehen würden, keine Töne mehr hören könnten, keine Körperempfindungen und keine Emotionen mehr hätten, dann wäre unser phänomenales

Bewusstsein weg. Der Begriff »phänomenal« drückt aus, dass Bewusstsein eine bestimmte Erlebnisqualität hat. »Intentional« ist ein Fachwort, das die Eigenschaft unseres Geistes beschreibt, sich auf Dinge und Ereignisse in der Welt zu beziehen. Wir haben nicht einfach nur einen Körperzustand, den wir subjektiv erleben, sondern der hat auch einen Bezug zur Außenwelt. Meine Wahrnehmung repräsentiert die Welt um mich herum, mein Gleichgewichtsorgan repräsentiert meine Lage im Raum, mein Schmerz repräsentiert eine Körperverletzung. Selbst mein Wunsch, dass morgen auch die Sonne scheinen möge, bezieht sich auf die Welt. Das ist dann nicht die Welt, wie sie aktual existiert, sondern wie sie in der Zukunft sein soll. Insofern sind Intentionalität und Phänomenalität des Bewusstseins zwei Aspekte, die oft zusammenspielen, die sich aber nicht aufeinander reduzieren lassen. Das sind tatsächlich zwei unterschiedliche Aspekte, die unser Bewusstsein mit sich bringt. Darüber hinaus ist Bewusstsein immer das Bewusstsein einer Person: Es hat eine Erste-Person-Perspektive. Man kann nicht sagen: »Da ist ein Schmerz«, so wie man sagen kann: »Da ist ein Baum«. Ein Schmerz muss vielmehr immer der mentale Zustand einer Person sein, die diesen Schmerz hat. Ich empfinde also immer nur meinen eigenen Schmerz, ich kann ihn nicht teilen oder anderen geben wie meine Armbanduhr. Des Weiteren gibt es noch die Eigenschaft der Transparenz. Das heißt, man kann sich Bewusstsein als Ganzes nicht anschauen, sondern man kann sich immer nur einzelne bewusste Zustände gleichsam vor Augen führen. Ich kann sagen, dass diese Decke hier rote Streifen hat, aber ich kann mir nicht noch einmal die Röte selbst vergegenwärtigen. Bewusstsein ist die gut geputzte Brille, durch die wir auf die Welt blicken. Aber die Brille selbst können wir nicht anschauen.

Matthias Eckoldt: Ein weiterer Aspekt des Bewusstseins ist ja auch die schwere Ausdrückbarkeit bewusster Zustände. Das fängt bei Schmerzen an, die man beim Arzt zumeist nur unzureichend beschreiben kann, und hört bei manchen Gedanken und seelischen Zuständen noch lange nicht auf. Ein wunderschönes literarisches Zeugnis dafür ist beispielsweise der Chandos-Brief von Hugo von Hofmannsthal, in dem er seiner Verzweiflung über die Abstraktheit der Sprache Ausdruck gibt, die ihm nicht auszudrücken erlaubt, was er wirklich denkt und fühlt.

Saurer Kitsch

Philipp Hübl: Diese Idee hat schon Goethe in einem Brief an Lavater angesprochen, in dem er über die Unausdrückbarkeit des Individuellen schreibt. In der Romantik wird das zu einem großen Topos. Das ist ein bisschen zweischneidig. Mein Doktorvater, Gert Keil, hat eine Lesart mal sehr treffend »sauren Kitsch« genannt. Also demnach gibt es den süßen Kitsch – etwa in Filmen –, der von der Sentimentalität lebt, und den sauren Kitsch, den Intellektuelle produzieren, wenn sie aus der Unausdrückbarkeit des Bewusstseins etwas Mystisches machen. Ich würde sagen: Wir können über alles reden, was in uns vorgeht. Wenn mir etwas wehtut, und Sie auch schon einmal Schmerzen gehabt haben, können Sie nachvollziehen, dass ich Schmerzen habe. Klar ist natürlich auf der anderen Seite, dass man innere Zustände nicht so beschreiben kann, dass sich tatsächlich dasselbe Erlebnis beim anderen einstellt, aber das kann man auch bei Objekten der Außenwelt nicht. Wenn ich Ihnen sehr detailliert den Tisch dort drüben beschreibe, entsteht der Tisch dadurch nicht. Außerdem könnte ich wahrscheinlich diesen Tisch nicht so beschreiben, dass sie ihn von einem anderen baugleichen Modell unfehlbar und eindeutig unterscheiden könnten. Die Differenz beim Bewusstsein ist nur, dass der andere, dem ich davon erzähle, auch ähnliche bewusste Erlebnisse gehabt haben muss, um mich zu verstehen. Jemandem, der nie verliebt gewesen ist, könnte man diesen Zustand nicht beschreiben. Man würde vielleicht sagen: Man ist dann sehr aufgeregt, kann nicht essen, die Gedanken kreisen immer um den geliebten Menschen und so weiter. In der Weise könnte man die Merkmale aneinanderreihen, ohne dass der andere wirklich begrifflich erfassen könnte, was es heißt, verliebt zu sein.

Matthias Eckoldt: Allerdings kann man auch ohne sauren Kitsch über das Phänomen der Unausdrückbarkeit des Bewusstseins reden. Der Systemtheoretiker Niklas Luhmann, der über jeden Kitschverdacht erhaben war, sprach in diesem Zusammenhang von der strukturellen Kopplung von Bewusstsein und Sprache. Strukturell gekoppelt heißt hier, dass vieles ausgeschlossen wird, um weniges einzuschließen. Sprache schließt also viele Bewusstseinszustände aus, um wenige einzuschließen. Über die reden wir dann.

Philipp Hübl: Das ist ein sprachphilosophisches Problem. Sprache ist ein diskontinuierliches Medium, mit dem wir die diskontinuierliche

Welt beschreiben. Sprache benutzt Begriffe, die jeweils Grenzen ziehen. Wenn ich sage: Da stehen sechs Stühle! Dann ignoriere ich die Individualität der einzelnen Stühle. Ich fasse sie einfach unter einem Begriff zusammen und reduziere damit die Komplexität der Welt. Wie stark ich mich dabei auch um Genauigkeit bemühe, ich liege immer etwas daneben, weil die Welt eine unendliche Vielfalt darstellt, die wir mit endlich vielen Begriffen fassen müssen. Dabei gibt es auch noch ein wissenschaftstheoretisches Problem, das bislang in der Neurowissenschaft und Psychologie relativ wenig reflektiert wurde, wenn man herausfinden möchte, auf welche Weise Bewusstsein mit Hirnzuständen korreliert ist. Man will am Ende Aussagen treffen können wie: Wenn ich diesen stechenden Schmerz im Knie habe, ist gleichzeitig genau diese Zellpopulation aktiv. Die Idee der Naturwissenschaft ist es, immer präziser zu werden. Während die Empfindlichkeit der Messgeräte fast beliebig gesteigert werden kann, sind der Genauigkeit der Selbstbeobachtung natürliche Grenzen gesetzt. Ab einem bestimmten Punkt können wir nicht mehr einschätzen, ob der Schmerz vor fünf Minuten stärker oder schwächer oder gleich war wie der, den wir jetzt gerade erleben. Selbst wenn man dabei das gerade angesprochene Sprachproblem mal beiseitelässt, dann gibt es einen Punkt, an dem es uns nicht mehr möglich ist, uns selbst so präzise zu beobachten, wie die Maschinen das Gehirn untersuchen können. Diese Genauigkeit bräuchte man aber, um Bewusstseinszustände perfekt auf Hirnzustände abzubilden. Das heißt, man wird bewusste Zustände niemals so genau erfassen können, wie es sich die Naturwissenschaften erträumen.

Wie hängen Hirnzustände und Gedanken zusammen?

Matthias Eckoldt: Hier stellt sich dann noch ein weiteres Problem. Denn die Suche nach Korrelaten, die von der Neurowissenschaft betrieben wird, täuscht ja darüber hinweg, dass man – im besten Falle – nicht mehr als die Korrelate gefunden hat. Das ist also ein Parallelismus. Man kann dann sagen, bei diesem Gedanken sehen wir dieses Hirnmuster. Aber man kommt auf diese Weise nicht zu der Einsicht, wie der Gedanke auf neuronaler Ebene entsteht.

Philipp Hübl: Nehmen wir mal den bestmöglichen Fall, von dem die Neurowissenschaften noch weit entfernt sind. Der Neurowissenschaftler schaut auf das Erregungsmuster des Hirns und sagt mir: »Du hast gerade an deinen letzten Urlaub an der Nordsee gedacht.« Wenn das dann stimmt, wäre das eine unglaubliche Leistung. Wäre die Hirnforschung auf diesem Stand, hätte sie eine neuronale Hirnkarte, die alle gedanklichen, sensorischen, emotionalen Zustände des Geistes erfassen kann. Aber das große Rätsel, das Philosophen interessiert, hätte sie damit noch nicht gelöst. Die Frage ist nämlich: Warum ist dieser Hirnzustand mit genau diesem Gedanken verbunden und nicht mit einem anderen oder mit gar nichts? Dahinter steht die Frage: Wie kann es sein, dass Bewusstsein vom Hirn abhängig ist, aber für sich genommen etwas ganz anderes ist, weil es nämlich subjektiv erlebt wird? Bewusstsein scheint etwas ganz anderes zu sein als das, wovon es abhängt. Anders gefragt: Wie kann das Hirn die Grundlage von Bewusstsein sein, obwohl es selbst aus nichtbewussten, geistlosen Atomen besteht? Dieses Rätsel bleibt bestehen, selbst wenn man die perfekte neuronale Hirnkarte des Geistes hätte.

Matthias Eckoldt: Wir sind jetzt oft bei Schmerzen als Bewusstseinszuständen gelandet. Aber es gibt ja auch noch andere Ebenen des Bewusstseins, die für Ihre Arbeit wesentlich wichtiger sein werden. Ich meine Gedanken. Da gibt es ja auch noch einen entscheidenden Unterschied zu bewusst erlebten Schmerzzuständen. Während man Schmerzen immer nur selbst haben kann, sind Gedanken nicht an das Subjekt gebunden. Sie sind gewissermaßen in der Welt. Ich kann sie nachvollziehen, aber es gibt sie auch ohne mich.

Philipp Hübl: Es gibt zwei Lesarten des Wortes »Gedanke«. Einmal gibt es die Proposition, also den Inhalt eines Satzes. Nehmen wir »$a^2 + b^2 = c^2$«. Den Inhalt dieses Satzes – wenn Sie so wollen: den Gedanken, den der Satz ausdrückt –, können Sie und ich erfassen, den kann ein Schüler in der Schule lernen, der steht in Lehrbüchern und so weiter. Das wäre ein Beispiel für »Gedanke« als eine abstrakte Proposition. Dann gibt es aber noch die Lesart von »Gedanke« im psychologischen Sinn. Das wäre dann ein subjektiver Einzelzustand im Geist, den ich gerade habe, weil nur ich meine Gedanken haben kann. Der abstrakte Inhalt des Gedankens hängt natürlich nicht davon ab, ob ich ihn habe oder nicht. Er ist für jeden erfassbar und das bleibt im Prinzip auch noch so, wenn niemand mehr da sein sollte, der diesen Inhalt erfassen kann.

Matthias Eckoldt: Zusätzlich gibt es ja noch so etwas wie eine innere Färbung. Selbst noch bei abstrakten Gedanken. Ich denke sehr wahrscheinlich anders über $a^2 + b^2 = c^2$ nach als Sie und jeder andere. Aus dieser Tatsache würde sich auch die Beschreibung der Philosophiegeschichte als Abfolge verschiedener Temperamente erklären. Was einem Hegel als glasklare Logik erschien, war für einen Kierkegaard ein kaltes, monströses System.

Freier Wille

Philipp Hübl: Das ist interessant. Denn in allen anderen Wissenschaftsrichtungen ist es in der Regel so, dass sich die Forscher, die sich sehr gut mit einem Thema auskennen, in ihren Meinungen angleichen. Das ist in der Philosophie oft nicht der Fall. Nehmen Sie da nur die Debatte um den freien Willen. Manche Philosophen sind ganz sicher, dass wir frei sind, andere sind dagegen ganz sicher, dass wir nicht frei sind. Das kann gar nicht mehr auf der argumentativen Ebene verhandelt werden, weil beide Seiten alle Argumente und Gegenargumente kennen. Da muss also ein weiterer Aspekt mit hineinkommen, der den Unterschied ausmacht, und das könnten sehr wohl die Temperamente der Denkerinnen und Denker sein, die vielleicht ihre Intuition einfärben.

Matthias Eckoldt: Wie schätzen Sie Ihr Temperament in Bezug auf die Frage nach dem freien Willen ein?

Philipp Hübl: Ich fühlte mich immer schon den Naturwissenschaften sehr verbunden. Mich interessiert auch inhaltlich am meisten das, was man in den USA »cognitive science« nennt. Diese Leute beschäftigen sich mit Psychologie und Philosophie und unterscheiden nicht so streng zwischen den Disziplinen. Zur Debatte um den freien Willen würde ich Folgendes sagen: Man kann die Freiheit des Willens ohnehin nicht beweisen. Also geht es um die Frage, ob man zeigen kann, dass unserer Freiheit, also der Möglichkeit zwischen Handlungsoptionen zu wählen, etwas entgegensteht. Keines der Argumente, die bislang gegen den freien Willen vorgetragen wurden, halte ich für stichhaltig.

Matthias Eckoldt: Was sagen Sie dann zu den Untersuchungen von John-Dylan Haynes, der sieben und mehr Sekunden bevor der Proband selbst die bewusste Entscheidung fällt, die linke oder die rechte Taste zu drücken, weiß, was er tun wird?

PHILIPP HÜBL: Ich finde diese Vorhersagezeit sehr erstaunlich, allerdings heißt das nicht, dass wir im strengen Sinne des Wortes festgelegt sind, sondern dass man mit einer gewissen Wahrscheinlichkeit sagen kann, wohin wir neigen – die liegt etwas höher als die Zufallswahrscheinlichkeit, aber nicht annähernd bei 100 Prozent, was für den Determinismus und gegen die Freiheit sprechen würde. Aber durch diese Versuche wurde die Frage gestellt, wie wir eigentlich Handlungen einleiten, und inwieweit wir die Einleitung dieser Handlungen bewusst in der Hand haben. Nur muss man auch ganz klar sagen, dass es in diesen Versuchen um wenig komplexe Handlungen wie den Finger heben oder einen Knopf drücken geht. Die wirklich interessanten Entscheidungen aber sind wesentlich komplexer. Denken Sie nur an Handlungen wie ein Buch schreiben oder einen Urlaub planen. Das sind Projekte, die über Monate oder Jahre laufen können und viele Korrekturen in sich tragen. Bei solchen Handlungen halte ich es für völlig ausgeschlossen, dass da alles bereits im Gehirn vorher festgelegt ist.

Über den Determinismus

MATTHIAS ECKOLDT: Die Grundentscheidung, die in der Debatte verhandelt wird, ist ja letztlich die für den freien Willen oder für den Determinismus.

PHILIPP HÜBL: Der Determinismus behauptet, dass der Lauf der Dinge festgelegt ist, weil es eine endliche Zahl von Atomen gibt, für die Naturgesetzlichkeiten sagen, was mit ihnen geschieht. Wenn das der Fall ist, kann es ja keine Wahlmöglichkeit mehr geben. Denn Freiheit heißt ja immer, ich kann das eine tun, aber auch das andere. Das ist das klassische Freiheitsproblem. In der Philosophie hat sich aber daran anschließend eine weitere, nämlich die kompatibilistische Option aufgetan. Da wird behauptet, dass die Frage nach der Willensfreiheit unabhängig davon verhandelt werden kann, ob der Determinismus wahr ist oder nicht. Dabei geht es dann mehr darum, welches Vokabular man für »frei« beziehungsweise »nicht frei« verwendet. Freiheit heißt in diesem Zusammenhang die Abwesenheit von Zwang, Kontrolle und Fremdeinwirkungen. Die meisten zeitgenössischen Philosophen, so ist mein Eindruck, sind Kompatibilisten und sagen: Man kann auch frei sein in einer Welt, die deterministisch ist. Denn es gibt auch in einer deterministisch zu beschreibenden Welt immer noch genügend Handlungen, die frei von Zwang und somit in dieser schwächeren Lesart »frei« sind.

Matthias Eckoldt: Wenn Sie sich jetzt also dazu entscheiden, das Glas nach rechts oder nach links zu schieben, sind Sie in Ihrer Entscheidung frei, trotzdem aber befreit Sie Ihre Handlung nicht von den Naturgesetzen.

Philipp Hübl: Genau! Das würden die Kompatibilisten unterschreiben. Die Beschaffenheit der Welt setzt uns natürliche Grenzen. Es gibt ein schönes Bild dafür in der Stoa, bei Zenon und Chrysipp: Das Leben des Menschen verläuft so, wie das eines Hundes, der an einen Karren gespannt ist. Der Karren fährt immer in eine Richtung. Wenn sich der Hund dagegen wehrt mitzulaufen, wird er hinterhergeschleift. Wenn er selbst vorläuft, kommt er unter die Räder. Aber er hat eine Leine, die ihm ein gewisses Spiel verschafft, innerhalb dessen er frei laufen kann. Da ist etwas dran. Ich habe einen gewissen Rahmen, der mir gesetzt ist. Ich kann nicht einfach so ohne Hilfsmittel fliegen, kann nicht schneller als 45 Stundenkilometer laufen, ich kann keine achtstelligen Zahlen im Kopf multiplizieren. Es gibt natürliche Grenzen, die meiner Freiheit gesetzt sind. Trotzdem aber gibt es einen großen Bereich, innerhalb dessen der freien Entscheidung nichts entgegensteht.

Matthias Eckoldt: Aber macht nicht gerade die Naturgesetzlichkeit des Universums das Rätsel um das Bewusstsein groß?

Der Zombie als Beweis des Epiphänomenalismus

Philipp Hübl: Wenn man argumentiert, dass das Universum mit Elementarteilchen gefüllt ist, die sich entweder abstoßen oder anziehen. Bewusstsein wird dann als höherstufige Funktion des Gehirns gesehen. Die sogenannten Epiphänomenalisten schlussfolgern daraus, dass Bewusstsein wirkungslos ist, da alles auf der funktionalen, kausalen Ebene der Moleküle abläuft. Bewusstsein wird dabei einfach nur mitgetragen. Das läuft wie so ein Nachrichtenband im Fernsehen, das man auch wegnehmen könnte, und alle Vorgänge würden trotzdem weiterlaufen. Eine Annahme, die in dieser Theorie steckt, lautet: Kausalität läuft auf der unteren Ebene der Moleküle ab. Auf einer höheren Ebene gibt es dann das Phänomen des Bewusstseins. Wenn man das so sieht, hat Bewusstsein tatsächlich keine Funktion mehr, weil alle Prozesse bereits auf der unteren Ebene nach den Regeln der Kausalität entschieden werden.

Matthias Eckoldt: Aber damit wird ja das Ergebnis, dass Bewusstsein nur ein Epiphänomen ist, bereits durch die Voranname der beiden getrennten Welten vorherbestimmt.

Philipp Hübl: In der Tat. Den Epiphänomenalismus kann man schwer widerlegen. Ich würde daher nach der empirischen Plausibilität fragen. Wenn Bewusstsein keine Funktion hätte, müsste man Menschen finden, die gänzlich ohne Bewusstsein ebenso komplexe Handlungen durchführen wie jemand mit Bewusstsein.

Matthias Eckoldt: Also ein Wesen, das in der philosophischen Debatte um das Bewusstsein als Zombie bekannt ist. Jemand, der sich genauso verhält wie ein Mensch, dabei allerdings keinerlei inneres Erleben hat.

Philipp Hübl: Wenn man einen Zombie fände, wäre das der Beweis für den Epiphänomenalismus. Nun sagen jene Philosophen, die dem Epiphänomenalismus nahestehen aber: Ich brauche gar keinen Zombie zu suchen, denn ich kann ihn mir ja denken. Und wenn ich ihn mir denken kann, dann ist er auch möglich. Da würde ich dagegenhalten, dass wir gute empirische Gründe haben anzunehmen, dass es in unserem Universum keine Zombies gibt. Da würde mich dann aber der Epiphänomenalist darauf hinweisen, dass ich da bloß eine empirische These aufgestellt habe. Und zur Widerlegung empirischer Thesen genügt ein einziger Fall, der ja noch kommen kann.

Matthias Eckoldt: Na gut, aber dann müsste man natürlich noch fragen, warum die Evolution auf so eine abwegige Idee gekommen ist, bestimmte Zustände mit Bewusstsein ablaufen zu lassen. Zumal das Bewusstsein ja energetisch betrachtet eine äußerst kostspielige Angelegenheit ist.

Philipp Hübl: Richtig. Dann wäre es doch schlauer gewesen, Bewusstsein gar nicht erst aufkommen zu lassen. Man kann weder die Freiheit des Menschen beweisen, noch kann man beweisen, dass Bewusstsein wirklich eine Funktion hat, aber es sprechen doch sehr viele empirische Argumente dafür. Vielleicht ist das dann ebenfalls eine Temperamentsfrage. Ich möchte jedenfalls lieber in eine Richtung weiterdenken, die vom freien Willen und von der Funktionalität des Bewusstseins ausgeht.

Die Funktion des Bewusstseins

Matthias Eckoldt: Welche Funktion könnte denn Bewusstsein haben? Wenn man an die Handlungsplanung denkt, dann geht es ja sicherlich darum, Zukunft von Gegenwart und Vergangenheit zu unterscheiden.

Philipp Hübl: Das wäre eine Möglichkeit. Eine andere Erklärung misst dem Bewusstsein die Funktion zu, alle Sinnesmodalitäten zusammenzubringen. Alle Wahrnehmungen müssen gebündelt werden zu einem einheitlichen Bewusstseinsstrom, in dem uns die Welt erscheint. Ich hänge der These an, dass die Funktion des Bewusstseins mit der Gewinnung komplexer Information über die Welt zu tun hat. Alles, was wir bewusst erleben, beinhaltet reichhaltigere Informationen als die, die zum Beispiel durch unbewusste Wahrnehmung in uns gelangen. Wenn ich mich auf das, was mich umgibt, bewusst konzentriere, fallen mir immer mehr Details auf. Das scheint auf jeden Fall einen Vorteil mit sich zu bringen, denn je mehr man über die Welt weiß, desto besser kann man in ihr agieren.

Matthias Eckoldt: Zugleich ist es ja auch so, dass wenige Dinge sehr intensiv und detailreich unser Bewusstsein erreichen, während sehr viele gar nicht ins Bewusstsein aufsteigen. Hirnforscher machen dafür die Struktur des Thalamus verantwortlich, der auswählt, was überhaupt bewusst wird.

Philipp Hübl: Hier spielt die Aufmerksamkeit hinein. Da unser Geist eine begrenzte Aufnahmekapazität hat, brauchen wir eine Art Flaschenhals, über den Informationen selektiert werden. Aufmerksamkeit fungiert wie ein Türsteher in einem angesagten Klub. Es kommt niemals alles rein, was da auf den Eingang einprasselt. Ansonsten würde uns der Kopf platzen.

Bewusstsein und Aufmerksamkeit

Matthias Eckoldt: Der französische Hirnforscher Stanislas Dehaene, ebenso wie der amerikanische Bewusstseinsphilosoph Jesse Prinz, gehen ja soweit zu sagen, dass Aufmerksamkeit notwendige beziehungsweise sogar hinreichende Bedingung für Bewusstsein ist.

Philipp Hübl: Das sehe ich etwas anders. Ich denke, dass Bewusstsein ein weiter gefasstes Phänomen ist. Bewusstsein sollte man sich eher wie eine große Fläche von Eindrücken vorstellen, während Aufmerksamkeit eher der zentrale Bereich davon ist. In Anlehnung an die Metaphern aus der Nachtklubszene könnte man auch sagen: Aufmerksamkeit ist der VIP-Bereich des Bewusstseins.

Matthias Eckoldt: Aufmerksamkeit wäre für Sie demnach ein Phänomen, das zum Bewusstsein dazugehört, aber nicht das zentrale Phänomen dabei ist. Das heißt umgekehrt, dass es auch Bewusstsein ohne Aufmerksamkeit geben müsste.

Philipp Hübl: Dem ist auch so! Es gibt Bewusstsein ohne Aufmerksamkeit oder mit lediglich sehr flacher Aufmerksamkeit. Wenn man einfach vor sich hin döst, gibt es nichts im zentralen Bewusstseinsfeld. Zu unserem Bewusstsein gehören ja unser Körpergefühl, Emotionen, Gedanken und Sinneseindrücke. Wenn ich nun meine Aufmerksamkeit stark auf einen Text richte, nehme ich fast nichts anderes mehr wahr. Ich sehe nur noch den Text, höre nicht mehr den Straßenlärm, was andere reden, ich vergesse vielleicht sogar zu essen und zu trinken. In solchen Situationen wird das Bewusstseinsfeld stark verengt. Wenn man aber döst und die Gedanken schweifen lässt, weitet sich das Bewusstseinsfeld und es steht nichts im Mittelpunkt der Aufmerksamkeit. Das wäre dann Bewusstsein ohne oder fast ohne Aufmerksamkeit. Man kann sich Bewusstsein wie eine Fläche vorstellen, die immer wieder Hügel bildet. Je höher die Hügel sind, desto steiler fallen ihre Seiten ab. Und je ebenmäßiger die Fläche ist, desto weiter ist sie auch. Die Spanne reicht dementsprechend von vielen Eindrücken mit wenig Fokus bis hin zu wenigen Eindrücken mit starkem Fokus.

Matthias Eckoldt: Zu dieser Vorstellung passt ja der Befund der Veränderungsblindheit aus der psychologischen Forschung sehr gut.

Philipp Hübl: Da gibt es zwei Phänomene. Das eine ist die Veränderungsblindheit, das andere die Blindheit durch Unaufmerksamkeit. Veränderungsblindheit tritt auf, wenn Probanden kleine Veränderung auf Bildern nicht wahrnehmen können, die ihnen nacheinander gezeigt werden – vergleichbar mit Suchbildern, die wir aus der Kindheit kennen. Bei den Versuchen zur Blindheit durch Unaufmerksamkeit sollten die Probanden sich auf einen Ball konzentrieren, der ihnen in einem Fernseher gezeigt wurde, und bemerkten nicht, dass währenddessen ein Mann im Gorillakostüm durchs Bild lief. Diese Versuche scheinen auf den ersten Blick die Thesen von Prinz und Dehaene zu bestätigen: Aufmerksamkeit scheint eine Vorbedingung für Bewusstsein zu sein; erst die Aufmerksamkeit macht den Gorilla oder das Detail im Bild bewusst. Andere Studien deuten aber darauf hin, das Menschen einen visuellen Eindruck haben können, zum Beispiel von einem dunklen Schatten, auch wenn sie diesen Schatten dann nicht als »Gorilla« kategorisiert und abgespeichert haben. Erst für diesen zweiten Schritt, das Einordnen und Kategorisieren, so meine These, braucht man die Aufmerksamkeit.

Matthias Eckoldt: Wir haben das Feld des Bewusstseinsphänomens aus philosophischer Sicht ganz gut ausgeschritten, wie ich finde. Welche Schützenhilfe bei der weiteren Erschließung des Bewusstseins erhoffen Sie sich denn von der Neurowissenschaft?

Philipp Hübl: Ich würde es eher umgekehrt formulieren: Wenn man Bewusstsein untersucht, muss man sich zuerst einmal darüber klar werden, dass es kein einheitliches Phänomen ist, sondern dass es noch das Phänomen der Aufmerksamkeit gibt. Aufmerksamkeit wird in der Psychologie schon sehr lange untersucht, ist aber bislang noch nicht so stark mit philosophischen Theorien zusammengebracht worden. Erstaunlicherweise, denn Fokussierung durch Aufmerksamkeit ist ja etwas, das Wissenschaftler ohnehin den ganzen Tag über machen. Insofern wird jetzt erst die psychologische Forschung der letzten dreißig Jahre in die Bewusstseinsforschung integriert. Dann muss man sich darüber im Klaren sein, dass Bewusstsein verschiedene Aspekte hat. Da wäre die Frage, wie sich alle Eindrücke, Gedanken, Gefühle zu einem einheitlichen Bild der Welt verbinden, obwohl sie zeitlich und räumlich getrennt im Hirn verarbeitet werden, das ist das »binding problem«, wie es in der Forschung heißt. Weiterhin hat Bewusstsein eine Perspektive, es verändert sich ständig und ist schwer in Worte zu fassen. All diese Aspekte muss man berücksichtigen, wenn man Bewusstsein empirisch untersuchen möchte. Bei einem Versuch, den man durchführt, um Bewusstsein zu untersuchen, muss man die Probanden fragen: Was fühlst du gerade, was denkst du gerade, was spürst du gerade? Sonst kommt man an das Bewusstsein nicht heran, denn Bewusstsein hat am Ende eben diese subjektive psychologische Komponente. Es bleibt also immer eine sprachliche Hürde bestehen.

Außerdem muss man sich bei allen Versuchen im Klaren darüber sein, dass es gerade beim Bewusstsein unglaublich viele Überlagerungseffekte gibt, die oft nicht berücksichtigt werden. In klassischen Versuchen hat man Leuten zwei Fotos gezeigt. Im ersten Bild fliegt eine Vase aus dem Fenster, auf dem zweiten Bild sieht man sie kaputt auf dem Gehweg liegen. Dann hat man die Probanden gebeten zu erzählen, was sie auf den Bildern gesehen haben. Sie haben dann lebhaft beschrieben, wie die Vase zerbrochen ist. Auf den Fotos war aber das Zerbrechen der Vase nicht zu sehen. Dieser Versuch zeigt, wie man sofort die Geschichte ergänzt und sich dabei an der möglichen Kausalität entlanghangelt. Die Vorstellungskraft ergänzt die fehlenden Fotos so gut, dass die Probanden in der Rückschau den Eindruck haben, sie hätten das Zerbrechen gesehen. Dabei könnte es ja auch sein, dass jemand die Vase aufgefangen hat und sie dann aus Wut darüber, dass er beinahe getroffen wurde, zerstört hat. Aber so funktioniert Bewusstsein: Auf der einen Seite wird der Erinnerungszustand verfälscht, auf der anderen der Bewusstseinszustand ständig ergänzt und überlagert. Das ist deswegen so wichtig, weil alle momentanen Eindrücke im Bewusstsein mit denen aus der Vergangenheit abgeglichen werden – sie stammen dann aus unserem kurz- oder mittelfristigen Gedächtnis. Wir sind nicht sehr gut im präzisen Einschätzen der eigenen Erlebnisse und Empfindungen.

Zwischen Materialismus und Idealismus

MATTHIAS ECKOLDT: Es gibt ja eine ganze Palette der Labels, die in der Philosophie des Geistes kursieren: Materialismus, Monismus, Dualismus, Realismus, Physikalismus, Idealismus, Naturalismus. Fühlen Sie sich da irgendwo beheimatet, oder sitzen Sie gewissermaßen zwischen allen kategorialen Stühlen?

PHILIPP HÜBL: Fangen wir mal bei der menschlichen Handlung an. Da würde ich sagen, dass die Handlungsfähigkeit eine Fähigkeit ist, die wir haben, genauso wie wir eine mathematische Fähigkeit haben. Das allein schützt uns aber nicht davor, unvernünftig zu sein.

Matthias Eckoldt: Ebenso wie uns die mathematische Fähigkeit nicht davor schützt, falsch zu rechnen.

Philipp Hübl: Wir verfügen über Vernunft und Bewusstsein und können das einsetzen, aber das heißt noch lange nicht, dass wir immer komplett rational sind und die Kontrolle über unsere Taten haben. Grundsätzlich aber hat der Mensch die Fähigkeit und sollte ruhig mehr Gebrauch davon machen. Viele Untersuchungen und auch die Alltagserfahrung zeigen, dass Menschen grundsätzlich zu wenig Gebrauch von ihrer Vernunft machen.

Matthias Eckoldt: ... Stichwort »mentale Faulheit« vom Anfang unseres Gesprächs.

Philipp Hübl: Trotzdem aber bin ich, um auf die Labels zurückzukommen, kein Physikalist. Der Physikalist sagt, dass Bewusstsein naturwissenschaftlich erklärbar ist. Das denke ich nicht, denn es gibt prinzipielle Gründe, die dagegen sprechen, Bewusstsein auf diese Weise naturwissenschaftlich in den Griff zu bekommen, wie etwa die Phänomene der materiellen Welt. Ich bin auf der anderen Seite aber auch kein Dualist, der sagt, Bewusstsein sei wie die Seele eine eigene, unabhängig Substanz. Wenn ich mich für ein Label entscheiden müsste, würde ich am liebsten sagen, ich bin »Szientist«, wenn dieses Wort nicht oft pejorativ verwendet werden würde.

Matthias Eckoldt: Da bin ich gespannt auf die Unterscheidung zwischen Physikalist und Szientist.

Philipp Hübl: Ich würde sagen, die Erklärung von Bewusstsein kann nur von den Wissenschaften, *scientia*, kommen, allerdings wird Bewusstsein nicht im Vokabular der Physik auszudrücken sein. Deswegen wird eine solche Erklärung auch nicht dem Wissenschaftsbild entsprechen, das die meisten Naturwissenschaftler unterstellen. Allein schon wegen des Problems der Selbstbezüglichkeit des Bewusstseins wird eine Erklärung nicht von dieser Präzision sein, die man von anderen naturwissenschaftlichen Untersuchungen gewohnt ist. Wenn es überhaupt jemals eine Erklärung geben wird. Denn wenn ich selber meinen Geist nicht genau erfassen und beschreiben kann und mich in Erinnerungen täusche, wie soll das jemals der Wissenschaftler besser wissen, der ja immer auf meine Auskünfte angewiesen ist, wenn er mein Bewusstsein untersucht.

Die Macht des Unbewussten

Matthias Eckoldt: Der Topos der Unschärfe des Bewusstseins, wie sie sich beispielsweise in der Rede von der Macht des Unbewussten wiederfindet, hat auch eine längere Tradition. Der Mensch scheint in dieser Lesart gerade nicht von Rationalität und Vernunft bestimmt, sondern von Trieben, Verdrängungen und kulturellen Vorgaben. Ist es angesichts dieser menschlichen Abgründe nicht schwierig, die Vernunft als Leitprinzip zu behaupten?

Philipp Hübl: Sicherlich, in unserem alltäglichen Lebensvollzug überschätzen wir unsere Vernunft. Wir bekommen nicht mit, wie wir unbewusst durch verschiedene geschickt gesetzte Reize beeinflusst werden. Sei es im Supermarkt oder im Kino. Wir sind in bestimmtem Maße manipulierbar. Das ist völlig richtig. Das heißt aber für mich nicht, dass man der Macht des Unbewussten das Wort reden muss, sondern dass man sein Bewusstsein anwenden sollte, um sich der Gefahren der Manipulation zu erwehren. Wenn ich immer mit einem übervollen Wagen aus dem Supermarkt komme und mich ärgere, dass ich drei Mal soviel gekauft habe, wie ich wollte, dann kann ich mich bewusst schützen, zum Beispiel mit einer Liste in den Supermarkt gehen und strikt nach dieser Liste einkaufen. Wenn ich die Vernunft auf diese Weise einsetze, dann erlebe ich auch keine bösen Überraschungen. Was ich sagen möchte: Es gibt Möglichkeiten, der Beeinflussung beispielsweise durch Werbung und gesellschaftliche Zwänge zu widerstehen und sein Bewusstsein auch gezielt einzusetzen. Das wird nicht einfacher, weil wir in einer modernen Welt der Verlockungen leben. Das Smartphone ist das beste Beispiel: Es kann uns unendlich viel Spaß und Vergnügen bereiten und so von den wichtigen Dingen ablenken. Aber auch da gibt es Techniken, mit denen man sich wehren kann. Programme, mit denen ich mich selbst temporär vor dem Zugang zum Internet schützen kann und Ähnliches. Wir haben jederzeit die Möglichkeit, unser Bewusstsein einzusetzen. Das nennen Entscheidungstheoretiker auch Odysseus-Prinzip: Wenn ich weiß, ich bin für bestimmte Reize besonders empfänglich, dann kann ich – auch wenn ich im gegebenen Moment nicht widerstehen kann – doch zumindest im Vorhinein vorbeugen.

Matthias Eckoldt: So wie sich Odysseus an den Mast seines Schiffes binden ließ, um den verführerischen Gesang der Sirenen zwar hören zu können, aber ihm nicht zu erliegen.

PHILIPP HÜBL: Diese Art der Vorbeugung ist ein Grundprinzip der Vernunft, und davon sollten wir Gebrauch machen. Wenn ich weiß, ich muss einen Aufsatz zu Ende bringen, stelle ich E-Mails und Internet aus. Es gibt immer Möglichkeiten, aber natürlich ist es jedes Mal eine Herausforderung, sich das klarzumachen. Außerdem kostet es auch Überwindung.

»Ich bin ein Verfechter der Sichtweise, dass wir Menschen uns als Analog- und Digitalmaschinen begreifen sollten«

Klaus Mainzer über Hunde, Orakelmaschinen und den Menschen als eine Zwischenstufe der Evolution

Klaus Mainzer, *geboren 1947, arbeitet über Grundlagen der Mathematik, Informatik, Technik- und Wissenschaftsphilosophie und ist Autor zahlreicher Sach- und Fachbücher. Bis 2016 hatte er den Lehrstuhl für Philosophie und Wissenschaftstheorie an der Technischen Universität München (TUM) inne, war Direktor der Carl von Linde-Akademie und Gründungsdirektor des Munich Center for Technology in Society. Seit 2016 ist er Emeritus of Excellence an der TUM. Letzte Publikation zum Thema:* Künstliche Intelligenz – Wann übernehmen die Maschinen? *(2016).*

Götter mit Hufen und Hörnern

MATTHIAS ECKOLDT: Warum und wie ist Bewusstsein für Sie überhaupt interessant geworden?

KLAUS MAINZER: Ich muss Sie gleich zu Anfang enttäuschen: Meine gesamte Forschung hat bisher gezeigt, dass das Bewusstsein – ich sag es mal freundlich – nicht die zentrale Stellung hat, die man ihm in der Öffentlichkeit und vor allem in der Philosophiegeschichte zuordnet. Ich habe sehr viele Entwicklungen von Intelligenz im Rahmen der Informatik und der künstlichen Intelligenz gesehen, die hervorragend ohne Bewusstsein funktionieren. Deshalb frage ich mich, welche Gewichtung das Bewusstsein mit Blick auf die Natur als Ganzes überhaupt hat? Dass wir Menschen Bewusstsein für etwas Zentrales halten, ist klar.

Matthias Eckoldt: Für Sie ist Intelligenz das entscheidende Thema. Und da es Intelligenz auch ohne Bewusstsein gibt, ist Bewusstsein für Sie nicht sonderlich interessant.

Klaus Mainzer: Das würde ich so nicht sagen. Bewusstsein ist durchaus spannend. Vor allem, weil es mit dem Menschsein entscheidend zu tun hat. Das möchte ich um Gottes Willen nicht in Abrede stellen. Aber für mich steht der Mensch mit Blick auf die Evolution nicht im Vordergrund. Da sind wir ein Ergebnis unter vielen.

Matthias Eckoldt: Nun ja, aber dass wir so etwas wie künstliche Intelligenz überhaupt entwickeln können, scheint mir schon eine Bewusstseinsleistung zu sein, die keinem anderen Ergebnis der Evolution gelungen ist.

Klaus Mainzer: Als Initiator war da das menschliche Bewusstsein sicherlich notwendig, aber wir werden im Laufe unseres Gespräches noch sehen, wie sich diese Entwicklung verselbstständigt. Außerdem gibt es ja nicht nur das eine Bewusstsein, sondern es gibt unterschiedliche Arten von Bewusstsein.

Warum soll also der Mensch Maßstab aller Dinge sein? Der vorsokratische Philosoph Xenophanes hat dem Sinne nach gesagt: Wenn sich die Ochsen eine eigene Religion schaffen würden, dann hätten ihre Götter Hufe und Hörner wie die Ochsen. So sehen unsere Götter menschenähnlich aus. Dieser Prozess ist allerdings mit der Säkularisierung nicht zu seinem Ende gekommen. Er ist sogar in der Wissenschaft noch unterschwellig lebendig geblieben. Aber man würde die darwinsche Evolutionstheorie falsch verstehen, wenn man sie als einen Optimierungsprozess hin zum Menschen »als Krönung der Evolution« auffassen würde.

Tierisches Bewusstsein

Matthias Eckoldt: Welche anderen Formen von Bewusstseinsentwicklung in der Natur sind für Sie interessant?

Klaus Mainzer: Ich bin als Kind mit Hunden und Katzen groß geworden. Ich mochte sie gerne und sie mich. Deshalb waren sie für mich vom Stellenwert her gleichberechtigt mit meinen menschlichen Freunden. Dann hörte ich im Religionsunterricht, dass die Tiere keine

Seele haben sollten. Das entzündete sich an der Frage, ob die Tiere in die Kirche gehen dürften oder nicht. Als der Religionslehrer sagte, dass meine tierischen Freunde nicht mit in die Kirche dürften, weil sie keine Seele hätten, hat mir das sehr wehgetan. Natürlich habe ich bemerkt, dass da etwas anders war. Mein Hund war zum Beispiel in Mathematik sehr schlecht. Aber all das, was wir herausstellen, wenn wir von Bewusstsein sprechen, Emotionalität, Ängste, Freude – all das haben diese Tiere auch. Insofern sollten wir auch keine besonderen Rechte aus der Existenz unseres Bewusstseins ableiten.

Matthias Eckoldt: Da stellen sich ethische Fragen. Ganz offensichtlich nehmen wir uns ja Sonderrechte heraus, wenn in den letzten fünfzig Jahren die Hälfte aller Arten ausgerottet wurden, während sich die Anzahl der Erdbewohner mehr als verdoppelt hat.

Klaus Mainzer: In der Tat!

Die Stufen menschlichen Bewusstseins

Matthias Eckoldt: Was Sie im Hinblick auf Ihre nichtmenschlichen Freunde beschreiben, lässt keinen Zweifel daran, dass diese Tiere über phänomenales Bewusstsein verfügen. Kennzeichen des phänomenalen Bewusstseins ist nach dem US-amerikanischen Philosophen Thomas Nagel, dass es sich für den Organismus irgendwie anfühlt, dieser Organismus zu sein. Aber höherstufiges Bewusstsein würde man dann Tieren eher nicht zusprechen. Sie sagen ja selbst, dass Ihr Hund in Mathematik nicht sonderlich gut war. Wie ist also das menschliche Bewusstsein aus Ihrer Sicht zu gewichten?

Klaus Mainzer: Erst mal verfügen wir über die Wahrnehmungsfähigkeit – eine Fähigkeit, die wir mit vielen anderen Lebewesen teilen. Auf der nächsten Stufe kommen die Emotionen dazu. Den Ingenieursstudenten stelle ich gerne die Frage: Was glauben Sie, warum die Evolution so etwas wie Emotionen entwickelt hat? Die geläufige Antwort lautet dann: Das sind Verschaltungen, die dafür sorgen, dass wir in Alarmzustand versetzt werden, ohne dass wir die Situation umständlich mit dem Bewusstsein analysieren müssen. Diesen Mechanismus sehen wir bei Tieren bereits auf frühen Evolutionsstufen. Ähnlich ist es mit Freude. Ich werde unmittelbar in einen Zustand versetzt, der mich in einer besonderen Weise öffnet. Nun kommt die nächste Stufe: Menschen sind ab einem bestimmten Alter fähig, sich selber wahrzunehmen.

Matthias Eckoldt: Man kann dann »ich« zu sich sagen, weswegen diese Perspektive in der Bewusstseinsdebatte auch die Erste-Person-Perspektive genannt wird.

Klaus Mainzer: Für mich ist Bewusstsein deswegen auf der ersten Stufe zunächst einmal Selbstwahrnehmung. Man kann bei Kleinkindern sehr genau beobachten, wie sich diese Erste-Person-Perspektive bildet. Die nächste Stufe des Bewusstseins ist die Grundvoraussetzung für alle Sozialität: dass ich nämlich beginne, mich in den anderen hineinzuversetzen. Der dritte Schritt wäre dann zu erkennen, dass es auch eine dritte Person gibt. Jemand, der möglicherweise im Moment gar nicht da ist. Der Punkt ist folgender: Diese drei Stufen sind wesentlich mit Entwicklungsstufen des Gehirns verbunden. Man nennt das in der Neuropsychologie die *theory of mind*. Zu den drei Bewusstseinsebenen kommt noch das Gedächtnis hinzu, ein Gedächtnis meiner Historie.

Matthias Eckoldt: Das, was Gedächtnisforscher autobiografisches Gedächtnis nennen.

Klaus Mainzer: Und das mir sagt, ich bin derjenige, der an diesem Tag geboren wurde und der all diese Sachen erlebt hat. Beim gesunden Menschen ist das alles ganz normal. Allerdings erleben wir in der heutigen Zeit, in der die Menschen immer älter werden und die Gefahr einer Demenzerkrankung steigt, dass all diese einzelnen Module auseinanderfallen können. Insofern können wir recht genau alle Einzelteile studieren, die zusammengenommen Bewusstsein bilden.

Künstliche Intelligenz

Matthias Eckoldt: Wo liegt nun Ihr Hauptinteresse?

Klaus Mainzer: Ganz klar auf dem, was wir künstliche Intelligenz nennen. Wir erleben zurzeit auf diesem Gebiet enorme Fortschritte. Ich bin dankbar, dass ich das noch mit wachem Bewusstsein mitbekommen darf, nachdem ich mich seit über vierzig Jahren mit Berechenbarkeit und künstlicher Intelligenz beschäftigt habe. Angefangen hat ja alles mit einer berühmten Arbeit von Alan Turing, in der er das theoretische Fundament für die Informatik legte. Die Turing-Maschine ist ein sehr einfaches logisch-mathematisches Modell einer programmgesteuerten Maschine, die bis heute sowohl jedem Smartphone wie auch jedem Supercomputer zugrunde liegt. Es ist ein Modell, auf dessen Grundlage wir all diese Maschinen simulieren können. Das ist erstaunlich. Diese Arbeit stammt nämlich vom Ende der Dreißigerjahre des vorigen Jahrhunderts, einer Zeit also, in der es die heutigen Superrechner noch nicht gab. Die Turing-Maschine ist also eine logisch-mathematische Definition von Berechenbarkeit, unabhängig von möglichen technischen Realisierungen.

Matthias Eckoldt: Turing hat sich ja auch den berühmten Test für künstliche Intelligenzen ausgedacht, in dem er *Imitation Game* erfand, in dem ein Programm menschliches Antwortverhalten nachempfindet.

Klaus Mainzer: Wenn eine menschliche Testperson das Verhalten eines solchen Programms nicht von dem eines Menschen unterscheiden kann, dann muss dieses System nach Turing als intelligent bezeichnet werden. Der Test findet auf verschiedenen Feldern statt, da geht es um Gedichte ebenso wie um Schachstellungen. Wenn eine komplizierte Matheaufgabe zu schnell gelöst wird, ist das eher ein Hinweis darauf, dass da eine Maschine dahintersteckt. Jedenfalls hat das Anfang der Fünfzigerjahre zu der Annahme geführt, man müsste so eine Art Universalprogramm haben, in dem man alle Anforderungen, die Turing stellt, erfassen kann. Das hat die Leute damals sehr in die Irre geführt, denn was da als »Universalprogramm« herauskam, war wirklich sehr bescheiden.

In den sechziger Jahren hat man dann auf Expertensysteme umgeschaltet. Man hat sich also nur einige spezialisierte Aspekte der menschlichen Intelligenz vorgenommen und versucht, sie in Software zu simulieren. Beispielsweise wurden Programme entwickelt, die das Diagnoseverhalten eines Arztes für eine Klasse von Infektionskrankheiten simulieren. Ähnliche Expertensysteme laufen heute weiterentwickelt in Krankenhäusern als Überwachungssysteme. Das ist ganz normal geworden, aber damals war das eine gewaltige Leistung.

Auch Turing machte also zunächst in seinem Test den Menschen zum Maßstab von Intelligenz. Der große Nachteil ist: Immer dann, wenn eine Maschine eine Aufgabe intelligenter löst als Menschen das tun, kommt der Einwand, dass dieses System irgendetwas anderes, was Menschen können, nicht bewältigt. Praktisch lässt sich so der

Turing-Test nahezu für jede intelligente Leistung eines technischen Systems aushebeln. Zudem gibt es clevere Lösungen und Verfahren von Organismen, die nicht erfasst würden.

Matthias Eckoldt: Wie definieren Sie dann künstliche Intelligenz?

Klaus Mainzer: Meine Arbeitsdefinition von künstlicher Intelligenz lautet: Ein System heißt intelligent, wenn es selbstständig und effizient Probleme lösen kann. Es gibt aber nicht »die« Intelligenz. Vielmehr gibt es Grade von Intelligenz, die vom Grad der Selbstständigkeit eines Systems, dem Grad der Effizienz eines Problemlösungsverfahrens und dem Grad der Komplexität eines Problems abhängen. All das lässt sich messen. Diese Arbeitsdefinition deckt viele Beispiele aus Natur und Technik (z. B. Expertensysteme) ab. Aber auch eine Zecke hat nach dieser Definition einen (vielleicht geringen) Grad von Intelligenz, da sie einen cleveren Weg des Blutfindens und Aufnehmens entwickelt hat. Von unserem Hund Filou mit all seiner Cleverness ganz zu schweigen. Wir können die Arbeitsdefinition gerne erweitern, wenn wir auf nicht erfasste Phänomene stoßen.

Sieg der Maschinen

Matthias Eckoldt: Dann lassen Sie uns doch gleich mal einen größeren Zeitsprung tun. 1997 gewinnt Deep Blue gegen den amtierenden Schachweltmeister Garri Kasparow und liefert damit einen eindrucksvollen Beleg dafür, dass Computer nicht nur besser rechnen können als Menschen, sondern auch im kombinatorischen Problemlösen besser sind.

Klaus Mainzer: Kurz danach gab es Watson von IBM. Das war eine künstliche Intelligenz, die den Menschen bei einer Quiz-Show im amerikanischen Fernsehen besiegt hat. Das muss man sich so ähnlich wie bei Günther Jauch vorstellen. Weiterentwicklungen von Watson geben nicht nur die schnellsten und besten Antworten auf Fragen, sondern beeindrucken auch dadurch, dass sie sehr gut sprechen und sogar Dialekte erkennen können. Wenn Sie nun fragen, was hinter dieser Maschine steckt, so entdecken Sie wieder im Prinzip eine Turing-Maschine, d. h. in diesem Falle eine semantische Suchmaschine mit mehreren linguistischen Algorithmen und Expertensystemen, die parallel und leistungsstark blitzschnell Fragen in ihre sprachlichen

Satzbausteine zerlegen und für diese Strukturen die Wahrscheinlichkeit möglicher Antworten berechnen. Dazu steht allerdings ein gewaltiger Datenspeicher zur Verfügung, der vom menschlichen Gehirn nicht annähernd realisiert werden kann. Watson besteht also den Turing-Test der Intelligenz durch gewaltige Rechenpower und Speicherkapazität, ganz anders als Menschen. Wenn man sich aber klar macht, dass Superrechner unter Umständen die Energie einer Kleinstadt verbrauchen, während wir Menschen für eine ähnliche Leistung gerade mal die Energie einer Glühlampe benötigen, bekommt man wieder Respekt vor dem Gehirn und der Effizienz der Evolution. Anfang 2016 hat Google »AlphaGo« entwickelt.

Matthias Eckoldt: Erzählen Sie uns davon!

Klaus Mainzer: Das ist eine Maschine, die es geschafft hat, den Weltmeister im Brettspiel *Go* zu schlagen. Dazu muss man wissen, dass *Go* ein wesentlich komplexeres Spiel ist als Schach. Wenn man das Spiel beobachtet, hat man gerade am Anfang den Eindruck, dass dieses Spiel auf Zufall basiert. Man kann an den Spielzügen überhaupt nicht erkennen, welcher der beiden Spieler hier der Meister ist. Deswegen hatte man bis zu »AlphaGo« immer versucht, das Spiel durch Zufallsalgorithmen zu simulieren. Man nennt diese Algorithmen MCTS. Das steht für Monte Carlo Tree Search. Es handelt sich also um zufällige Suchbäume, in denen man einzelne Entwicklungsäste des Spiels auf der Grundlage von Zufallsentscheidungen verfolgt. Wegen der ungeheuren Zahl der Entwicklungsmöglichkeiten wäre es sinnlos, alle Entwicklungsäste des Spiels systematisch zu verfolgen. Mit Zufallsalgorithmen alleine kam man aber beim *Go* nicht über den Amateurstatus hinaus. 2011 hat man dann angefangen, mit neuronalen Netzen zu experimentieren. Das ist insofern interessant, weil neuronale Netze eine Parallelentwicklung zur Turing-Maschine sind, die mit der Idee begann, Modelle nach dem Prinzip der Verschaltung im Gehirn zu bauen. Der erste Vorschlag dazu wurde bereits Anfang der vierziger Jahre des letzten Jahrhunderts von McCulloch und Pitts gemacht. Das sah wie ein Netzwerk der Neurone im Gehirn aus. In der grafischen Darstellung werden die einzelnen Neurone als Knoten mit Kanten verbunden, so wie die Neurone im Hirn durch Synapsen. Nun können die synaptischen Verbindungen im Gehirn aufgrund neurochemischer Intensität unterschiedlich stark sein. Diesen Umstand drückt man im technischen neuronalen Modell durch Zahlengewichte aus. Im nächsten Schritt werden Lernalgorithmen hinzugegeben, die diese Gewichte verändern. Dahinter steht folgende Beobachtung des Gehirns: Wenn wir etwas lernen, dann verstärken wir die synaptischen Verbindungen. Während wir lernen, bauen wir im Hirn ein Cluster auf, das auch wieder zerfallen kann, wenn wir das Gelernte nicht wiederholen. Die Lernalgorithmen simulieren einen derartigen Lernvorgang. AlphaGo hat nun neuronale Netze eingesetzt, die von Algorithmen gesteuert werden, die aus der Situation heraus lernen können. Sie verhalten sich gewissermaßen wie Kinder. Sie probieren aus, bekommen Rückmeldungen und »Belohnungen« (*rewards*), ob etwas klappt, und optimieren so ihre Handlungsschritte. Man nennt das in der Psychologie verstärkendes Lernen, das mittlerweile selbst in den Ingenieurwissenschaften (z. B. bei Robotern) mit Algorithmen (*reinforcement*) simuliert wird. Zudem wurden erfolgreiche Spielpartien gespeichert, mit denen die jeweiligen Spielzüge verglichen und bewertet werden. Das nennt man in der Psychologie überwachtes Lernen, das bereits seit vielen Jahren durch Algorithmen simuliert werden kann. Das bedeutete den Durchbruch für AlphaGo. Die Google-Leute selber waren sehr erstaunt, wie schnell ihre Software lernen konnte. Sie hatten ja nur die Rahmenbedingungen vorgegeben, aber nicht geahnt, dass es ein derartiger Erfolg werden würde.

Neuronale Netze

Matthias Eckoldt: AlphaGo hat also über den Go-Weltmeister triumphiert, weil es neuronale Netze mit selbstlernenden Algorithmen einsetzte. Damit müsste man doch eigentlich schon recht nah an so etwas wie menschliches Denkvermögen herankommen.

Klaus Mainzer: Lange Zeit glaubte man, dass das Gehirn als komplexes Organ von Milliarden von Nervenzellen völlig verschieden von einem Computer mit seinen übersichtlich getrennten Bausteinen aus Speichern, Prozessoren, Kondensatoren etc. sei. Die entscheidende Erkenntnis lautet aber: Der Konnektionismus, also die Gehirnstrategie der Evolution, leistet Ähnliches wie die Maschinen- und Automatenstrategie der Technik. So erkennen neuronale Netze dieselben (formalen) Sprachen wie entsprechende Automaten und Maschinen. Beide Strategien sind in einem mathematisch exakten Sinne äquivalent. Wenn man für die Gewichtungen, die für die Stärke der Verbindungen stehen, nur ganze Zahlen zulässt, dann erkennen diese neuronalen Netze dieselben Sprachen wie endliche Automaten. Das sind beispielsweise Fahrkartenautomaten, die über einen bestimmten, endlichen Satz an Instruktionen verfügen. Man nennt diese einfachen formalen Sprachen »regulär«. Davon ausgehend kann man eine Hierarchie von immer komplexeren Gehirnen aufbauen und parallel dazu immer komplexere Automaten und Maschinen stellen. Mit Blick auf ihre Erkenntnisfähigkeit von immer komplexeren Sprachen haben sie also im Sinne meiner Arbeitsdefinition unterschiedliche Grade von Intelligenz. Da gibt es einige Zwischenstufen, auf die ich jetzt nicht weiter eingehe. Wenn wir uns nun die Turing-Maschine anschauen, den Prototyp eines jeden heutigen Computers, dann entspricht dem ein neuronales Netz, in dem die Gewichtungen rationale Zahlen sind. Also die Brüche, die eine endliche Anzahl von Zahlen nach dem Komma ergeben. Solche neuronalen Netze und ihre äquivalenten Turing-Maschinen können bereits natürliche Sprachen erkennen, sofern sie durch »rekursive« Grammatikregeln (Chomsky-Grammatik) erzeugt werden. Solche Regeln sind von der Art der Rechenregeln, die wir von den Grundrechenarten kennen. Nun kann man sich in der Theorie ein neuronales Netz vorstellen, das als Gewichtungen auch die reellen Zahlen zulässt. Das sind die Zahlen, die keine endliche Zahlenfolge in der Dezimalbruchentwicklung mehr haben.

MATTHIAS ECKOLDT: Wurzel aus zwei zum Beispiel oder Pi.

KLAUS MAINZER: Da es nun überabzählbar viele reelle Zahlen gibt, sind die meisten reellen Zahlen nichtberechenbar.

MATTHIAS ECKOLDT: ... während die Zahl Pi berechenbar ist, wie wir von unseren Taschenrechnern wissen.

KLAUS MAINZER: Das Erstaunliche ist nun, dass neuronale Netze mit reellen Zahlen als synaptischen Gewichten auch nichtrekursive (also nichtberechenbare) natürliche Sprachen erkennen können wie unser natürliches Gehirn. Unser Gehirn kann also mehr als eine Turing-Maschine! Das lässt sich in der Mathematik der reellen Zahlen beweisen, die damit mehr ist als die Informatik der gewöhnlichen Turing-Maschine, die nur mit endlichen Größen wie den ganzen oder rationalen Zahlen rechnet!

MATTHIAS ECKOLDT: Nun bin ich sehr gespannt, welche Maschine dieser Art des neuronalen Netzes entspricht.

Die Orakelmaschine

Klaus Mainzer: Sie werden es nicht glauben, aber auch diese Maschine hat der geniale Turing in seiner Arbeit Ende der Dreißigerjahre schon erwähnt. Er nannte sie Orakelmaschinen. Das sind Turing-Maschinen, die auf Zusatzinformationen (»Orakel«) zurückgreifen, von denen wir nicht wissen, ob sie berechenbar sind oder nicht.

Matthias Eckoldt: Das hört sich reichlich menschlich an.

Klaus Mainzer: Absolut! Selbst ein cool rechnender Banker oder ein Manager verhalten sich wie Orakelmaschinen. Sie haben ihre Kalküle und berechnen ihre Strategien, aber dann kommen Bauchgefühl, Intuition und Lebenserfahrung hinzu, die dann an entscheidender Stelle in die Kalkulationen einbezogen werden. Das ist einer Orakelmaschine völlig äquivalent. Warum sollten wir aber reelle Zahlen in unseren Simulationen zulassen? Sie lassen sich geometrisch als alle Punkte auf einem Zahlenstrahl darstellen, der kontinuierlich ist, also ohne »Lücken« zwischen den Punkten. Kontinuierlich sind auch unsere Empfindungen: Ich empfinde an meinem Finger ja nicht nur die beiden alternativen Werte Druck oder Nicht-Druck, sondern stufenlos und kontinuierlich alle Werte dazwischen. Ebenso sind andere Wahrnehmungen kontinuierlich. Gehör, Geschmack, Sehen, Riechen. Alle Wahrnehmungsfelder werden mathematisch durch kontinuierliche Kurven dargestellt. In der Technik spricht man dann von analogen Größen. Demgegenüber werden digitale Größen auf alternative Ja-Nein-Entscheidungen reduziert, die technisch durch die Ziffern 0 und 1 dargestellt werden, z. B. Feuern (1) und Nicht-Feuern (0) der Neurone. Die Stärke einer Druckempfindung wird dann durch die Anzahl des Feuerns der entsprechenden Hautneurone erzeugt – bei starkem Druck eine größere Anzahl von Impulsen als bei kleinerem Druck. Mathematisch approximieren diese digitalen Folgen die kontinuierliche Wahrnehmung, die wir empfinden.

Matthias Eckoldt: Insofern drängt sich ja die Frage auf, inwieweit wir überhaupt auf die Digitalmaschine reduzierbar sind?

Klaus Mainzer: Ich bin ein Verfechter der Sichtweise, dass wir Menschen uns als Analog- und Digitalmaschinen begreifen und das auch bei der mathematischen Modellierung berücksichtigen sollten. Ich sage jedoch nicht, dass der Mensch etwas ganz anderes ist, weil er nicht allein digital darstellbar ist. Sondern ich sage, das Digitale liefert nur ein begrenzt gutes Modell, und wir müssen uns nach einem erweiterten Modell umschauen.

Matthias Eckoldt: Nach den Orakelmaschinen also.

Klaus Mainzer: Wenn Sie es theoretisch in die Maschine umsetzen, dann sind das diese turingschen Orakelmaschinen. Entscheidend ist dabei, wie weit wir kommen, wenn wir den menschlichen Organismus mit all seinen Möglichkeiten modellieren. Wir können das, was ich Maschinensprache des Gehirns nenne, heute ziemlich genau beschreiben. Das heißt, die Neurobiologie – also die neurochemischen Verschaltung der Neurone – ist heute mathematisch gut modellierbar (z. B. mit Hodgkin-Huxley-Gleichungen).

Vom Gehirn lernen

Matthias Eckoldt: Dann könnte man ja solche Systeme prinzipiell auch bauen.

Klaus Mainzer: Das ist genau die Frage. Bislang ist es jedoch nur gelungen, solche Systeme auf herkömmlichen Computern approximativ zu simulieren. Die Frage, ob man das tatsächlich auch bauen kann, führt zu einer weiteren spannenden Frage, nämlich der, ob man sich prinzipiell neue Rechnerarchitekturen vorstellen kann. Ein entscheidender Punkt bei unseren heutigen Computern ist, dass die einzelnen Funktionseinheiten getrennt sind. Da gibt es den Festplattenspeicher, den Prozessor und den Arbeitsspeicher. Das ist im Gehirn ganz anders. Das dort existierende neuronale Netz ist polymorph. Das heißt, die Gehirnzellen sind im Wesentlichen alle gleichberechtigt. Dieselbe Zellstruktur kann speichern und rechnen. Wenn man sich diesen Unterschied vor Augen hält, dann wird sehr eingängig, dass in der heutigen Computerarchitektur enorm viel Energie und Zeit verloren geht, weil andauernd Informationen vom Prozessor in den Speicher und vom Speicher wieder zum Prozessor geschaufelt werden müssen. Man nennt das den »Von-Neumann-Flaschenhals« (*bottleneck*) der traditionellen (Von-Neumann-)Rechnerarchitektur. Wenn man eine Rechnerarchitektur hätte, die wie das Gehirn arbeitet, würde man viel Zeit und Energie sparen. Ich kann mir vorstellen, dass diese polymorphen Strukturen, die uns die Natur vorgemacht hat, der Zukunftsschlager für die Computerarchitektur sein werden. Mein Kollege Leon

Chua (UC Berkeley) hat bereits Anfang der 1970er-Jahre theoretisch einen »Memristor« vorgeschlagen, in dem Speicher (*memory*) und Widerstand (*resistor*) in einer Einheit verbunden sind und deshalb der Transportaufwand der Signale zwischen Speichern und Prozessoren entfällt. Die Firma Intel im Silicon Valley experimentierte bereits damit. Praktisch würde das bedeuten, dass man den Computer wie einen Lichtschalter ein- und ausschalten könnte, ohne dass Information verloren geht. In unserem Buch *Local Activity Principle* (London 2013) haben wir entsprechende Gehirnmodelle untersucht. (Das sogenannte »Booten« entfällt.) Die Zeit- und die Energieersparnis sind die praktischen Gründe, aus denen heraus man Systeme entwickeln wird, die unserem Gehirn nachempfunden sind. Das muss nicht der Memristor sein, aber ähnliche polymorphe und neuromorphe Rechnerstrukturen.

Software, Hardware, Middleware

MATTHIAS ECKOLDT: Was bedeutet das für das Bewusstsein?

KLAUS MAINZER: Die Arbeitshypothese der Neuropsychologie lautet, dass bestimmte Verschaltungsmuster im Gehirn, die man mit den bildgebenden Verfahren beobachten kann, mit bestimmten kognitiven Zuständen und Leistungen korreliert sind. Korrelationen sind statistische Verbindungen, d. h. bestimmte Verschaltungsmuster im Gehirn treten statistisch gehäuft auf, wenn Menschen bestimmte kognitive Leistungen (Sehen, Hören, Denken, Sprechen) vollbringen oder Gefühle und Bewusstsein haben. Statistik bedeutet aber, dass es Abweichungen gibt. Da taucht nicht bei allen Menschen identisch dasselbe starre Muster bei z. B. bestimmten Emotionen auf, sondern diese Muster variieren individuell. Es gibt Abweichungen, aber im Rahmen bestimmter Varianzen bilden sich Prototypen heraus, die diese Korrelationen bestätigten.

MATTHIAS ECKOLDT: Korrelation heißt, man weiß, welche Region aktiv ist, wenn eine bestimmte kognitive Leistung vollbracht wird. Das besagt aber noch lange nicht, dass man auch versteht, wie diese Leistung erbracht wird.

KLAUS MAINZER: Das ist der entscheidende Punkt. Deswegen bediene ich mich eines Modells aus der Informatik, wobei ich betonen möchte, dass ich nicht behaupte, dass auch das Gehirn nach diesem Modell funktioniert. Höchstwahrscheinlich wird es im Gehirn komplexer zugehen. Allerdings mag dieses Modell trotzdem hilfreich sein, um auszudrücken, was ich meine. Der Kognitionspsychologe nimmt eine Perspektive ein, aus der heraus er uns Menschen beschreibt, als wären wir User unseres Gehirns, so wie wir auch User von Computern sind. Beim Computer bedienen wir eine Tastatur mit Symbolen, die durch Sequenzen von Bits aus 0 und 1 codiert sind (ASCII-Code) und technischen Zuständen der Hardware-Maschine des Computers entsprechen. Neben unseren alltäglichen Nachrichten (z. B. SMS, E-Mail) geben wir so auch die Instruktionen einer nutzernahen Programmiersprache ein. Sie wird über Zwischenprogramme wie Compiler und Interpreter auf die Maschinensprache des Computers übersetzt, die nur aus Folgen von Bits aus 0 und 1 besteht und technischen alternativen Zuständen (z. B. Spannung) der physikalischen Hardware des Computers entspricht. Den Zwischenbereich zwischen der nutzernahen Programmiersprache (Software) und der Maschinensprache der Technik (Hardware) nennt man auch die Middleware. Software, Hardware, dazwischen die Middleware. Wenn ich das jetzt auf das Gehirn übertrage, dann wird klar, dass das Rätsel bei der Frage nach dem Bewusstsein – und nach menschlichem Verhalten allgemein – auf dem Gebiet der Middleware liegt. Wir haben bereits ziemlich genaue wissenschaftliche Untersuchungen über menschliches Verhalten, über den Einsatz von Bewusstsein und Sprache. Auf den molekularen und neurochemischen Verschaltungsebenen gibt es ebenfalls ein sehr gutes Verständnis der Prozesse. Aber das Dazwischen, die Middleware, ist noch weitgehend unbekannt. Wie sind neuronale Verschaltungsmuster mit Wahrnehmen, Denken, Sprechen und Bewusstseinszuständen verbunden?

Matthias Eckoldt: Sehen Sie denn da erste Ansätze, die uns die Middleware des Gehirns verständlich machen können?

Klaus Mainzer: Ein erster Ansatz ist meines Erachtens das sogenannte *brain reading.* Es gibt also mittlerweile Auswertungsprogramme für neuronale Aktivitäten, die mithilfe von Algorithmen in der Lage sind, aus dem neuronalen Muster zu erkennen, ob der Proband gerade einen Baum oder eine Katze sieht. Bei diesen Analyseprozessen im Gehirn stößt man auf ähnliche Probleme wie wir sie in der Künstlichen-Intelligenz-Forschung beim Thema des autonomen Fahrens haben. Ein Unfall eines autonom fahrenden Autos der Firma Tesla kam zustande, weil die Software einen von links kommenden Lastwagen nicht als solchen erkannt hat, sondern seine große weiße Fläche für einen statischen Teil des Himmels als Hintergrund hielt. So kam es zu der folgenschweren Verwechslung von Lastwagen und Himmel. Das Problem, großflächige Objekte als sich bewegend oder statisch einzuordnen, kennen die Forscher, die sich mit *brain reading* beschäftigen, ebenso. Es wird sicher noch eine Weile dauern, bis wir aus dem Verschaltungsmuster zugleich auch die Bedeutung des Verschaltungsmusters ableiten können. Ich sehe da für die Zukunft eine Doppelstrategie: Einerseits Maschinenalgorithmen, die immer genauer Muster analysieren können und auf der anderen Seite immer bessere Analysen der Vorgänge im Gehirn, sodass man dem Geheimnis der Emergenz von Verschaltungsmustern und ihrer Verknüpfung mit der menschlichen Kognition auf die Schliche kommt.

Die Korrelate des Bewusstseins

Matthias Eckoldt: Mit dem Stichwort Emergenz sind wir im Kern der Frage nach dem Bewusstsein angelangt. Emergenz beschreibt ja eine Systembildung, bei der das System mehr ist als die Summe seiner Teile. Bezogen auf das Bewusstsein heißt das: Wenn das Bewusstsein aus materiellen, physikalisch beschreibbaren Prozessen entsteht, dann muss es einen Punkt geben, an dem sich diese materiellen, räumlichen Prozesse auf wundersame – eben emergente – Weise zusammenschließen und plötzlich in der Lage sind, geistige, ihrem Wesen nach nichträumliche Phänomene wie das Bewusstsein zu erzeugen.

Klaus Mainzer: Das ist in der Tat ein Phänomen, über das sich Menschen seit Jahrhunderten wundern. Die Vermutung liegt nahe, dass an dieser Stelle etwas Neues hinzukommen muss. Schauen Sie sich die Diskussionen um den Vitalismus im 19. Jahrhundert an. Da hat man auch behauptet, dass es bestimmter Kräfte, der sogenannten *vis vitalis*, bedürfe, um den Sprung vom Anorganischen zum Organischen zu beschreiben. Zugleich ist es ja nicht so, dass Leben heute einfach auf physikalische und chemische Zustände reduziert wird. Das sind hochkomplexe Zustände, die wir bei lebendigen Organismen beschreiben. Aber erst die komplexen Strukturen und Verschaltungsnetze auf den Ebenen der Moleküle, Proteine, Zellen und Organe erzeugen die

Zustände, die wir mit Leben verbinden. Das einzelne Molekül hat kein biologisches Leben, erst seine hochkomplexe und strukturierte Vernetzung in einer Zelle oder einem Organismus. In genau dieser Weise verstehe ich auch Bewusstseinszustände. Das sind kognitive Zustände, die im Prinzip durch hochkomplexe Vernetzungsstrukturen im Gehirn möglich werden. Das einzelne Neuron denkt und fühlt bekanntlich nicht.

MATTHIAS ECKOLDT: »Im Prinzip« heißt …

KLAUS MAINZER: »Im Prinzip« heißt, dass wir diese Vorgänge bislang nur annäherungsweise kennen. Wir können diese Mechanismen heute noch nicht so genau beschreiben, dass daraus der entsprechende Bewusstseinszustand abgeleitet werden kann, sondern wir sind immer noch auf der Stufe der statistischen Korrelationen. Aber diese Stufe stellt ja keine endgültige Beschreibung dar, sondern nur eine Arbeitshypothese auf dem Weg zum genaueren Verständnis dieser Prozesse.

MATTHIAS ECKOLDT: Wenn Sie die Suche nach den Korrelaten des Bewusstseins als einen Schritt auf dem Weg zum naturwissenschaftlichen Verständnis der Bewusstseinsvorgänge sehen, dann höre ich da einen grundsätzlichen Erkenntnisoptimismus heraus. Für Sie steht es also außer Frage, dass die Hirnforschung die erste Adresse für die Lösung der Rätsel um das Bewusstsein ist?

KLAUS MAINZER: Gehirnforschung zusammen mit Neuropsychologie und Neuroinformatik! Jedenfalls ist die Klärung dieser Korrelationen keine Frage, die in der Philosophie oder einer wie auch immer gearteten Metaphysik durch bloßes Nachdenken entschieden wird, sondern nur zusammen mit empirischer Forschung. Das wird sich in absehbarer Zeit lösen. Und wie das in der Geschichte der Wissenschaften immer war, wird es auch dann sein: Die neuen Erkenntnisse werden selbstverständlich werden. Nur noch ein paar Historiker werden daran erinnern, dass es eine Zeit gab, in der man sich nicht vorstellen konnte, wie Bewusstsein aus neuronalen Prozessen entsteht. Deshalb wäre es auch für die Philosophie fatal, im Bewusstsein das letzte Gebiet zu sehen, auf dem man sich der Erfolgsmeldungen der empirisch arbeitenden Wissenschaften erwehren könnte. Ich halte das für ein völlig schiefes Verständnis von Philosophie. Philosophie brauchen wir heute ja auch in der Physik, wenn es um die Grundlagen und die Methoden geht. Aber das ist etwas völlig anderes, als einen Ort letzter Resistenz gegen die Naturwissenschaften behaupten zu wollen.

Über das Leib-Seele-Problem

Matthias Eckoldt: Was wäre dann Ihrem Verständnis nach ein besseres Selbstverständnis der Philosophie?

Klaus Mainzer: Philosophie sollte das sein, was sie seit Anbeginn war: Philosophie fragt nach den Grundlagen und Prinzipien unseres Wissens. Bereits bei Aristoteles war die Erforschung der Natur der Dinge (*physis*) in seiner Naturphilosophie mit Erfahrung und logischem Denken verbunden. Diese so verstandene Naturphilosophie nannte er Physik. In der Neuzeit verstand sich Newton ebenfalls als Naturphilosoph, der allerdings Naturforschung in der genauen Sprache der Mathematik formulierte und mit gezielten Experimenten verband. Der Titel seines großen Hauptwerks bringt dieses Verständnis von Philosophie zum Ausdruck: *Philosophiae naturalis principia mathematica* (Mathematische Prinzipien der Naturphilosophie). Auch wenn wir über die Grundlagen und Prinzipien der modernen theoretischen Physik nachdenken, ist das mit empirischer Forschung verbunden. Auch wenn wir über die Prinzipien der modernen Gehirn- und Kognitionsforschung nachdenken, sollte sie mit mathematischer Modellierung, Computersimulation und empirischer Forschung verbunden sein. Philosophie denkt insgesamt über die Grundlagen und Prinzipien von Wissenschaft nach. Sie fragt z. B. nach den Voraussetzungen, die wir bei unseren Theorien und Experimenten meistens unhinterfragt annehmen. So steht die moderne Wissenschaftsphilosophie in ungebrochener Tradition mit den Anfängen der Philosophie. Die Erfahrung und unser Denken heute stützen sich allerdings auf genauere Instrumente, als das zur Zeit der vorsokratischen Naturphilosophen möglich war. Wissenschaft, die Fragen nach den Grundlagen und Prinzipien (also die Philosophie) vergisst, ist blind. Wissenschaft, die glaubt, ohne empirische Forschung auskommen zu können, ist leer. So bleibt Philosophie als Grundlagen- und Prinzipienforschung heute und in Zukunft fundamental für den menschlichen Erkenntnisprozess.

Matthias Eckoldt: Philosophie sollte sich in Ihrem Verständnis am besten als Erkenntnistheorie entwerfen. Aber wie ist es dann mit solchen Fragestellungen wie dem Leib-Seele- oder Geist-Gehirn-Problem? Da ist es doch vor allem die Philosophie, die das Bewusstsein der grundsätzlichen Erklärungslücke wachhält.

KLAUS MAINZER: Das Leib-Seele-Problem ist ja in der Zeit von Descartes entstanden, als man den menschlichen Organismus nur sehr grob aus der Anatomie kennenlernte. Dem standen völlig unverstanden kognitive (»geistige«) Leistungen gegenüber. Weil man keine sinnvollen Verbindungen zwischen diesen beiden Bereichen sah, wurden die beiden Begriffe – Leib und Seele oder Geist und Materie – hochstilisiert und zu unerklärlichen Gegensatzpaaren erklärt. Die sprachliche Festschreibung in Begriffen suggeriert ja, dass hinter diesen Begriffen tatsächlich getrennte Gegenstände liegen. Bei Wittgenstein kann man sehr schön sehen, dass man hier in Sprachfallen tappt. Leib und Seele oder Geist und Materie sind doch nur vorläufige Bezeichnungen, die zu ihrer Zeit durchaus sinnvoll gewesen sein mögen. Aber wir sind mittlerweile wissenschaftlich doch weit darüber hinaus.

MATTHIAS ECKOLDT: Was Philosophie zumindest kann, ist Fragestellungen zu schärfen. Das dürfte ja eigentlich auch in Ihrem Sinne sein. Eine dieser Fragestellungen ist das, was von dem US-amerikanischen Philosophen Joseph Levine als Erklärungslücke bezeichnet wurde. Dabei geht es um die erkenntnistheoretische Dimension, dass wir Bewusstsein nur aus der Erste-Person-Perspektive erfahren, während die empirischen Wissenschaften aus der Dritte-Person-Perspektive auf ihren Untersuchungsgegenstand schauen. Das bereitet normalerweise keine Probleme, aber wenn die Wissenschaft das Bewusstsein erkennen will, gibt es diese grundsätzliche Differenz in der Perspektive, die nicht zu überwinden ist. Das wurde dann auch als Qualia-Problem bekannt. Wie soll das, was ich im Innersten empfinde, jemals aus der Perspektive der Wissenschaft erkannt und beschrieben werden?

Ein Adapter für Schmerzen

KLAUS MAINZER: Ein Mediziner kann eine Blinddarmentzündung sehr genau beschreiben. Das ist natürlich etwas völlig anderes, als selbst die Schmerzen zu haben, die bei einer Blinddarmentzündung entstehen. Die Schmerzen selbst kann der Mediziner auch erklären, aber er kann die Schmerzen des Patienten nicht empfinden. Das scheint, wie Sie auch dargestellt haben, völlig unüberwindbar zu sein. Ich könnte mir aber vorstellen, dass wir die Schmerzempfindungen auf eine

Art Adapter bringen, sodass ich Ihre Schmerzen empfinden kann. Warum sollte das nicht möglich sein? Was ich damit sagen will: Ich halte es keineswegs für natur- oder gottgegeben, dass sich da ein unüberwindbarer Graben auftut. Wenn wir erst so präzise Kenntnisse darüber haben, was genau im Gehirn abläuft, und die entsprechenden technischen Möglichkeiten im Rahmen neuromorpher Strukturen zur Verfügung stehen, dann sollte es möglich sein, die Empfindungswelt eines anderen komplett zu teilen.

Matthias Eckoldt: Das würde darauf hinauslaufen, die Differenz von Erster- und Dritter-Person-Perspektive durch weitere Entwicklungen der Technik einzuschmelzen.

Klaus Mainzer: Das klingt vielleicht nach Science Fiction, liegt aber gar nicht mehr so fern. Das könnte auf sensorieller Ebene laufen, so wie wir es heute schon bei Querschnittsgelähmten sehen. Da können wir auf künstlichem Wege Teile ihrer verloren gegangenen Empfindungswelt realisieren. Die Sensoren in den Gliedmaßen der Patienten sind ausgefallen. Allerdings ist die Verschaltungssoftware im Hirn noch aktiv. Insofern können wir in das entsprechende Areal eines Querschnittsgelähmten einen Chip einsetzen, der die sensorischen Daten eines künstlichen Armes überträgt. Dann können die Patienten nicht nur nach einem Stück Schokolade greifen, sondern sogar die leichte Berührung auf der Fingerkuppe empfinden. Nach diesem Prinzip könnte man die Empfindungswelt eines anderen Menschen verfügbar machen, wenn man die entsprechenden Daten, Sensoren und Verschaltungsmuster im Gehirn kennt. Warum sollte das prinzipiell ausgeschlossen sein? Insofern kann ich die Behauptung einer unüberwindlichen Grenze an der Stelle zwischen innerer Erfahrung und äußerer Welt nicht nachvollziehen. Wir sollten schleunigst aufhören, prinzipielle Grenzen zu konstatieren, um daraus dann endgültige Positionen abzuleiten.

Matthias Eckoldt: Insofern können Sie mit dem Ignorabimus-Argument von Emil du Bois-Reymond nichts anfangen, der sagte, dass es den Naturwissenschaften niemals gelingen würde, das Bewusstsein auf die spezifische Anordnung von Atomen zurückzuführen.

Klaus Mainzer: Überhaupt nicht. Das sogenannte Ignorabimus-Argument ist State of the Art des 19. Jahrhunderts, das Fremdpsychische ist State of the Art Anfang des frühen 20. Jahrhunderts. Ebenso beschreiben die weiteren Positionen bis in die Gegenwart hinein nur den jeweiligen State of the Art. Man bezieht sich dabei jeweils auf den aktuellen Wissensstand. Der aber ändert sich rasant und wird sich in Zukunft immer rascher ändern.

Empfindungsfähige Maschinen

MATTHIAS ECKOLDT: Wird es dann auch möglich sein, dass wir es nicht nur mit Schnittstellen zwischen Mensch und Maschine zu tun bekommen, die es beispielsweise Querschnittsgelähmten ermöglichen, wieder zu empfinden, sondern werden denn perspektivisch auch die Maschinen selbst empfinden können? Sind also künstliche Intelligenzen mit phänomenalem Bewusstsein denkbar?

KLAUS MAINZER: Auch das würde ich nicht ausschließen. Wobei ich an dieser Stelle eine ähnliche Position einnehme, wie sie der Informatiker Joseph Weizenbaum hatte. Er war ja einer der großen Begründer der künstlichen Intelligenz. In seinen späteren Jahren hatte er aber zunehmend ethische Bedenken. Ich kann mich sehr gut erinnern, wie ich darüber mit ihm kurz vor seinem Tod 2008 heftig diskutiert habe. Dabei ging es um die Simulation und Realisation von Gefühlen durch künstliche Intelligenzen. Er wollte bereits die Grenze zu sensoriell empfindlichen Systemen nicht überschreiten. Ich hatte dagegen eingewendet, dass es doch sehr nützlich wäre, wenn mein PC etwas von meinen Gefühlen mitbekäme und beispielsweise merken würde, wenn ich an einem Tag recht nervös bin und mich andauernd vertippe. Dann könnte der PC da vielleicht geeignete Maßnahmen ergreifen, um mir zu helfen. Den Tastaturanschlag verlangsamen oder eine beruhigende Farbe auf den Desktop zaubern. Das wäre ja heute alles schon machbar. Ein weiterer Schritt wäre es dann, Systeme zu schaffen, die selber empfinden könnten.

MATTHIAS ECKOLDT: Wie würden Sie diesen Zustand definieren, und wie könnte man ihn in eine künstliche Intelligenz implementieren?

KLAUS MAINZER: Ich sehe da keinerlei mystische Dimension. Der inneren Empfindung liegen bestimmte sensorielle, neurochemische Erregungszustände zugrunde. Natürlich könnte man im Prinzip genau solche Erregungszustände nachbilden. Für mich ist die Frage eher, ob wir das wirklich tun sollten. Deshalb mein Verweis auf Weizenbaum.

Sollten wir wirklich ein System erzeugen, das Schmerzen empfindet? Denn das würde dieselben ethischen Fragestellungen mit sich bringen, die wir auch in der Tierethik haben. Wie Tiere würden solche Systeme auch leiden können. Warum also sollten wir so weit gehen und das Elend in der Welt noch vergrößern? Ich finde, wir dürfen nicht über die Stufe der Dienstleistung für uns Menschen hinausgehen, auch wenn die technischen Systeme immer komplexer, autonomer und intelligenter werden. Wir sind zwar längst dabei, uns evolutiv mit Technik zu verändern. Aber Technik sollte nicht zum Selbstzweck werden. Das ist gerade eine ganz spannende Zeit. Denn im Moment ist Technik noch gestaltbar. Im Moment! Denn es gibt auch Szenarien, in denen Automatisierung und künstliche Intelligenz uns Menschen ganz weit an den Rand drücken.

Jenseits des Menschen

Matthias Eckoldt: Ist Ihre Position in der *scientific community* mehrheitsfähig?

Klaus Mainzer: Ganz und gar nicht. Wenn ich beispielsweise mit meinen koreanischen Kollegen in den Forschungsstätten in Seoul diskutiere, höre ich da völlig andere Positionen. Ebenso im kalifornischen Silicon Valley. Dort sagt man: Wir Menschen sind nicht mehr als eine Zwischenstufe der Evolution. Die Entwicklungen gehen weiter, und auch wir werden uns als Gattung stark verändern. An der Stelle sage ich dann: Wir sind an einer Stelle in der Evolution angelangt, wo wir aufgrund unseres Bewusstseins die Chance haben, die Evolution zu reflektieren und zu bewerten. Wir sehen heute die enormen Kollateralschäden der Evolution und sollten ihr keinen freien Lauf lassen. Wir haben heute, an dieser entscheidenden Wegmarkierung in Sachen der künstlichen Intelligenz, eine enorme Verantwortung, die wir ernst nehmen sollten. Vielleicht können wir es besser machen, als es die Evolution in den zurückliegenden Jahrmillionen getan hat.

Matthias Eckoldt: In den Science Fiction-Szenarien à la *Terminator* geht es zumeist darum, dass die Maschinen vom Menschen nicht mehr kontrollierbar sind und sich gegen uns verschwören. Sie werden bösartig. Aber wäre es nicht das viel größere ethische Problem, wenn sie einfach nur gleichgültig gegenüber dem Menschen sind? So wie bei dem Tesla-Unfall, wo es dem intelligenten technischen System völlig gleichgültig war, ob dabei Menschen ums Leben kommen.

Klaus Mainzer: Ich will im Folgenden ein Szenarium entwickeln, das ich in diesem Zusammenhang für wahrscheinlich halte. Bewusstsein ist bei uns Menschen hochgradig ausgebildet, gleichzeitig erleben wir heute aber eine Strategie der technischen Intelligenz, die eine ganz andere Richtung einschlägt. Hier spielt das Bewusstsein allenfalls eine untergeordnete Rolle – zumeist jedoch gar keine. Bislang haben wir uns nur über einzelne Gehirne oder Computer unterhalten. Was aber ist mit der gesamten IT-Welt und ihren globalen Netzwerken? Das Internet war der erste Schritt in diese Richtung. Mittlerweile reden wir vom Internet der Dinge, in dem nicht nur die einzelnen Menschen, sondern die mit Sensoren versehenen Dinge und Gegenstände untereinander kommunizieren. Biosensoren in unseren Uhren, die unsere medizinischen Daten aufnehmen und kategorisieren. Automobile, die sich in der Cloud unterhalten und selbstständig Entscheidungen treffen. Da steckt die Intelligenz nicht mehr nur im einzelnen Endgerät, sondern vor allem in der Cloud, also im Netzwerk. Und sie kommen ohne Bewusstsein und Gefühle aus. Trotzdem ist die Intelligenzsteigerung in diesen Netzen heute schon so enorm, dass uns diese Netze manipulieren können. Die Algorithmen erkennen blitzschnell Ihr und mein Profil, sie beobachten uns und bringen uns gegebenenfalls wieder auf Kurs – ganz sanft und nett durch das Setzen von Anreizen beim *nudging*. Sie sind selbstlernend, ohne dass sie etwas mit Bewusstsein zu tun hätten. Wenn ich das fortschreibe, habe ich die Art der Intelligenz, die im Silicon Valley derzeit propagiert wird. Dort wird viel von der sogenannten Singularität gesprochen. Das meint, es gibt irgendwann einen Punkt, wo die IT-Intelligenz der kollektiven menschlichen Intelligenz überlegen ist. Das ist keine böse Maschine, die uns allen den Garaus machen würde, sondern eine Intelligenz, die lauter vernünftige, rationale Entscheidungen trifft. Ihre Entscheidungsgrundlage ist dann jedoch nicht mehr menschlicher Natur, sodass wir allmählich schmerzfrei aussortiert werden könnten – gewissermaßen »wegrationalisiert«.

Matthias Eckoldt: Nach diesem Szenarium würde es dann keinen finalen Kampf zwischen Menschen und Maschinen geben. Wenn das menschliche Bewusstsein einer solchen computergestützten Megaintelligenz auf einem Gebiet überlegen wäre, dann wahrscheinlich nur noch in der Fehleranfälligkeit, die eng mit dem menschlichen Bewusstsein verbunden ist. Denn alle Subjektivität zeichnet sich ja gerade dadurch aus, dass sie trügerisch ist. Vom Gesichtspunkt der Evolution gibt es dann tatsächlich keinen Grund mehr, den Menschen weiterhin im Arsenal der Arten zu behalten.

Digitale Neandertaler

Klaus Mainzer: So argumentieren die Kollegen in Seoul auch. Ich habe dort jüngst nach dem Erfolg von AlphaGo mit einem sehr jungen koreanischen KI-Spezialisten diskutiert, der uns Menschen als digitale Neandertaler bezeichnet hat. So wie die Neandertaler sich erst mit uns vermischt haben, dann aber aussortiert wurden, würden wir auch bald dran sein. Und er meinte, das sei gut so! Die Fehleranfälligkeit des Menschen war dabei sein Hauptargument. Warum, so hat er gefragt, sollten wir die Fehleranfälligkeit kultivieren, die jedes Jahr z. B. zu Millionen von Verkehrstoten und Opfern von Gewalt und Terror führt? Warum sollten wir die Schmerzanfälligkeit und die Verfallsanfälligkeit des Menschen kultivieren? Warum tun wir nicht alles, um das zu überwinden und dem Neuen eine Chance zu geben? Die koreanischen Philosophen, die bei diesem Symposium dabei waren, haben beifällig genickt und die Argumentation kulturhistorisch unterstützt. Alle schwenkten auf diese Linie ein.

Matthias Eckoldt: Aber Sie nicht, oder?

Klaus Mainzer: Nein, ich nicht und der anwesende deutsche Botschafter auch nicht. Wir beiden Alteuropäer waren nicht einverstanden. Der Botschafter schaute die ganze Zeit verzweifelt an die Decke. Ich habe dann versucht darzulegen, warum das unter Umständen eine äußerst gefährliche Strategie sein könnte. Denn es gibt keinerlei Garantien dafür, dass wir Menschen nicht von einer solchen Entwicklung in eine Richtung gedrängt werden, die mit erheblichen Verlusten verbunden ist. Denn was verloren gehen könnte, wäre eben nicht nur das Fehleranfällige, das mit Gefühlen verbunden ist, sondern die gesamte Kultur, die sich um die Pflege der Gefühle rankt. Die gesamte Literatur, all die Meisterwerke der Kunst würden in Vergessenheit geraten, weil niemand, der nicht Gefühle in menschlicher Weise erleben kann, mehr damit etwas anfangen kann. Es könnte also eine schauerliche Zeit der allgemeinen Vergessenheit und Geschichtslosigkeit hereinbrechen. Das wäre dann wirklich der Zustand, den Heidegger zu seiner Zeit als »Seinsvergessenheit« beklagte. Das menschliche Bewusstsein ist also für mich nicht in einem naturwissenschaftlichen und technischen Sinne besonders, sondern in der individuellen Betroffenheit jedes Einzelnen und in unserer kulturellen Identität als Menschheit. Auch hier ist die Philosophie heute mehr denn je herausgefordert.

»Der Geist untersteht nicht den Naturgesetzen, sondern seinen eigenen Gesetzen«

Markus Gabriel über Hegel, Orgasmen und den einfachsten Beweis für den freien Willen

Markus Gabriel, *geboren 1980, studierte in Bonn, Heidelberg, Lissabon und New York. Seit 2009 hat er den Lehrstuhl für Erkenntnistheorie und Philosophie der Neuzeit an der Universität Bonn inne und ist dort Direktor des Internationalen Zentrums für Philosophie. Letzte Publikation zum Thema:* Ich ist nicht Gehirn. Philosophie des Geistes für das 21. Jahrhundert *(2015).*

Zweifel und Täuschung

Matthias Eckoldt: Wie ist das Bewusstsein als Thema in den Kern Ihrer Aufmerksamkeit gerückt?

Markus Gabriel: Ich war 2013 Gastprofessor in Berkeley. Dort arbeiten einige der wichtigsten Bewusstseinsphilosophen. John Searle zum Beispiel, der dort mein Büronachbar war. Der hat mich genötigt, einen Vortrag über Halluzinationen zu halten, weil er der Meinung war, dass ich dieses Phänomen nicht begrifflich handhaben könne. In dieser Zeit habe ich bei einem Künstler in San Francisco gelebt. Dieser Künstler interessierte sich sehr für die Erforschung des Bewusstseins und machte die Vergabe der Wohnung davon abhängig, dass man ihm darüber etwas erzählen konnte. Vor mir hat dort der berühmte Neurowissenschaftler Vilayanur Ramachandran aus San Diego gewohnt. Da musste ich mich anstrengen, um diese Wohnung zu bekommen. Das waren meine Ausgangspunkte, mich eingehender mit der Philosophie des Geistes zu beschäftigen.

Matthias Eckoldt: Gab es noch andere Begegnungen, die Sie für das Thema Bewusstsein sensibilisiert haben?

Markus Gabriel: 2005/2006 habe ich als Postdoc mit Thomas Nagel in New York zusammengearbeitet. Und für Nagel sind alle philosophischen Probleme Konsequenzen des einen philosophischen Problems des Bewusstseins.

Matthias Eckoldt: Mit Nagel hatten Sie ja ein Gegenüber, das mit seinem Aufsatz »Wie ist es, eine Fledermaus zu sein« einen Meilenstein in der Begrifflichkeit der modernen Bewusstseinsforschung gelegt hat: Immer, wenn es sich irgendwie für einen Organismus anfühlt, dieser Organismus zu sein, dann hat er eine Form von Bewusstsein.

Markus Gabriel: Interessanterweise aber haben wir damals nie darüber gesprochen. Nagel hat mir eher Verständnisfragen zum Deutschen Idealismus gestellt. Da habe ich ihm dann immer Zusammenfassungen geliefert. Über das Bewusstsein haben wir erst Jahre später diskutiert.

Matthias Eckoldt: Was macht denn in Ihren Augen das Bewusstsein zu einem besonderen Gegenstand des Nachdenkens?

Markus Gabriel: Bewusstsein ist in vielerlei Weise bemerkenswert. Erstens hat es eine ganze Reihe cartesischer Eigenschaften. Diese Dimension nämlich, die seit Descartes bekannt ist, dass man nicht bezweifeln kann, dass man bewusst ist, während man bewusst ist.

Matthias Eckoldt: Diese einzige unbezweifelbare Tatsache, die für Descartes schließlich als der Beweis unserer Existenz galt.

Markus Gabriel: Interessant dabei ist, dass man zwar nicht bezweifeln kann, dass man bewusst ist, während man bewusst ist, obwohl man sich gleichzeitig sehr wohl darüber täuschen kann, was Bewusstsein ist! Angenommen, ich täusche mich über mein Bewusstsein, indem ich glaube, ich habe eine unsterbliche Seele, oder ich täusche mich über mein Bewusstsein, indem ich glaube, ich habe keine unsterbliche Seele. Beide Parteien haben Argumente für ihre Sicht, können aber natürlich nicht beide recht haben. Gleichwohl sind sich beide Parteien zumindest darüber einig, dass man sich über das Wesen des Bewusstseins täuschen kann, weil sie sich ja gegenseitig vorhalten, dass sich der andere täuscht. Beide aber akzeptieren zugleich, dass der andere weiß, dass er bewusst ist, indem er bewusst ist. Das heißt, alle sind sich einig, Bewusstsein ist etwas, über das man nur informiert sein kann, indem man es hat, ohne dass daraus folgt, dass man über die Natur dieses Bewusstseins auch deswegen vollständig Bescheid weiß.

MATTHIAS ECKOLDT: Und ist das aus Ihrer Sicht nur ein inhaltliches Problem, das man durch mehr Wissen oder bessere Argumente entschärfen kann oder ist es ein formelles Problem?

MARKUS GABRIEL: Ich glaube, an dieser Stelle ist es ein begriffliches Problem. Denn auf der einen Seite scheinen alle unsere Begriffe verankert zu sein in bewusster Erfahrung; ganz einfach, weil jeder Begriff eingeführt wurde, um irgendeine bewusste Erfahrung zu bezeichnen.

MATTHIAS ECKOLDT: Man kann Begriffe ja auch nicht unbewusst erlernen.

MARKUS GABRIEL: Genau, ich bin dabei, während ich die Begriffe lerne. Das scheint etwas Besonderes am Bewusstsein zu sein. Andererseits entzieht sich Bewusstsein der begrifflichen Durchdringung, weil Begriffe etwas Allgemeines an sich haben, was das Bewusstsein nicht an sich hat. Im Bewusstsein begegnet mir die einzelne Wirklichkeit, die ich selber bin.

MATTHIAS ECKOLDT: Würde diese Überlegung in letzter Konsequenz zum Universalienstreit führen, in dem es ja darum ging, ob die Begriffe wirklich existieren oder Konstruktionen des Menschen sind?

MARKUS GABRIEL: Das ist sicher keine falsche Überlegung. Man könnte sogar sagen, dass es im Universalienstreit um das Bewusstsein geht. Das wussten nur die Beteiligten im Mittelalter nicht, die diesen Streit geführt haben, aber man findet davon immerhin Spuren. So ist es kein Zufall, dass sogar bei Platon und Aristoteles, wo dieser Streit zum ersten Mal geführt wird, nebenbei auch Theorien des Bewusstseins vorgelegt werden. Wobei Platon anscheinend an eine unsterbliche Seele glaubt, Aristoteles hingegen nicht. Man müsste mal anhand der jeweiligen Konzeptionen des Bewusstseins untersuchen, wie sich der Universalienstreit historisch entwickelt.

Geist und Bewusstsein

MATTHIAS ECKOLDT: Wobei der Begriff des Bewusstseins eher neuzeitlicheren Datums ist. Laut dem *Deutschen Wörterbuch* der Brüder

Grimm wird er erst im 18. Jahrhundert gebildet und seither häufig verwendet.

Markus Gabriel: Meine Konzeption sieht folgendermaßen aus: Das, was wir jetzt *Bewusstsein* nennen, ist Teil eines Selbstporträts dessen, was ich *Geist* nennen möchte. Ich unterscheide nämlich zwischen Geist und Bewusstsein. Unter Geist verstehe ich etwas Unveränderliches, etwas Invariantes. Und zwar das Unveränderliche an uns, das darin besteht, dass wir eine Antwort darauf geben wollen, was uns als Menschen vom Rest des Tierreichs unterscheidet. Denn wir haben alle den – sehr begründeten – Eindruck, dass wir uns sowohl von Steinen als auch von Ratten durch irgendetwas unterscheiden. Das nehmen wir Menschen genau von dem Punkt an, wo wir ein Bewusstsein davon haben, dass wir nicht ganz dazugehören. Und in dem Augenblick taucht die Frage auf, welches Bild wir uns von uns machen. Wahrscheinlich geht es sogar in Höhlenmalereien schon darum. Und das, was sich da in welcher Weise auch immer ein Bild von sich selber macht, möchte ich Geist nennen.

Matthias Eckoldt: Wäre das Geist im Sinne der Denktradition des Deutschen Idealismus?

Markus Gabriel: Genau das! Im Sinne der *Phänomenologie des Geistes* von Hegel etwa. Daran ist wichtig zu verstehen, dass Geist hier als eine Invariante gesehen wird. Was jedoch variiert ist das Bild, das wir uns von uns machen. Wenn wir nun sagen: »Wir sind bewusst«, dann machen wir uns einerseits ein Bild von uns selbst als geistige Lebewesen und fragen uns beispielsweise: In welcher Kontinuität steht unser Bewusstsein mit dem Bewusstsein anderer Tiere beziehungsweise gibt es überhaupt eine Kontinuität? Bewusstsein ist also gebunden an die Begriffe unseres Selbstporträts. Andererseits aber drängt sich da die Frage auf, ob Bewusstsein davon abhängen kann, welche Begriffe wir von ihm haben? Ich bin doch auch jenseits der Begrifflichkeiten bewusst. Auch Kleinkinder und Löwen sind bewusst und die haben naheliegenderweise keinen Begriff von ihrem Bewusstsein. Das ist aus meiner Sicht die Bandbreite der Problemstellungen, die mit Bewusstsein aus philosophischer Sicht verbunden ist.

Matthias Eckoldt: Und die es jetzt im Weiteren zu diskutieren gilt.

Markus Gabriel: So ist es.

Probleme mit dem Ich

Matthias Eckoldt: Da stellt sich für mich als Erstes die Frage, welche Rolle das Ich in diesem Problemhorizont spielt.

Markus Gabriel: Es gibt eine gut begründete Annahme die lautet: Bewusstsein ist eine Bühne, der jemand beiwohnt. Das wirft natürlich die Frage auf, wer dabei da ist und welcher Natur diese Bühne ist. Der traditionelle Name für den Beobachter der Bühne ist das Ich. Es war übrigens Meister Eckhart, der als Erster diese Substantivierung vorgenommen hat. Sie zeigt an, dass jemand dabei ist, wenn ich bewusst bin. Wenn man das sagt, dann hat man ja diese Bühne eingeführt. Und diese Bühne wird man nicht los, auch dann nicht, wenn man sie umtauft wie beispielsweise Thomas Metzinger. Der nennt das dann den Ego-Tunnel. Da hat er »ich« durch die lateinische Variante »ego« ersetzt und das Substantiv »Ich« durch die Metapher des Tunnels. Aber die Idee bleibt genau die gleiche.

Matthias Eckoldt: Aus dieser intuitiv nachvollziehbaren Vorstellung ergibt sich jedoch das erkenntnistheoretische Problem des Homunkulus, des Menschleins im Menschen. Demnach würde sich jenes Menschlein im Gehirn als das Ich die Vorgänge auf der Bewusstseinsbühne anschauen. Letztlich steht dahinter der feine aber entscheidende Unterschied, ob dem Ich die Erfahrungen erscheinen oder ob das Ich die Summe der Erfahrungen ist.

Markus Gabriel: Es ergeben sich noch sehr viele weitere Probleme. Beispielsweise Folgendes: Schauen wir uns unsere Gesprächssituation an. Sie sehen mich, ich sehe Sie. Wenn ich jetzt da säße, wo Sie sitzen, würde ich zwar mich sehen, aber nicht Sie. Ich kann mir keine Position vorstellen, von der aus ich uns beide so sehe, dass ich dabei wiederum mich sehe. Also wenn ich mich jetzt neben uns stellen könnte, würde ich zwar uns beide sehen, aber wiederum nicht mich, der dies sieht. Das heißt, es scheint einen jeweils unhintergehbaren Standpunkt zu geben, von dem aus man sieht. Nennen wir nun das, was man von jenem unhintergehbaren Standort aus sieht, Bewusstsein. Wenn wir den Sachverhalt auf diese Weise einführen, dann liegt es auch nahe, zu sagen, es gibt hier jemanden, der das Bewusstsein hat beziehungsweise dem das Bewusstsein erscheint.

Matthias Eckoldt: Wo beginnt nun das Problem?

MARKUS GABRIEL: An der Stelle, wo das, was ich sehe, auch andere sehen können. Diese Wasserflasche hier ist ein öffentlicher Gegenstand, den jeder sehen kann. Das Bewusstsein ist aber kein öffentlicher Gegenstand. Ich kann ja nicht sagen: Herr Eckoldt, kommen Sie bitte mal kurz in mein Bewusstsein, ich glaube, ich sehe da etwas, aber vielleicht täusche ich mich ja. Deswegen haben sich die meisten heute darauf geeinigt, das Problem durch einen geschickten aber letztlich fragwürdigen Trick zu lösen. Man unterscheidet das Bewusstsein nämlich in drei Elemente: Denjenigen, der es hat ...

MATTHIAS ECKOLDT: ... also das Ich.

MARKUS GABRIEL: Man könnte auch sagen »die Person«, aber nennen wir das ruhig erst mal noch »das Ich«. Zweitens den Gehalt. Der Gehalt ist jetzt die Art und Weise, wie ich Sie sehe. Und dann drittens den Gegenstand. Sie sind der Gegenstand meines Bewusstseins, aber Sie sind nicht auf der Bühne meines Bewusstseins. Das Bühnenartige ist nur die Art und Weise, in der Sie mir erscheinen.

MATTHIAS ECKOLDT: Das könnte man auch die Perspektive nennen.

MARKUS GABRIEL: Genau! Die Perspektive, aus der Sie mir erscheinen, ist die Art und Weise, wie ich Sie sehe, ist aber nichts, was ich sehe.

MATTHIAS ECKOLDT: Das ist eingängig. Man sieht zwar jeden Gegenstand aus einer bestimmten Perspektive, aber sieht dabei die Perspektive nicht.

MARKUS GABRIEL: Diese Sichtweise ist unbezweifelbar sinnvoll und löst einige Probleme auf, löst aber das fundamentale Problem letztlich nicht, denn ich will ja wissen, wie sich Gegenstand und Perspektive zueinander verhalten. Es ist verführerisch zu sagen, dass die Gegenstände aperspektivisch sind, da der Gegenstand nicht selbst perspektivisch sein kann. Wenn nun die Perspektive eingeführt wird, um einen Unterschied zu markieren zwischen dem Gegenstand und der Art, wie er mir erscheint, dann kann die Perspektive selbst nicht auch noch einmal ein Gegenstand sein, und der Gegenstand kann selbst keine Perspektive sein. Dann aber wäre der Gegenstand aperspektivisch und man könnte ihn von nirgendwo aus sehen. Nur Gott könnte ihn sehen, weil einzig Gott keinen Standpunkt hat.

MATTHIAS ECKOLDT: Dann wären alle Gegenstände Dinge an sich im Sinne Kants.

Markus Gabriel: Das Ding an sich bei Kant ist in der Tat der aperspektivische Gegenstand meines Sehens. Einen Gegenstand von nirgends aus gesehen kann ich mir aber nicht vorstellen. Die Auseinanderdifferenzierung von Ich, Gehalt und Perspektive ist also weit von einer begrifflichen Lösung der Bewusstseinsproblematik entfernt, sie wirft nur eine ganze Reihe weiterer begrifflicher Probleme auf. Denn man wird doch wohl fragen dürfen, wie Gehalt (Perspektive) und Gegenstand zusammenhängen, und damit kehrt die ganze Misere zurück, und wir müssen weiterphilosophieren.

Phänomenales und intentionales Bewusstsein

Matthias Eckoldt: Eine weitere erst einmal klare, bei genauerem Hinsehen jedoch verwickeltere Begrifflichkeit, wenn es um das Bewusstsein geht, ist die Unterscheidung von phänomenalem und intentionalem Bewusstsein. Also das Bewusstsein, das ich (phänomenal) als inneres Erlebnis habe, und das Bewusstsein, das ich bezogen auf die Gegenstandswelt (intentional) habe. Ist das nicht letztlich das Gleiche?

Markus Gabriel: Ich würde sagen, da gibt es zwei Komponenten im Begriff des Bewusstseins. Die Frage ist dabei in der Tat, wie wir diese trennen und zugleich vernünftig aufeinander beziehen können. Wenn ich die phänomenale von der intentionalen Ebene isolieren würde, wäre das ein reiner Datensalat. Das wäre ein vollkommen ungeordnetes Bombardement, wie man es vielleicht bei einer Überdosis LSD erlebt. Also Musik ohne jegliche Melodie, kurzum: Lärm. Reines intentionales Bewusstsein auf der anderen Seite wäre Bewusstsein ohne jedes Erleben. Das wäre vergleichbar mit der Struktur einer Lichtschranke. Wenn eine Lichtschranke darauf reagiert, dass jemand durch die Tür gehen möchte, registriert sie, dass jemand dort ist, erlebt aber gar nichts dabei.

Matthias Eckoldt: Wenn die Lichtschranke ein Bewusstsein hat, ist dort niemand zu Hause.

Markus Gabriel: Das Bewusstsein, über das wir hier reden, ist aber beides. Einerseits erlebe ich etwas, andererseits kann ich meine Aufmerksamkeit auf bestimmte Gegenstände richten. Offensichtlich gehören also intentionales und phänomenales Bewusstsein zusammen, haben jedoch verschiedene begriffliche Funktionen. Nun darf man daraus aber nicht darauf schließen, dass es zwei Module gibt, also ein intentionales Modul – so eine Art Lichtschranke – und einen Gefühlsdusel. Denn dann entsteht die Frage: Wie schafft es denn die Lichtschranke, den Gefühlsdusel abzuscannen? Das ist unsinnig, gleichwohl aber ist das ein sehr weit verbreitetes Modell. Besonders die Neurowissenschaften brauchen das, wenn sie nach verschiedenen Hirnregionen suchen, die bestimmte Leistungen vollbringen. Dabei entsteht dann noch die Zusatzfrage, wo der Scanner zu finden ist. Der zugrunde liegende Irrtum besteht jedoch darin, dass im Hirn Gefühlsduselei abgescannt werden muss, denn Intentionales und Phänomenales gibt es nicht getrennt voneinander.

MATTHIAS ECKOLDT: Man merkt es ja auch, wenn man sich selbst befragt, dass es da intentionale und phänomenale Aspekte gibt. Wenn ich Vögel beobachte und klassifiziere, ist das hochgradig intentional, wenn ich dagegen Zahnschmerzen habe, bin ich in einem phänomenalen Erleben geradezu gefangen. Die Begriffe sind schon sinnvoll, nur ihre Isolierung führt in die Irre. Würden Sie zustimmen, wenn ich sagte, Intentionales und Phänomenales seien verschränkt?

MARKUS GABRIEL: Da ist sogar noch mehr drin. Wenn ich meinen gesamten mentalen Zustand – das, was ich Geist nenne – beschreiben müsste in diesem Augenblick, würde viel mehr noch dazukommen. Denken Sie nur an die Erwartungen und die Erinnerungen. Erinnerungen sind phänomenal, denn sie fühlen sich irgendwie an. Wenn ich darüber nachdenke, wie es war, zweieinhalb Jahre alt zu sein, und mir einbilde, phänomenales Erleben dabei zu haben, gibt es wahrscheinlich gar keine Verbindung mehr zwischen meinem Wissen um die Dinge, die ich mit zweieinhalb gemacht habe, und meinem jetzigen phänomenalen Erleben. Erinnerungen oder Erwartungen funktionieren noch mal ganz anders, als es uns das Alltagsbewusstsein suggeriert. In der gegenwärtigen Philosophie des Bewusstseins wird beispielsweise viel darüber gestritten, ob es ein spezifisches phänomenales Erleben der Einsicht gibt. Wenn ich also zum ersten Mal einsehe, dass zwei plus zwei vier ist.

Wovon handeln Orgasmen?

MATTHIAS ECKOLDT: Das wäre dann der Heureka-Effekt. Der ist ja auf alle Fälle von einem starken phänomenalen Erleben begleitet.

Markus Gabriel: Aber lassen Sie es mich mal andersherum drehen, denn hier stellt sich ja die Frage so: Wie hängt ein spezifischer intentionaler Zustand zusammen mit einem phänomenalen. Der amerikanische Bewusstseinsphilosoph Ned Block hat sich die Frage vorgenommen: Handeln Orgasmen von etwas? Man könnte ja meinen, ein Orgasmus bezieht sich auf die Person, mit der man ihn hat. Also der oder die andere oder man selber oder viele andere. Wie auch immer. Oder sind Orgasmen, wie das Ned Block ausdrückt, lediglich mentales Öl?

Matthias Eckoldt: Eine treffende Formulierung. So eine Art Bewusstseinsklebrigkeit, die sich auf gar nichts richtet.

Markus Gabriel: Orgasmen informieren uns ja nicht über unsere Umwelt. Also handeln Orgasmen von etwas oder nicht? Eine interessante philosophische Frage. Mein gesamter geistiger Zustand enthält Elemente, die wir so beschreiben können, dass das Wort Bewusstsein vorkommt – entweder phänomenales oder intentionales. Zugleich aber gibt es viele andere Prozesse, für die das nicht gilt. Denken Sie nur an die vielen unbewussten Prozesse, die wir ja genau deswegen so nennen, weil sie niemals im Bewusstsein auftauchen. Viele unbewusst ablaufende Prozesse ermöglichen, dass ich gerade bewusst bin, die gehören aber in meiner Terminologie zu meinem Geist insgesamt. Bewusstsein ist meines Erachtens ein Teil des Geistes. Eine Untermenge.

Geist und Materie

Matthias Eckoldt: An der Stelle würde ich gern noch etwas verweilen. Nach Ihrer Theorie gibt es den Geist, eine Untermenge davon ist das Bewusstsein. Nun gibt es aber noch eine andere große Kategorie, die man da irgendwie unterbringen muss, nämlich die der Materie.

Markus Gabriel: Ich würde sagen: Das Gehirn mit seinen materiellen Prozessen ist selber Teil des Geistes. Es ist nicht so, dass der Geist Teil des Gehirns ist. Der Geist als das invariante Vermögen, sich ein Bild davon zu machen, was es heißt, kein Stein oder keine Kakerlake zu sein, ist eine Struktur mit verschiedenen Schichten. Dazu gehören Dinge wie ein zentrales Nervensystem, Gehirnregionen, ein Gesamtorganismus. Das wiederum ist ein Teil dessen, was unser Geist ist – genau wie unser Bewusstsein ein Teil des Geistes ist. Diese Schichten des Geistes sind auf eine spezifische, sich andauernd verändernde Weise miteinander vernetzt.

Matthias Eckoldt: Das ist ja eine hoch spannende Idee: Geist ist größer als Bewusstsein. Beziehungsweise Bewusstsein ist eine Untermenge des Geistes. Sehen Sie denn dann alle Organismen mit Geist ausgestattet oder ist der Geist etwas typisch Menschliches?

Markus Gabriel: Also, ich habe keine Zweifel daran, dass viele Tiere Bewusstsein haben. Ich kann mir einfach nicht vorstellen, dass Bienen kein Bewusstsein haben, dass es sich also nicht irgendwie anfühlt, eine Biene zu sein. Wie soll das gehen? Bienen müssten dann herumschwirrende Lichtschranken sein, die zufällig gemeinsam Honig erzeugen. Das scheint mir einfach nicht zu passen.

Matthias Eckoldt: Wie sollten sie sich dann auch über den Schwänzeltanz unterhalten?

Markus Gabriel: Sie könnten sich dann ja gar nicht unterhalten. Also dass Bienen kein Bewusstsein haben, halte ich für eine völlig abnormale, geradezu psychotische Vorstellung. Gut in Szene gesetzt übrigens von Ernst Jünger in seinem Roman *Gläserne Bienen.*

Matthias Eckoldt: Bewusstsein würden Sie den Bienen in dieser Begrifflichkeit also zusprechen, aber Geist? Dann müssten sich ja die Bienen auch ein Bild davon machen können, was es heißt, eine Biene und kein Stein und kein Mensch zu sein!

Markus Gabriel: Es gibt bei Bienen keinen Anlass, daran zu glauben, dass sie über Geist verfügen.

Selbstbewusstsein

Matthias Eckoldt: Lassen Sie mich da noch einmal einhaken. Ich sehe jetzt hier zwei Ebenen. Einmal ist da das phänomenale Bewusstsein, das Sie Bienen und anderen Organismen zugestehen, während Sie den Begriff des Geistes für Menschen reservieren. Trennen sich dann Geist und Bewusstsein nach Ihrer Theorie am Selbstbewusstsein, also dem Bewusstsein darüber, dass man phänomenales Bewusstsein hat?

Markus Gabriel: Grundsätzlich: Es ist mir wenig daran gelegen, einen Unterschied zwischen Menschen und anderen Lebewesen zu machen.

Deswegen können wir auch gern offenlassen, ob Bienen oder Delfine oder Kakerlaken über Geist verfügen. Ihre Frage zielt jetzt in die Richtung: Ändert sich etwas an der Struktur des Bewusstseins, wenn phänomenales Bewusstsein eingebettet ist in die größere Struktur, die ich Geist nenne. Dem ist in der Tat so. Denn zum Geist gehört auch Selbstbewusstsein. Und Selbstbewusstsein besteht darin, dass man sich zu seinem eigenen Bewusstsein durch den Filter einer Interpretation des Begriffs Bewusstsein verhält. Ich bin also nicht nur ständig bewusst, sondern ich verhalte mich zu meinem Bewusstsein, indem ich eine Interpretation meines Bewusstseins anfertige. Wir können das als Philosophen in Form begrifflicher Analysen tun – so wie wir das gerade betreiben –, aber wir tun es auch alltäglich, indem wir unser Bewusstsein auf eine bestimmte Weise erleben. Wenn man sich zum Beispiel dafür schämt, dass man sich auf eine bestimmte Weise fühlt, hat man ja auch eine doppelte Einstellung dazu: Man fühlt sich auf eine bestimmte Weise und verhält sich zu diesem Gefühl.

Matthias Eckoldt: Beispielsweise, wenn man sich dafür schämt, dass man den Geschmack einer Currywurst als weitaus besser erlebt, als den Geschmack von – sagen wir – Haferflocken.

Markus Gabriel: Genau dafür schämt man sich, weil man ja weiß, dass man es aus ökologischen und gesundheitlichen Gründen eigentlich genau andersherum fühlen sollte. An dem Punkt tritt zum phänomenalen und intentionalen Bewusstsein noch eine weitere Ebene hinzu – nämlich die der Einschätzung. Genau das ist Selbstbewusstsein, und das kann ich erleben, ohne eine wie auch immer komplizierte Theorie davon zu haben.

Matthias Eckoldt: An dieser Stelle habe ich ein Verständnisproblem. Wir hätten jetzt intentionales und phänomenales Bewusstsein. Wenn Geist dazukommt, können wir von Selbstreflexion oder Selbstbewusstsein reden. Nun sagten Sie vorhin, dass Sie auf der anderen Seite auch unbewusste Phänomene mit zum Geist rechnen. Wie passt das zusammen?

Markus Gabriel: Ich wollte nicht Geist und Selbstbewusstsein identifizieren. Wir haben Bewusstsein und Selbstbewusstsein. In der Art von Geist, die wir kennen, hängen beide in der Weise zusammen, wie wir sie gerade beschrieben haben. Nun kommt aber bei der Art, wie wir bewusst und selbstbewusst sind, noch mehr hinzu. Beispielsweise könnten wir nicht die Art von Bewusstsein haben, die wir haben, wenn wir nicht ein dafür geeignetes Gehirn hätten. Das heißt, die natürlichen Voraussetzungen dafür, dass unsere Art von Bewusstsein vorliegt, sind, weil wir Lebewesen sind, evolutionär bedingt. Das bedeutet wiederum, für die Art und Weise von Geist, wie wir sie kennen, ist es eine notwendige Bedingung, dass bestimmte natürliche Voraussetzungen auch erfüllt sind. Und zu den Gehirnen, die wir haben und die uns erlauben, dieses Gespräch zu führen, gehören im Hintergrund ablaufende unbewusste Module. Beispielsweise die der Sprachverarbeitung. Durch die psychologische und neurowissenschaftliche Forschung haben wir ein immer besseres Verständnis davon, welche Prozesse im Hintergrund – also unbewusst – ablaufen. Diese sind aber Teil meines Geistes. Zum Geist, also dem Gesamtzustand, in dem ich mich befinde und über den wir gerade reden, gehört als Teil auch Unbewusstes. Das ist die Idee: Das Verhältnis von Körper, Bewusstsein, Selbstbewusstsein, Ich und Geist ist ein mereologisches – ein Teil-Ganzes-Verhältnis. Und Geist ist der Begriff für das Ganze, das wir sind, das sich von den Teilen darin unterscheidet, dass es das invariante Vermögen ist, sich ein Bild von der Ausdifferenzierung in mentale Begriffe zu vermitteln. Das Ganze ist also nicht bloß ein Haufen oder ein Aggregat, sondern, wie man sagt, mehr als seine Teile.

Bewusstsein in der Neurowissenschaft

Matthias Eckoldt: Wie weit kommt in diesem Konzept die Neurowissenschaft? Die Hirnforscher sind für das, was man notwendige Bedingungen für Bewusstsein nennen würde, unabdingbar geworden. Aber können sie auch die Analyse der hinreichenden Bedingungen liefern?

Markus Gabriel: Wenn ich eine Wiese wahrnehme, dann ist in meinem Gehirn zu wenig Platz für eine Wiese. Die Wiese kann nicht in meinem Gehirn sein. Ich könnte aber keine Wiese wahrnehmen, wenn da keine Wiese wäre. Das heißt, der Zustand der Wahrnehmung einer Wiese ist konstitutiv so, dass zu diesem Gesamtzustand die Wiese gehört. Die Neurowissenschaft kann bestenfalls die notwendigen Bedingungen dafür beschreiben, wie idealisierte Gehirne – die Neurowissenschaft arbeitet ja weitgehend mit Modellen – imstande sein können, so etwas wie Wiesen wahrzunehmen. Dabei aber kann die Neurowissenschaft nicht das Gesamtphänomen der

Wiesenwahrnehmung beschreiben. Sie beschreibt also nicht einmal Bewusstsein.

Matthias Eckoldt: Die Neurowissenschaften können gerade einmal sagen, welche Areale und welche Netzwerke aktiv sind, wenn vom menschlichen Gehirn eine Wiese wahrgenommen wird. Das ist ein Parallelismus. Immer wenn Wiese gesehen wird, ist das und das aktiv – genauer müsste man sagen: etwas mehr aktiv als andere Areale und Netzwerke. Aber dieser Parallelismus ist weit von einer funktionalen Erklärung entfernt.

Markus Gabriel: Die Neurowissenschaft leistet die Voraussetzung für ein besseres Verständnis der notwendigen Bedingungen, die gegeben sein müssen, damit jemand etwas wahrnimmt oder höhere kognitive Funktionen ausführt. Doch damit leistet die Neurowissenschaft keinen Beitrag zur Aufschlüsselung des metaphysischen Problems des Bewusstseins.

Matthias Eckoldt: Ich will jetzt mal den kleinsten gemeinsamen Nenner zwischen Ihrem Konzept und den Neurowissenschaften zu ermitteln versuchen. Würden Sie denn der Grundannahme der Neurowissenschaft zustimmen, die besagt, dass jeder Gedanke mit neuronalen Aktivitäten verbunden ist?

Markus Gabriel: Das würde ich bestreiten. Auf die Aussage: Jeder bewusste Zustand ist mit neuronalen Aktivitäten verbunden, könnte ich mich noch einlassen. Aber wenn man »bewusster Zustand« durch »Gedanke« ersetzt, würde ich mich sträuben. Denn zu dem Begriff des Gedankens gehört sehr vieles, was grundsätzlich anders funktioniert. Es ist ja plausibel, Folgendes zu sagen: Jeder, der dieses Gespräch liest, denkt, dass mehr als 17 Inder schon mal mehr als zwei Hühnchen gesehen haben. Aber niemand, der dieses Gespräch liest, hat vorher diesen Gedanken gedacht – ich übrigens bis eben auch nicht. Das heißt aber, wenn Sie einfach nur die gesamte Biografie der Gehirne der Leser bis zum Zeitpunkt des Lesens dieses Satzes verfolgen würden, würden Sie keine Spur dieses Gedankens finden. Der Gedanke war aber da! Wenn ich einen Gedanken denke, ist das Netzwerk, in dem der Gedanke steht, nicht neuronal, sondern inferenziell. Das heißt, ich schließe von etwas auf etwas. Ich schließe aus der Tatsache, dass ich in einer bestimmten Region vor mir zwei Hände sehe, darauf, dass ich zwei Hände habe. Diese beiden Hände vergleiche ich mit wesentlich kleineren Gegenständen, sagen wir mit Ameisen. Wenn ich mir nun ein gedankliches Modell mache, in das meine Überzeugung über die Zugehörigkeit von Händen und deren Größe sowie der Größe von Ameisen eingeht, dann schließe ich von etwas auf etwas. Und dieses Schlussverfahren untersteht den Regeln der Logik. Neuronale Verknüpfungen aber unterstehen nicht den Gesetzen der Logik. Sie unterstehen beispielsweise neurochemikalischen Zusammenhängen. Ionenkanäle verhalten sich ja nicht logisch, sondern genau so, wie sich Ionenkanäle eben verhalten. Gedanken hingegen unterstehen den Gesetzen der Logik. Deswegen kann man auch nicht sagen, dass jeder Gedanke, den ich habe, mit einem neuronalen Zustand korreliert.

Matthias Eckoldt: Aber dass die Beschreibung der Wirkmechanismen von Ionenkanälen, die zentral sind für die Funktionen der Neurone, den Gesetzen der Logik unterstehen, würden Sie nicht bestreiten.

Markus Gabriel: Das ist ein wichtiger Unterschied. Klar, wenn dem nicht so wäre, hätten wir es bei den Neurowissenschaften mit einem durch und durch irrationalen Gebiet zu tun. Aber daraus, dass Neurowissenschaften logische Gebilde sind (Theorien), darf man nicht schließen, dass der Gegenstandsbereich der Neurowissenschaft den Gesetzen der Logik untersteht. Das ist ein geläufiges Missverständnis, weil jede Wissenschaft – auch die Philosophie – dazu neigt, die Operationsbedingungen, unter denen sie als Wissenschaft möglich ist, zu verwechseln mit dem, worüber sie spricht.

Meme

Matthias Eckoldt: Damit sind wir bei der Art und Weise von Beschreibungen, die man ja sinnvollerweise historisieren kann. Verschiedene Zeiten und Epochen haben verschiedene kulturelle und soziale Leitbilder, die der Evolutionsbiologe Richard Dawkins als Meme bezeichnet hat. Diese Meme führen gewissermaßen ein Eigenleben und bestimmen den Geist, den Charakter, das vorherrschende Bewusstsein einer Epoche.

Markus Gabriel: Da würde ich sogar noch mitgehen. Kritisch anzumerken ist aus meiner Sicht jedoch gegen den Gebrauch des Begriffs Mem Folgendes: In einer bestimmten Lesart sind Dawkins und der Philosoph Daniel Dennett, der sich ebenfalls den Memen verschrieben hat, konservative Hegelianer. In einer anderen Lesart ist es völlig falsch, was sie sagen. Die Wahl ist entweder, dass sie Hegelianer sind oder dass es schlicht Unsinn ist, was sie da erzählen.

Matthias Eckoldt: Inwiefern Unsinn?

Markus Gabriel: Die Nonsens-Komponente kommt daher, dass Dawkins behauptet, die Meme unterstünden exakt den Gesetzen der Evolution. Das heißt, den Gesetzen, die die Evolutionstheorie entdeckt hat, soll ein Memkopierverhalten entsprechen. Bei Dennett liest sich das dann ja auch tatsächlich so, als würden Meme wie Aliens in unser Gehirn einsteigen, und dann kann man gar nicht mehr anders, als nur noch im Sinne des Memmonsters nachzudenken. Das ist Unsinn, im besten Fall Science-Fiction (wie der Film *Invasion of the Body Snatchers*). Wenn man das alles weglässt und die These der Meme in das Idiom des Deutschen Idealismus übersetzt, dann ist da was dran. Denn dann würde es heißen, dass unser Selbstporträt konstitutiv daran beteiligt ist, wer wir sind. Das unterscheidet ja Geist und Natur: Wir sind niemals unabhängig von unserem Selbstporträt. Natur ist ja im Gegensatz zum Geist der Bereich, der sich nicht dadurch verändert, dass man Überzeugungen über die Natur hat. Beim Geist ist das anders, denn zu ihm gehört das Porträt, das wir uns von ihm machen. Da kommt dann eine – wenn man das so ausdrücken möchte – memetische Dimension ins Spiel. Die ist aber gerade nicht mehr natürlich und damit auch nicht in der Sprache der Evolutionsbiologie zu beschreiben.

Antinaturalismus und Pluralismus

Matthias Eckoldt: Dann möchte ich noch einmal von einer anderen Seite aus fragen. Das Nachdenken über die Phänomene des Bewusstseins hat viele verschiedene Perspektiven hervorgebracht. Sie hatten ja selbst schon Descartes und Hegel ins Spiel gebracht, die für Dualismus beziehungsweise Idealismus stehen. Des Weiteren gibt es aber auch materialistische, realistische oder naturalistische Perspektiven, aus denen sich die Art und Weise, wie sich geistige Prozesse vollziehen, jeweils anders akzentuieren. Finden Sie sich in einem dieser Etikette wieder, oder würden Sie ein ganz anderes zur Beschreibung Ihrer Philosophie wählen?

Markus Gabriel: Also ich bin erst einmal Antinaturalist, weil ich den Naturalismus für falsch halte. Denn der Naturalismus vertritt die These, dass wir den Geist beziehungsweise das Bewusstsein vollständig verstehen können, wenn wir alle naturwissenschaftlichen Kenntnisse haben, die dafür relevant sind. Also wenn wir alles wüssten, was naturwissenschaftlich zu wissen ist, wüssten wir auch alles über das Bewusstsein. Das halte ich für falsch und würde entgegnen: Egal, wie viel wir naturwissenschaftlich herausfinden, das Wissen darum, dass *Faust II* besser ist als jeder x-beliebige Groschenroman wird niemals naturwissenschaftlich eingelöst werden können. Das kann einem immer noch ein Literaturtheoretiker besser erklären als ein Naturwissenschaftler. Und wenn er das nicht kann, ist er ein schlechter Literaturtheoretiker. Das mal von dieser Stelle aus an die Adresse der postmodernen Literaturtheoretiker: Konsalik ist und bleibt schlechter als Goethe!

MATTHIAS ECKOLDT: Das musste mal gesagt werden!

MARKUS GABRIEL: Nun zurück zum Thema. Ich bin zwar Antinaturalist, das macht mich aber noch nicht zu einem Dualisten. Ich bin nicht der Meinung, dass die Wirklichkeit aus zwei Arten von Substanzen besteht – den natürlichen und den geistigen, die dann irgendwie miteinander zusammenhängen müssen. Diese Erklärungsnot hat dann Descartes zu diesem Unfug mit der Zirbeldrüse veranlasst, die durch den Geist angestoßen werden soll und dann in die Körperwelt hinein vermittelt.

MATTHIAS ECKOLDT: Das ist wirklich rein spekulativ bei Descartes und über seine Vorstellung, dass die Zirbeldrüse als Vermittler fungieren soll, haben sich ja bereits seine Zeitgenossen lustig gemacht. Das liest sich bei Popper und Eccles schon profunder, die Liaisonzentren im Hirn ausgemacht haben wollen, in denen über quantenmechanische Prozesse die Vermittlung stattfindet. Doch all diese Versuche scheitern letztlich an den unterschiedlichen Wesenheiten von Geist und Materie, die es geradezu ausschließen, einen gemeinsamen Vermittlungsort zu finden.

MARKUS GABRIEL: Das ist eine Erklärungslinie, die sich da von Descartes bis Eccles zieht. Wenn ich mich auf eine Begrifflichkeit festlegen sollte, dann würde ich meine Position Pluralismus nennen. Ich glaube nämlich, es gibt unendlich viele Arten von Gegenständen. Und es gibt auch Zusammenhänge zwischen diesen Gegenständen. Es gibt auch mentale Verursachungen. Da ist gar nichts Mysteriöses dran.

Matthias Eckoldt: Wie muss ich mir das vorstellen?

Markus Gabriel: Beispielsweise: Immer dann, wenn bestimmte Bedingungen vorliegen, kann Markus Gabriel zum Frühstück gehen, weil er das will. Also der Grund dafür, dass ich zum Frühstück gegangen bin, lautet: Ich bin zum Frühstück gegangen, weil ich das wollte. Das ist mentale Versuchung: Gabriel will etwas, zum Wollen gehören mentale Komponenten, die nicht nur natürlich sind. Das wäre der Antinaturalismus daran. Mentale Verursachung bedeutet aber nicht, dass mein Geist von meinem Körper unabhängig etwas beschlossen hat und dann an die Körperwelt heruntergerufen hat: Körper, marsch ans Frühstücksbüffet!

Matthias Eckoldt: Genauso aber könnte Sie Ihr abgefallener Blutzuckerspiegel ans Frühstücksbüffet getrieben haben, und Sie dachten im Nachhinein nur, dass es Ihr freier Wille war.

Markus Gabriel: Das glaube ich eben nicht! Hier ist der einfachste Beweis für den freien Willen. Viele Leute haben ja immer Zweifel, ob sie überhaupt einen freien Willen haben. Deswegen muss ich das mal kurz beweisen: Angenommen, wir machen das folgende Experiment. Sie geben mir einen bestimmten Blutzuckerspiegel, und ich bin informiert über die Situation. Dann sage ich einfach: Nein, jetzt gehe ich nicht zum Frühstück! Allein, um Ihnen zu beweisen, dass ich das nicht will, egal wie mein Blutzuckerspiegel ist. Also: Zwar trifft es zu, dass üblicherweise ein bestimmter Blutzuckerspiegel mit meinem Frühstücksverhalten korreliert ist, aber die Kausalitäten sind überhaupt nicht so, dass ich bei einem bestimmten Blutzuckerspiegel zum Frühstück gehe, weil mich mein Blutzuckerspiegel sozusagen zwingt.

Ich kann tun, was ich will, aber vermag nicht zu wollen

Matthias Eckoldt: An dieser Stelle bietet es sich natürlich an, noch etwas beim freien Willen zu verweilen. Schopenhauer hat ja so schön gesagt: Ich kann tun, was ich will: Ich kann, wenn ich will, alles, was ich habe, den Armen geben und dadurch selbst einer werden – wenn ich will! Aber ich vermag nicht, es zu wollen.

Markus Gabriel: Schopenhauer formuliert hier eine Paradoxie und nicht eine tiefe Einsicht. Paradoxie deswegen, weil er zu dem offensichtlich völlig unhaltbaren Schluss kommt, dass ich keinen freien Willen habe. Ich habe aber einen, deswegen muss ich mich fragen: Was ist schiefgelaufen bei Schopenhauer? Man kann die Paradoxie auflösen, indem man fragt: Warum sollte es denn eine Voraussetzung für einen freien Willen sein, dass ich nicht nur einen freien Willen habe, sondern einen freien Willen zum freien Willen? Schopenhauer meint nämlich, ich bräuchte *zwei* freie Willen, um *einen* freien Willen zu haben. Einerseits meinen freien Willen, tun zu können, was ich will, und andererseits auch noch den zusätzlichen freien Willen, der will, dass ich das will. Das ist der Irrtum. Denn wenn man zwei freie Willen bräuchte, bräuchte man im Grunde genommen unendlich viele. Denn wenn ich mich nur dadurch in Gang setzen kann, dass ich mich dazu in Gang setze, mich in Gang zu setzen, kann ich mich nie in Gang setzen. Daraus schließt Schopenhauer, dass sich niemand in Gang setzen kann. Das aber ist falsch. Es braucht überhaupt kein zweites Level. Das entspricht ja auch unserer Erfahrung. Wenn ich beispielsweise zögere, mich in Gang zu setzen, dann deshalb, weil ich mir erst einmal noch ein Urteil bilden muss. Aber warum sollte Zögern die Situation sein, an der sich unser freier Wille erprobt. Warum bin ich denn unfreier, wenn ich entschieden handle, als wenn ich unentschieden handle? Schelling hat das gut gesehen, etwa zur selben Zeit wie Schopenhauer. Schelling fragt: Warum sollte Buridans Esel freier sein als ich?

Matthias Eckoldt: Buridans Esel ist ebenso hungrig wie durstig und kann sich nicht entscheiden, ob er trinken oder essen soll. Genau das ist die Frage des freien Willens!

Markus Gabriel: Schopenhauer denkt nun, man hat den freien Willen genau dann, wenn man Buridans Esel ist. Wenn man also grundlos ausbrechen muss: Man ist genauso hungrig wie durstig, nimmt aber trotzdem das Heu. So, denkt Schopenhauer, funktioniert der freie Wille. Aber das ist nur ein Modell des freien Willens. Diesen freien Willen haben wir nicht, daraus folgt aber nicht, dass wir keinen freien Willen haben, sondern nur, dass wir eine bessere Theorie des freien Willens brauchen, weil wir ja ganz offensichtlich einen freien Willen haben.

Matthias Eckoldt: Gewissermaßen quer zu dieser Thematik steht da noch der Determinismus. Also die Idee, dass alle Ereignisse durch die jeweils vorangegangenen bestimmt sind.

Markus Gabriel: Der Determinismus ist insofern noch einmal ein ganz interessanter Fall, weil ich Zweifel daran hege, dass er sich überhaupt formulieren lässt. Die beste Formulierung habe ich bei dem amerikanischen Philosophen Peter van Inwagen gefunden. Der sagt Folgendes: Bevor ich geboren war, fanden bestimmte Ereignisse statt. Zum Beispiel der Urknall. Der Urknall in Verbindung mit den Naturgesetzen führt dazu, dass das, was gerade geschieht, geschehen muss. Aber ich sehe überhaupt nicht ein, inwiefern mich das unfrei machen sollte? Determinismus heißt doch letztlich nur: Wenn A, dann B. Aber dann wäre der Determinismus lediglich die These, dass man die Vergangenheit nicht ändern kann. Letzten Endes stellt der Determinismus lediglich diese triviale Behauptung auf. Daraus schließt der Determinismus, dass ich nicht anders gekonnt hätte. Das stimmt natürlich, weil das, was ich getan habe, das ist, was ich getan habe. Nachdem ich es getan habe, kann ich das, was ich getan habe, nicht mehr rückgängig machen. Da ist nichts Bedrohliches dran, da ist nichts, was uns durch die Ereignisse schiebt. Der Determinismus ist ja nur deswegen bedrohlich, weil wir das Gefühl haben, da ist irgendetwas, was durch uns handelt und uns herumschubst. Eine höhere Macht gewissermaßen. Genau dafür aber haben wir keine Indizien, da der Determinismus allenfalls eine logische These aufstellt, der zufolge es irgendwie begrifflich wahr ist, dass man die Vergangenheit nicht ändern kann – was übrigens keine Überraschung ist.

Matthias Eckoldt: Genau das sagen aber die Neurowissenschaftler: Jede Handlung leitet sich aus dem aktuellen Gehirnzustand ab. Damit ist die physikalische Welt geschlossen und das, was wir tun werden, ist beschlossene Sache.

Markus Gabriel: Das ist nur eine Zustandsbeschreibung, aus der nichts weiter folgt, etwa dergestalt: Wenn ich beschlossen haben sollte, ein Glas Wasser zu bestellen, bestelle ich ein Glas Wasser und erhalte es. Aber das bestreitet doch niemand in der Diskussion um den freien Willen. Interessanter ist die These, dass ich das Glas Wasser bestellen musste! Ich dachte, ich hätte eine Wahl, aber ich hatte keine Wahl. Ich hatte aber eine Wahl, die darin bestand, dass ich über die Menükarte geschaut habe, und da stand dann Wasser und Wein. Dann habe ich nachgedacht und das Wasser gewählt. Das war ja meine Wahl. Nun läuft der Angriff auf den freien Willen über die Frage: Hätte ich anderes wählen können? Nein, natürlich nicht, denn ich habe ja das gewählt.

Das ist so, als würde man fragen: Hätte ich auch sieben Finger haben können? Natürlich nicht, denn ich habe ja fünf. Daraus, dass ich nicht sieben Finger hätte haben können, folgt nicht, dass ich nicht fünf habe.

Freier Wille

Matthias Eckoldt: An dieser Stelle spielen die Neurowissenschaften noch einen weiteren Trumpf. Seit den 1980er-Jahren gibt es Versuche, die das merkwürdige, kontraintuitive Nachhinken des Bewusstseins demonstrieren. Zuerst von Libet und in jüngster Zeit von John-Dylan Haynes, der durch die Auswertung von Hirnmustern bereits sieben Sekunden bevor sich einer seiner Probanden dazu entschließt, den Knopf in seiner rechten oder in seiner linken Hand zu drücken, sagen kann, welche der beiden möglichen Handlungen er ausführen wird.

Markus Gabriel: Das ist richtig, allerdings wurde dabei von Alfred Mele jüngst auch die Veto-These bewiesen. Also wenn man den Probanden sagt, dass sie den linken Knopf drücken werden, können sie sich in der Regel noch umentscheiden. Es gibt da sogar ein recht großes Zeitfenster, in dem die Handlung noch widerrufen werden kann. Danach ist es dann zu spät, und die Handlung kann nicht widerrufen werden.

Matthias Eckoldt: Aber Veto hin, Veto her, die Einleitung der Handlung erfolgt, bevor der bewusste Entschluss da war. Das ist ja die Überraschung! Da könnte man doch tatsächlich sagen: Mein Gehirn hat entschieden und mein Bewusstsein kann diese Entscheidung eventuell noch aufhalten. Ansonsten aber wird die Handlung durchgeführt und das Bewusstsein schreibt sich die Handlung dann zu, als wäre es eine bewusste, aus freiem Willen geborene Handlung.

Markus Gabriel: Mal angenommen, die These vom Hinterherhinken des Bewusstseins sei empirisch unzweifelhaft belegt, des Weiteren ließe sich aus dem Drücken von Knöpfen auf komplexere Entscheidungen schließen, was empirisch bisher in keiner Weise belegt ist. Aber schenken wir uns das mal und tun einfach so, als wäre das alles erwiesen. Was würde das bedeuten? In meiner Art des Nachdenkens über diese Prozesse würde das kein Problem aufwerfen, weil ich, der ich hier handele, bin ja das Ganze, zu dem eben auch die unbewussten Prozesse dazugehören. Der freie Wille ist dann das Gesamtpaket aus Bereitschaftspotenzial, unbewusster Aktivierung, habitualisierten

Gehirnmustern, Geschmack und anderen Präferenzen, die genetisch durch meine Eltern vorgegeben sind und ebenso mein hinterherhinkendes Rechtfertigungstheater. Der freie Wille ist das ganze Ding! Nur wenn ich mich aufspalte in zwei Persönlichkeiten, auf der einen Seite die unbewusste genetisch festgelegte Affenexistenz und auf der anderen Seite der argumentierende, moderne Rechtfertigungsmensch, habe ich das Problem. Wenn ich fordere, dass dieser Rechtfertigungsmensch frei sein soll, dann erschüttert der informierte Biologe mein Selbstbildnis als Herr im eigenen Hause. Dagegen bin ich auch nicht, aber daraus folgt eben nicht, dass ich unfrei bin, sondern wiederum nur, dass die richtige Theorie des freien Willens eine sein muss, die beiden Komponenten Rechnung trägt. Um zum Beispiel zurückzukommen: An der Situation, dass ich ein Glas Wasser bestellt habe, weil ich das wollte, ändert sich nichts. Wir haben jetzt nur dazugelernt, dass ich nur Wasser bestellen kann, wenn halt noch eine Fülle neurochemischer Voraussetzungen gegeben ist. Das ist aber keine Bedrohung des freien Willens, sondern im besten Fall ein besseres Verständnis des freien Willens.

Matthias Eckoldt: Das funktioniert allerdings nur, wenn man Ihre Definition von Geist akzeptiert.

Markus Gabriel: In der Tat. Das spricht ja auch für meine Definition von Geist, denn wenn man da mitgeht, behält man seinen freien Willen.

Der Geist ist nichts Natürliches

Matthias Eckoldt: Damit hätten wir einen schönen Bogen geschlagen und sind wieder beim Geist angelangt. Ist Ihre Konzeption des Geistes an Hegel geschult?

Markus Gabriel: Das ist sie sehr wohl! Allerdings liegt dem eine Interpretation von Hegel zugrunde, der allerdings wohl maximal ein Prozent der Hegelforscher zustimmen würden. In Deutschland zumindest. In der anglofonen Welt, in der ich viele Vorträge darüber halte, wird meine Hegeldeutung eher akzeptiert. Wenn der Streit mit der deutschen Hegel-Community dazu führt, dass ich das Wort »Hegel« nicht mehr verwenden darf …

Matthias Eckoldt: … aus Markenschutzgründen gewissermaßen.

Markus Gabriel: Wenn es so weit kommt, dann nenne ich den eben Schmegel oder Pregel. Ich jedenfalls glaube, das bei Hegel gelernt zu haben.

Matthias Eckoldt: Was man ja bei Hegel lernen kann – falsch oder richtig verstanden –, ist, dass der Geist voranschreitet in dem Bestreben, zu sich selbst zu kommen, und in gewissem Sinne ein Eigenleben führt.

Markus Gabriel: Da möchte ich Hegel zitieren: »Der Geist ist das, wozu er sich macht. Der Geist ist nichts Natürliches.« Damit sagt Hegel das, was ich für wichtig halte: Der Geist untersteht nicht den Naturgesetzen, sondern seinen eigenen Gesetzen. Und diese Gesetze hat Hegel versucht zu verstehen. Vielleicht hat er sie nicht richtig verstanden, aber seine Einsicht ist auf jeden Fall richtig, dass es Gesetzmäßigkeiten gibt, die dem Geist unterstehen. Und die untersuchen wir. Jeder von uns untersucht zum Beispiel Zeitgeist-Phänomene. So reden wir derzeit von einem Wiedererstarken des Rechtspopulismus. Damit legen wir doch Zeugnis davon ab, dass es da etwas Geistiges gibt, was wir verstehen können. Der Geist führt in der Tat ein Eigenleben und dieses Eigenleben hat eine bestimmte Struktur. Und die ist nicht weiter mysteriös.

Matthias Eckoldt: Dann müssen wir noch mal auf die verschiedenen Arten des Nachdenkens über den Geist zurückkommen. Wenn Sie sagen, dass der Geist ein Eigenleben führt, sind Sie dann nicht doch ein – wenn auch gut getarnter – Dualist?

Markus Gabriel: Der Dualismus ist ein geheimer Monismus, denn er sagt ja: Die Wirklichkeit insgesamt besteht aus zwei Arten von Gegenständen. Und der Monismus sagt: Nein, die Wirklichkeit besteht aus einer Art von Gegenständen. Beide machen ein Weltbild von der Wirklichkeit im Ganzen. Ich argumentiere jedoch dagegen, dass man ein solches Weltbild machen kann. Denn über die Wirklichkeit sind wir immer nur empirisch informiert. Deswegen ist auch Bewusstsein für meine Theorie des Geistes so wichtig, denn Bewusstsein ist der empirische Anker jeder Theorie des Geistes. Wenn ich nämlich nicht bewusst wäre, könnte ich keine Theorie des Geistes machen, die empirisch fundiert ist. Ich sammle selbst Daten, die ich in meiner Theorie des Geistes modelliere. Der Erfahrungsraum, aus dem ich dabei schöpfe, ist naturgemäß breiter als der Erfahrungsraum eines

Neurowissenschaftlers, weil Neurowissenschaftler die Funktionsweise des Gehirns untersuchen und nicht die des Geistes. Der neurowissenschaftliche Horizont ist eingeengt, was jedoch keine Kritik sein soll. Die Kritik ergibt sich erst, wenn man wie das Pferd glaubt, außerhalb der Scheuklappen gebe es keine Wirklichkeit.

»Wir wissen nicht, wie wir entscheiden und was die wirklichen Gründe für unsere Entscheidungen sind«

John-Dylan Haynes über Gedankenlesen, Domino-Effekte und ein Western-Duell

John-Dylan Haynes, *geboren 1971, ist Psychologe und Neurowissenschaftler sowie Direktor des Berlin Center for Advanced Neuroimaging (BCAN) und Professor am Bernstein Center for Computational Neuroscience (BCCN) der Charité – Universitätsmedizin Berlin. Seine Forschungsschwerpunkte sind die Entschlüsselung mentaler Zustände anhand von Gehirnsignalen sowie Aufmerksamkeit, Bewusstsein, freier Wille und Entscheidungsfindung. Publikation zum Thema:* Der Traum vom Gedankenlesen *(2011).*

Eine philosophische Herausforderung

Matthias Eckoldt: Warum und wie ist Bewusstsein überhaupt als Thema für Sie interessant geworden?

John-Dylan Hayes: Die Entscheidung für ein Studienfach fiel mir seinerzeit nicht so leicht, weil mich so vieles interessiert hat. Ich hätte gern Informatik studiert. Oder Biologie. Oder Künstliche Intelligenz. Ich habe mich dann schließlich für Psychologie entschieden. Wenn ich mir heute anschaue, welche Schnittpunkte meine Forschung hat, dann kann ich sagen: Ich arbeite auf all den Gebieten, die mich von Anfang an interessiert haben. Meine Arbeitsgruppe setzt sich aus Kollegen zusammen, die Fachleute in diesen Disziplinen sind. Auch unsere Studenten kommen aus diesen verschiedenen Bereichen. Hier am Bernstein Center in Berlin arbeiten Mathematiker und Physiker,

Seite an Seite mit empirisch forschenden Wissenschaftlern, weil mathematische Verfahren in der Hirnforschung wichtiger werden, um die gewaltige Komplexität der 86 Milliarden Nervenzellen, mit denen man es beim Gehirn zu tun hat, in den Griff zu bekommen. In der Berlin School of Mind and Brain arbeite ich zugleich auch eng mit Philosophen zusammen. Die Philosophen helfen uns stark dabei, die konzeptionelle Ebene unserer Forschung zu analysieren. Die Diskussionen mit diesen Kollegen zum Bewusstsein sind immer sehr spannend, auch wenn wir selten einer Meinung sind. Es schärft die eigenen Modelle und Sichtweisen enorm, wenn man von Menschen herausgefordert wird, die stark analytisch und logisch an diese Fragen herangehen. Diese gelebte Interdisziplinarität gibt ein sehr fruchtbares Klima.

Die Libet-Versuche

MATTHIAS ECKOLDT: Die ersten Einsichten in den verwirrenden, weil kontraintuitiven Zusammenhang von Bewusstsein und Handlungsplanung stammen von Benjamin Libet, der als Erster das zeitliche Hinterherhinken des Bewusstseins mit neurophysiologischen Mitteln nachweisen konnte. Ihre Arbeit baut in gewisser Weise auf Libet auf. Worin sehen Sie die Verdienste des US-amerikanischen Neurowissenschaftlers?

JOHN-DYLAN HAYNES: Benjamin Libet war ein ausgesprochen kreativer und gründlicher Hirnforscher, der sich in den 1970er- und 1980er-Jahren intensiv mit der Frage beschäftigt hat, wie Gehirn und Bewusstsein zusammenhängen. Eine Frage hat ihn dabei besonders umgetrieben, nämlich wie unsere Entscheidungen im Gehirn ablaufen. Bekannt geworden ist er dann durch ein Experiment, in dem er Probanden gebeten hat, sich frei zu entscheiden, ihre Hand zu bewegen.

MATTHIAS ECKOLDT: »Frei« heißt in diesen Zusammenhang, die Probanden konnten sich selber aussuchen, zu welchem Zeitpunkt sie ihr Handgelenk bewegte.

JOHN-DYLAN HAYNES: Frei waren die Probanden hinsichtlich des Zeitpunktes, aber nicht hinsichtlich der Bewegung. Die war vereinbart. Außerdem sollten sie sich merken, wann sie sich entschieden haben, die Hand zu bewegen. Dazu ließ Libet einen bewegten Punkt auf einem Bildschirm kreisen. Der Punkt lief wie auf einem Ziffernblatt, mit dem Unterschied jedoch, dass er für eine Umkreisung lediglich 2,5 Sekunden brauchte. Mit dieser Art der Zeitmessung ermöglichte es Libet seinen Probanden, kleinste Zeitintervalle festzustellen. Die Probanden konnten dann sagen, wo sich der Punkt gerade befunden hatte, als sie sich zur Handlung entschieden. Libet konnte aus ihrer Angabe dann den Zeitpunkt sehr genau feststellen. Er fand dann heraus, dass sich die Probanden für die Handlung entschieden hatte, bevor sie sie ausführten.

Matthias Eckoldt: Das war noch keine Überraschung, da sich dieser Befund mit unserer Alltagserfahrung deckt.

John-Dylan Haynes: Richtig. Aber Libet fand dann noch, dass die Hirnaktivität bereits losgegangen war, bevor die Probanden das Gefühl hatten, sich entschieden zu haben. Das ist natürlich paradox: Wie kann es denn sein, dass mein Gehirn schon weiß, wie ich mich gleich entscheiden werde, noch bevor ich glaube, mich entschieden zu haben? Damit hat Libet eines der wichtigsten Experimente zur Erforschung der Willensfreiheit im Gehirn durchgeführt.

Ende des Dualismus

Matthias Eckoldt: Neben diesem wahrscheinlich am häufigsten und heftigsten diskutierten Experiment der Hirnforschung, hat Libet auch noch andere Merkwürdigkeiten bei der zeitlichen Struktur des Bewusstseins entdeckt. So bringt er Befunde dafür, dass ein sensorischer Reiz 500 Millisekunden benötigt, um ins Bewusstsein aufzusteigen, allerdings fühlt es sich so an, als würden wir Berührungen ohne jegliche Verzögerung erfahren.

John-Dylan Haynes: Libet hat sich viel mit der Frage beschäftigt, wie Bewusstsein und Hirnaktivität zusammenhängen. Von ihm gibt es auch Untersuchungen dazu, in welcher Weise Hautreize mit der Hirnaktivität und mit dem Erleben des Hautreizes zusammenhängen. Dabei fand er heraus – so meinte er zumindest –, dass das Gehirn dem Bewusstsein um eine halbe Sekunde vorausläuft. Das heißt, das Bewusstsein ist immer etwas verspätet und hinkt der Hirnaktivität hinterher. Generell muss man auch sagen: Libet ist davon ausgegangen, dass Gehirn und Gedanken zu einem gewissen Teil getrennt werden können.

Matthias Eckoldt: Das wäre dann eine dualistische Position, da sie in letzter Konsequenz sagt, dass es zwei Substanzen gibt: Die materielle – also das Gehirn – und die geistige – die Gedankenwelt.

John-Dylan Haynes: In der gegenwärtigen Hirnforschung trifft man eine solche dualistische Position nicht mehr an. Niemand hegt heute noch die Vorstellung, dass man einen Gedanken haben kann, der sich nicht im Gehirn manifestiert. Aber Libet glaubte an diesen Dualismus. Das war zu seiner Zeit eine recht populäre Haltung. Er befand sich da auch in guter Gesellschaft. Popper und Eccles haben dazu ein Buch geschrieben.

Matthias Eckoldt: *Das Ich und sein Gehirn* heißt es. Eccles verweist darin auf Liaison-Zentren, die er in der Großhirnrinde gefunden haben will, wo der »selbstbewusste Geist« mit der Hirnmaterie in Kontakt kommt. Da zeigt sich der Dualismus ganz offen. Aber ist nicht der Dualismus letztlich noch in der Rede vom Bewusstsein anwesend, wenn man von bewussten und unbewussten Aktivitäten spricht?

John-Dylan Haynes: Das geht zurück auf René Descartes, der die Vorstellung gehabt hat, dass der bewusste Geist, die *res cogitans*, wie er das nannte, komplett von der Körperwelt, der *res extensa*, getrennt ist. Nur an einer einzigen Stelle interagieren diese beiden getrennten Substanzen miteinander: in der Zirbeldrüse. Wenn ich mich beispielsweise entscheide, eine Straftat zu begehen, dann findet das nach diesem cartesischen Modell nur in meinem Bewusstsein statt. Das hat erst mal noch nichts mit meiner Hirnaktivität zu tun.

Heutzutage sagen Hirnforscher, dass wir Hirnprozesse haben, die mit Bewusstsein zusammenhängen, die von Bewusstsein begleitet sind. Wenn bestimmte Hirnregionen aktiv werden, dann erleben wir etwas bewusst, wenn dagegen andere aktiv werden, erleben wir prinzipiell nichts. Aber das ist nach heutigem Stand nichts, was unabhängig vom Gehirn stattfindet. Bewusstes und Unbewusstes beruhen beide auf der Hirnaktivität.

Alle unsere Gedanken hängen mit unserer Gehirnaktivität zusammen. Unser Gehirn ist die Trägersubstanz unserer Gedanken. Man kann sich das vorstellen wie bei einer CD. Auf dem Rillenmuster einer CD ist das Musikstück codiert, das wir hören. Jedes Musikstück hat ein je spezifisches Rillenmuster. Aus dem Rillenmuster können wir mit etwas Geschick feststellen, welche Musik darauf gespeichert ist. Wenn wir die CD kaputt machen, dann ist die Musik weg. So ähnlich verhält es sich auch mit dem Gehirn und den Gedanken. Das Gehirn ist eine Art Substrat, in dem sich unsere Gedanken abspielen. Die Struktur der Gedanken findet sich dann in der Struktur der Hirnaktivität wieder.

Kritik an Libet

MATTHIAS ECKOLDT: Wo war nun Ihr Angriffspunkt, von dem aus Sie sich die Versuche von Libet zur zeitlichen Struktur des Bewusstseins noch einmal genauer angesehen haben?

JOHN-DYLAN HAYNES: Es gab da eine ganze Reihe von Fragen, die bei Libet offengeblieben waren. Außerdem gab es auch sehr viele Diskussionen darüber, ob man diesen Libet-Versuchen wirklich trauen kann. Ein Aspekt dabei ist beispielsweise der, dass die Hirnaktivität 200–300 Millisekunden vor der bewussten Entscheidung auftritt. Einige Forscher waren sich nicht wirklich sicher, ob diese Zeitspanne nicht zu kurz ist, um wirklich signifikant zu sein. Möglicherweise könnte das ja auch auf einen Messfehler zurückzuführen sein. Ein anderer Diskussionspunkt entzündete sich an dem Umstand, dass sich die Probanden nur für die Bewegung der Hand entscheiden konnten und ihnen keine Alternativen für Handlungen zur Verfügung standen, wie es unter natürlichen Bedingungen von Handlungen ja zumeist ist. Außerdem ging aus seinen Versuchen nicht hervor, wie sich andere Hirnregionen während des Experiments verhalten, da er mit dem EEG gearbeitet hatte. Das EEG misst Hirnströme auf der Kopfhaut. Er konnte damit nur Signale aus den motorischen Zentren empfangen, also jenen Arealen, die eher mit dem Abschluss der Bewegung zu tun haben. Zudem musste Libet Mittelwerte über sehr viele Durchgänge bilden, um ein aussagekräftiges Resultat zu bekommen, das heißt, er hat die Probanden sehr oft gebeten, ihre Hand zu bewegen, und hat dann diese unscharfen einzelnen Kurven so lange gemittelt, bis man aus dem Rauschen heraus tatsächlich ein signifikantes Signal erkennen konnte. Wenn man sagen möchte, dass dieses Hirnpotenzial, das der Entscheidung vorausgeht, wirklich die Ursache der Entscheidung sein soll, dann muss sie jedes Mal auftreten, sobald man sich entscheidet. Man muss also genau sagen können, wie eng der Zusammenhang zwischen dem sogenannten Bereitschaftspotenzial und der anschließenden Entscheidung ist. Das wurde aus den Libet-Experimenten nicht ganz klar.

MATTHIAS ECKOLDT: Da kann man mit den modernen bildgebenden Verfahren sicherlich detaillierter vorgehen.

JOHN-DYLAN HAYNES: Mit der Kernspintomografie zum Beispiel. Von daher stellte sich natürlich die Frage, ob wir nicht einmal in anderen Hirnregionen nachschauen können, die sich im EEG nicht so gut zeigen. Wir hatten bereits mathematische Verfahren entwickelt, mit denen man aus der Hirnaktivität mehr Informationen herauskitzeln konnte, sodass wir analysieren konnten, wie eng der Zusammenhang zwischen Hirnaktivität und der anschließenden Entscheidung ist.

Brain reading

MATTHIAS ECKOLDT: Wie sind Sie dann an die Entscheidungsexperimente herangegangen?

JOHN-DYLAN HAYNES: Dazu muss ich erst einmal etwas über *Brain reading* erzählen, also über den Versuch, aus der Hirnaktivität auszulesen, was jemand gerade denkt. An jedem Gedanken, den ein Mensch hat, sind ganz viele Nervenzellen beteiligt. Es ist also nicht eine Nervenzelle für einen Gedanken da und eine andere für einen anderen Gedanken, was ja auch denkbar wäre. Das Gehirn hat sich anders organisiert, und es sind bei jedem Gedanken, den eine Person hat, immer Hunderttausende Nervenzellen aktiv. Wenn diese Nervenzellen aktiv werden, feuern sie, und zugleich verbrauchen sie auch mehr Sauerstoff. Sie holen sich den Sauerstoff aus den Blutgefäßen. Dort ändert sich der Magnetisierungsgrad des Blutes, weil Blut ohne Sauerstoff magnetisch ist, während Blut mit Sauerstoff nicht magnetisch ist. Das können wir im Kernspin messen. Das heißt, wir haben einen indirekten Zusammenhang zwischen der Hirnaktivität und den Signalen, die wir messen. Dadurch dass so viele Nervenzellen im Hirn arbeiten – insgesamt 86 Milliarden –, bilden sich ganz komplexe Muster aus. Und auf diese Muster beziehen wir uns im *Brain reading*. Da wir ein Sauerstoffsignal messen und nicht direkt die elektrische Aktivität, braucht der Kernspin immer ein paar Sekunden, um das Signal zu registrieren.

Matthias Eckoldt: So wie es ein paar Sekunden braucht, bis man rot wird – beispielsweise.

John-Dylan Haynes: Genau. Wenn nun jeder Gedanke, den man hat, mit einem unverwechselbaren Muster in der Hirnaktivität einhergeht, kann ich einen Computer darauf trainieren, diese Muster zu erkennen. Wenn ein Proband im Hirnscanner liegt, bitten wir ihn, an einen Hund, dann an eine Katze und schließlich an eine Maus zu denken. Während er das tut, messen wir seine Hirnaktivität und sehen, dass die Aktivitätsmuster jeweils leicht unterschiedlich sind. Vor diesem Hintergrund können wir nun einen Computer darauf trainieren, diese Muster zu erkennen, sodass wir nach einer gewissen Zeit mit einer relativ hohen Trefferquote sagen können, ob der Proband an eine Maus, eine Katze oder einen Hund denkt.

Matthias Eckoldt: Das wäre eine, wenn auch einfache, Form des Gedankenlesens.

John-Dylan Haynes: Einfach deshalb, weil wir nicht beliebige Gedanken lesen können, sondern nur die Gedanken decodieren können, auf die wir den Computer vorher trainiert haben. Dieses Verfahren zum Gedankenlesen steckt noch in den Kinderschuhen. Das Faszinierende daran ist die Tatsache, dass es prinzipiell überhaupt funktioniert. Jetzt darf man daraus aber nicht ableiten, dass man bald jeden Gedanken jeder beliebigen Person schon auslesen kann. Das ist noch ein sehr weiter Weg, auf dem auch grundlegende Hindernisse auftauchen. Besonders problematisch ist, dass wir so unglaublich viele Dinge denken können. Woher soll man da wissen, welche Hirnaktivität mit welchem dieser vielen Gedanken einhergeht. Da gibt es erste Lösungsansätze, indem man sich Ähnlichkeitsbeziehungen zunutze macht. Beispielsweise ähneln sich die Aktivitätsmuster im Hirn mehr, wenn man an einen Hund oder eine Katze denkt, als wenn man an einen Hund und einen Tisch denkt. Wenn man sich an diesen Ähnlichkeitsbeziehungen entlanghangelt, kann man mit den geeigneten Algorithmen möglicherweise mehr Gedanken auslesen, als das Programm vorher gelernt hat. Doch um so etwas wie beliebige Absichten, Erinnerungen oder Gefühle auszulesen, dafür haben wir heute noch nicht einmal eine grundsätzliche Idee.

Matthias Eckoldt: Anwendungen sind in dieser Richtung also erst einmal nicht zu erwarten beziehungsweise zu befürchten?

John-Dylan Haynes: Die Fantasie geht da ja schnell mit einem durch, aber es wird in absehbarer Zeit keinen Lügendetektor auf Grundlage von Hirnaktivitäten geben, der uns alle ständig dazu verpflichten könnte, die Wahrheit zu sagen. Da rate ich zur Vorsicht. Die Verfahren stehen ganz am Anfang, und die Trefferquoten sind noch sehr schlecht. Ein weiteres Problem bei der Entschlüsselung beliebiger Gedanken besteht darin, dass die Gedanken von Person zu Person verschieden im Gehirn codiert sind. Wenn zwei Leute an Hund versus Katze denken, sind ihre neuronalen Aktivitätsmuster nicht identisch. Man kann also das Gedankenleseprogramm nicht an einer Person trainieren und bei einer anderen anwenden.

Der Haynes-Versuch

Matthias Eckoldt: Dann lassen Sie uns zum Experiment zurückkehren.

John-Dylan Haynes: Gern. Im nächsten Schritt haben wir dem Computer nun beigebracht, die Muster zu erkennen, die mit verschiedenen Entscheidungen einhergehen, um letztlich vorhersagen zu können, wie sich jemand entscheidet. Dann haben wir Probanden in einen Kernspintomografen gelegt. Dieses Verfahren erlaubt eine Auflösung von 1–3 Millimetern. Der Tomograf misst nun, ob sich in diesem kleinen Bereich der Sauerstoffgehalt des Blutes verändert, und ermittelt darüber den Aktivitätszustand der Neurone in diesem Bereich. Die Probanden im Scanner sollten sich nun dafür entscheiden, den Knopf in ihrer linken oder in ihrer rechten Hand zu drücken. Anders als bei Libet hatten sie nun eine Auswahl zwischen zwei Möglichkeiten. Später haben wir das ganze Experiment noch einmal durchgeführt und den Probanden zur Auswahl gestellt zu addieren oder zu subtrahieren.

Matthias Eckoldt: Haben Sie auch bei der Zeitmessung ein anderes Verfahren angewendet als Libet?

John-Dylan Haynes: Wir haben den Probanden über einen Bildschirm eine Reihe zufällig angeordneter Buchstaben gezeigt, die jede halbe Sekunde wechselten. Die Probanden mussten sich dann lediglich den Buchstaben merken, der zu sehen war, als sie sich entschieden haben, den rechten oder den linken Knopf zu drücken. Wir hatten also die Hirnaktivität über den Kernspin, den Zeitpunkt für die Entscheidung zur Handlung und die Handlung selbst.

Matthias Eckoldt: Damit hatten Sie alles. Nun bin ich sehr gespannt auf das Ergebnis!

John-Dylan Haynes: Das Ergebnis hat uns selbst ein wenig überrascht. Nach Auswertung der von uns erhobenen Daten fiel die Entscheidung, die Handlung auszuführen, etwa eine halbe Sekunde bis eine Sekunde vor der eigentlichen Bewegung. Das deckte sich noch mit Libets Ergebnissen. Allerdings fanden wir Aktivitätsmuster im Hirn, die uns zeigten, wie sich jemand gleich entscheiden würde, bereits bis zu sieben Sekunden vorher.

Matthias Eckoldt: Wenn man die zeitliche Trägheit des Kernspin noch hinzuzählt, käme man sogar auf neun Sekunden! Das ist ja in diesem Zusammenhang eine Ewigkeit! So langen Vorlauf haben die Hirnprozesse, bevor uns die Entscheidung bewusst wird, von der wir ja immer sagen würden, dass wir sie bewusst getroffen haben!?

John-Dylan Haynes: Das klingt wahrlich völlig paradox. Wir haben dann noch alle möglichen Tests gemacht, um herauszubekommen, ob wir dem Ergebnis tatsächlich trauen konnten oder ob wir es mit Messfehlern zu tun hatten. Aber die Resultate waren solide.

Matthias Eckoldt: Das muss man sich noch mal auf der Zunge zergehen lassen. Sie bitten den Probanden, sich für das Drücken des linken oder des rechten Knopfes zu entscheiden. Der Hirnscanner liefert Ihnen Daten, aus denen Sie sehen können, welche Option der Proband wählen wird, während der selbst noch lange nichts von seiner Entscheidung weiß. Dann vergehen mehrere Sekunden, der Proband drückt den Knopf und sagt, er habe sich eine Sekunde vorher bewusst dafür entschieden, die Handlung auszuführen, von der Sie bereits seit mehreren Sekunden wussten, dass er sie ausführen würde. Da kann ja jede Wahrsagerin ihre Kugel einpacken!

John-Dylan Haynes: Wobei man allerdings ganz klar sagen muss, dass unsere Vorhersage nicht perfekt war. Wir konnten die Entscheidung statistisch sauber überzufällig vorhersagen.

Matthias Eckoldt: Überzufällig heißt, Ihre Trefferquote lag über 50 %. Wie hoch war sie genau?

John-Dylan Haynes: 60 bis 70 %. Nun haben wir uns natürlich gefragt, woran das liegen könnte, dass wir keine höhere Trefferquote haben. Ist es etwa so, dass es an der begrenzten Auflösung unserer Messverfahren liegt und wir also die Entscheidung immer genauer vorhersagen könnten, je präziser wir die Hirnaktivität messen könnten? Oder gibt es da eine prinzipielle Grenze, sodass wir die Entscheidung grundsätzlich nur zu einem gewissen Teil vorhersagen können?

Rasche und langsame Entscheidungen

Matthias Eckoldt: Ein schönes Beispiel dafür, wie eine wissenschaftliche Einsicht nicht nur Fragen beantwortet, sondern zugleich weitere Fragen anstößt. Bevor wir auf das nächste Experiment zu sprechen kommen, hätte ich noch eine Nachfrage. Als ich vorhin in Ihr Labor kam, fragten Sie mich, ob ich Kaffee oder Tee trinken wolle. Ich zögerte zwar ein oder zwei Sekunden, weil ich gerade davor schon einen Espresso getrunken hatte, sagte dann aber doch rasch, dass ich gern noch einen Kaffee trinken würde. Müssten dann bei einer solchen Entscheidung, die ja der von Ihnen untersuchten Situation sehr nahe kommt, nicht immer sieben Sekunden vergehen? Widerspricht der Alltagsbefund nicht den Ergebnissen Ihrer Experimente?

John-Dylan Haynes: Ein interessanter Punkt! Die Entscheidungen, die wir untersucht haben, sind in einem wesentlichen Punkt anders als die von Ihnen geschilderte Entscheidung. Wir haben uns den selbstgetakteten Entscheidungen gewidmet, also jenen, bei denen sich die Person selber aussuchen kann, wann sie sich entscheidet. Das sind Entscheidungen, bei denen man nicht auf eine äußere Frage reagiert, sondern die Frage aus einem selber kommt. Wenn man sich überlegt: Wo gehe ich hin, welchen Job will ich machen, wo will ich studieren? Das sind Entscheidungen, bei denen man nicht schnell auf einen äußeren Reiz reagieren muss, sondern man hat Zeit, die Entscheidung im eigenen Tempo aufzubauen. Das heißt, natürlich können wir schnell auf äußere Ereignisse reagieren, aber in Situationen, in denen wir uns frei – also unabhängig von einem äußeren Druck – entscheiden müssen, da scheint das Gehirn bereits die Entscheidung vorbereitet zu haben, bevor wir das Gefühl haben, dass wir uns entscheiden.

Matthias Eckoldt: Kann man denn bei diesen schnellen Entscheidungen trotzdem ebenfalls ein Nachhinken des Bewusstseins beobachten?

John-Dylan Haynes: Bei diesen raschen Entscheidungen kann man den Zeitpunkt des Bewusstseins nur ganz schlecht messen, weil der

Proband ja eingeweiht sein muss, damit er den Zeitpunkt seiner bewussten Entscheidung festhält. Aber man weiß aus psychologischen Experimenten, dass Menschen generell nicht gut darin sind zu sagen, warum sie sich auf eine bestimmte Art und Weise entschieden haben. Wir handeln oft intuitiv, können gar nicht die Gründe angeben, warum wir eine Entscheidung gefällt haben, und selbst wenn wir diese Gründe angeben, sind sie oft falsch. Das heißt, unser Verständnis dafür, wie wir Entscheidungen fällen, ist oft verkehrt. Deswegen ist es gar nicht verwunderlich – selbst bei solchen raschen Entscheidungen, mit denen ich auf äußere Situationen reagiere –, dass auch da unbewusste Hirnprozesse mit am Werk sind.

Matthias Eckoldt: Die Vereinbarungen von Sprache und Gesellschaft sehen nun aber vor, dass die getroffenen Entscheidungen der jeweiligen Person zugerechnet werden. Da muss man Gründe nennen, aus denen heraus man entschieden hat, obwohl es vielleicht aufrichtiger wäre zu sagen: Ich weiß gar nicht genau, warum ich das so entschieden habe.

John-Dylan Haynes: Man schreibt sich die Entscheidungen ja auch gerne zu, wenn es etwas ist, was positive Resultate zeitigt. Anderenfalls versucht man auch gerne, die Entscheidungen jemand anderem zuzuschreiben.

Matthias Eckoldt: Dann sind die anderen schuld!

John-Dylan Haynes: Die Erfolge schreibt man gern sich selbst zu, die Misserfolge schreibt man gern den anderen und den Umständen zu.

Matthias Eckoldt: Dann kommen wir zu dem Folgeexperiment, das sich aus dem Befund heraus entwickelt hat, dass Sie zwar sieben Sekunden vor der Entscheidung prinzipiell voraussagen konnten, was die Probanden tun würden, aber dabei nur auf eine Trefferquote von 60 bis 70 % kamen.

Das Veto des Bewusstseins

John-Dylan Haynes: Wenn Hirnaktivität auftritt, bevor ich mich entscheide, dann klingt das paradox: Wie kann es sein, dass meine Hirnaktivität weiß, wie ich mich entscheiden werde noch bevor ich es selber weiß? Da schloss sich eine große Diskussion über den freien Willen an. Ein Aspekt dabei war die Annahme, dass meine als frei erlebte Entscheidung vorherbestimmt sei von der vorlaufenden Hirnaktivität. Die eigentlich kausale Rolle bei meiner Entscheidung würde dann nicht das bewusste Ich beziehungsweise die damit verbundene Hirnaktivität, sondern die unbewusste Hirnaktivität spielen. Dazu haben wir folgende Frage gestellt, die ich mit einem Vergleich darstellen möchte: Nehmen wir an, wir stellen zwanzig Dominosteine so auf dem Tisch auf, dass sie sich nacheinander umwerfen, wenn man den ersten Dominostein antippt. Wenn man das tut, dauert es ja eine Weile, bis der letzte Dominostein liegt. So kann man sich das möglicherweise auch mit der Entscheidung vorstellen: Die unbewusste, frühe Hirnaktivität stößt – wie der erste Dominostein – einen kausalen Prozess im Gehirn an und am Ende der Kette steht dann die Entscheidung, deren Ursache jedoch davor liegt. Das ist wie der Schuss einer Kanonenkugel. Wenn sie die einmal abgeschossen haben, fliegt die, und Sie können da nicht noch einmal steuernd eingreifen. Aber es gibt noch eine andere Möglichkeit: Wenn Sie nämlich den ersten Dominostein antippen und es Ihnen dann gelingt, einen Stein weiter hinten aus der Kette zu entfernen, können Sie den Prozess noch aufhalten. An dieser Stelle setzte unser nächstes Experiment an. Wir wollten uns nämlich ansehen, ob die Probanden, nachdem die unbewusste Entscheidung im Gehirn gezündet war, in der Lage waren, die Entscheidung aufzuhalten.

Matthias Eckoldt: Das stelle ich mir nicht einfach vor, dafür ein Versuchsdesign zu entwerfen, denn wenn man den Probanden sagt, dass sie sich umentscheiden sollen, taucht ja das Problem auf, dass wir uns nur dann umentscheiden können, wenn wir überhaupt wissen, wie wir uns entschieden haben.

Das Gehirnduell

John-Dylan Haynes: Deswegen brauchten wir einen völlig anderen Versuchsaufbau und haben uns das *brain challenge*, das Gehirnduell, ausgedacht. Die Grundidee dabei ist folgende: Stellen Sie sich ein Duell vor, wie in einem klassischen Western. Zwei Schützen stehen sich gegenüber. Die Kunst besteht ja darin, dass man selbst so schnell wie möglich zieht, ohne dass es vorhergesagt werden kann, weil der andere ständig versucht, seinen Gegner vorherzusagen. Dieses Spiel haben wir mit Leuten gespielt.

Matthias Eckoldt: Allerdings ohne Revolver.

John-Dylan Haynes: Ohne Revolver. Wir haben die Probanden gebeten, mit dem Fuß auf einen Knopf zu treten. Zugleich wurde ihnen ein Licht gezeigt. Wenn das Licht grün war, und sie haben den Knopf getreten, konnten sie gewinnen. Wenn sie aber den Knopf getreten haben, während das Licht rot war, haben sie verloren.

Matthias Eckoldt: Das ist erst mal noch nicht weiter schwierig für die Probanden, kann ich mir vorstellen.

John-Dylan Haynes: Schwierig wird es dadurch, dass wir über eine EEG-Kappe ihre Hirnaktivität gemessen haben und in Echtzeit über die unbewusste Entscheidung, jetzt gleich den Knopf zu treten, informiert waren. Dann haben wir das vorher grüne Licht auf Rot geschaltet. Wie bei dem Duell im Western: Wir beobachten den Probanden und lesen aus seiner Hirnaktivität aus, wenn er auf den Knopf treten möchte. In dem Moment schalten wir dann das Licht auf rot, damit er verliert. Wir haben ein Spiel Mensch gegen Maschine kreiert. Wenn die Maschine, also unsere Apparatur, gewinnt, ist der Mensch vorhersagbar, wenn der Mensch gewinnt, ist er nicht oder zumindest nicht so gut vorhersagbar.

Matthias Eckoldt: Man wird durch diese Versuchsanordnung also mit seiner eigenen Entscheidung konfrontiert, die richtig war, sich aber kurz bevor man handelt, als falsch herausstellt. Wie sind die Probanden damit umgegangen?

John-Dylan Haynes: Die Maschine hat oft gewonnen, aber beileibe nicht in allen Fällen. Wenn man sich das ganz genau anschaut, stellt man fest, dass die Probanden die Entscheidung noch aufhalten können, nachdem das Gehirn diese vorbereitende Aktivität initiiert hat. Sie können die Entscheidung noch abbrechen. Das widerspricht der Interpretation des Libet-Experiments, laut dem sich die Entscheidung wie eine Dominokette vollzieht, in die man nicht mehr eingreifen kann. Wir haben offensichtlich noch bis zu einem ganz späten Zeitpunkt Kontrolle über die Entscheidung.

Matthias Eckoldt: Wir können also noch den entscheidenden Dominostein aus der Kette entfernen, damit der letzte Stein nicht umfällt.

John-Dylan Haynes: In meinen Augen hat damit dieses klassische Libet-Experiment seine Relevanz verloren für das Problem der Willensfreiheit, weil man mit dem Libet-Experiment immer den Determinismus beweisen wollte. Das Libet-Experiment ist aber nach unseren Versuchen nicht mehr geeignet, Handlungen als deterministische Prozesse zu begreifen, weil sich die Probanden noch umentscheiden können. Nun darf man aber das Kind nicht mit dem Bade ausschütten. Unsere Experimente sagen nicht, dass das Gehirn nicht deterministisch funktioniert, sondern nur, dass dieser eine Weg, mit dem man dafür argumentiert, obsolet geworden ist.

Freier Unwille

Matthias Eckoldt: Diese faszinierenden Versuche zeigen, dass der Wille ein Einspruchsrecht hat. Aber man stellt sich den freien Willen gemeinhin nicht als puren Nein-Sager, sondern eher als Gestalter vor. Haben also Menschen keinen freien Willen, sondern nur einen freien Unwillen?

John-Dylan Haynes: Kommt darauf an, was man unter Freiheit versteht. Wenn man unter Freiheit versteht, dass sich der Geist von den Hirnprozessen unabhängig machen kann und eine Entscheidung ausführt, die nicht von den Hirnprozessen vorgesehen ist, dann sagen uns die Ergebnisse der Hirnforschung, dass so etwas nicht möglich ist. Die Entscheidung mag zwar nicht vollständig vorhersagbar sein, weil in diesem Prozess noch ein gewisses Maß an Zufall eine Rolle spielt, aber über diese Art des Zufalls hat der Proband selbst keine Kontrolle. Und auch die Entscheidung, eine bereits eingeleitete Entscheidung abzubrechen, hat ihre Mechanismen im Gehirn. Wir können also nicht nur nachvollziehen, wie sich eine Entscheidung ursprünglich im Gehirn gestaltet, sondern wir können auch die Mechanismen sehen, die dazu führen, dass die Entscheidung wieder angehalten wird. Beides sind Prozesse, die im Hirn stattfinden und damit genauso deterministisch sind wie Prozesse, die im Herzen stattfinden oder in der Leber.

Determinismus

Matthias Eckoldt: Sie gehen also davon aus, dass auch unser Bewusstsein vollständig deterministisch ist?

John-Dylan Haynes: Ich denke schon und kann an dieser Stelle nur sagen, dass nicht deterministische Prozesse – wie etwa Quantenvorgänge – auf der von uns betrachteten Auflösungsstufe keine Rolle mehr spielen.

Matthias Eckoldt: Das Problem ist dabei nur, dass der Determinismus in letzter Konsequenz sagt, dass alles, was passiert, bereits notwendig vorgegeben ist. Das ist etwa beim Auseinanderdriften der Galaxien noch im Groben nachvollziehbar – wenn auch kaum wirklich verstehbar –, aber bei subjektiven Entscheidungen oder in summa gar einer ganzen Biografie tue ich mich mit dem Determinismus schwer. Dass beim Urknall bereits klar war, dass wir uns heute hier treffen und dieses Gespräch führen würden, scheint mir keine wirklich sinnvolle These zu sein.

John-Dylan Haynes: Die Psychologie und auch die Hirnforschung zeigen wiederholt, dass unsere Entscheidungen ganz anders geschehen, als wir denken, dass sie es tun. Da sind das Libet-Experiment und die Versuche, die wir hier am Bernstein Center for Computational Neuroscience durchführen nicht die einzigen Beispiele. In den 1970er-Jahren wurde eine Studie von den Kollegen Richard Nisbett und Timothy DeCamp Wilson aus den USA durchgeführt. Die haben zwei Probandengruppen untersucht, denen ein Film gezeigt wurde. Bei der einen Probandengruppe war ein lautes Störgeräusch zu hören. Hinterher hat man die Probanden gefragt, wie gut sie den Film fänden. Außerdem hat man sie gefragt, ob sie glaubten, dass das Störgeräusch einen Einfluss auf ihr Urteil habe. Da haben die Probanden gesagt, dass der Krach ihr Urteil beeinflusst habe. Als man dann jedoch die beiden Gruppen miteinander verglichen hat, stellte man fest, dass sie sich in der Bewertung des Films überhaupt nicht unterschieden. Offensichtlich hatte also das Geräusch keinen Einfluss auf die Bewertung des Films. Will sagen: Wir glauben manchmal, dass Dinge einen Effekt auf unsere Entscheidungen haben, die keinen Effekt haben, und umgekehrt glauben wir, dass Dinge einen Effekt haben, die in Wirklichkeit keinen Effekt haben. Wir sind also ziemlich schlecht darin zu wissen, wie wir entscheiden und was die wirklichen Gründe für unsere Entscheidungen sind.

»Die weitverbreitete Vorstellung, eine angemessene Beschreibung phänomenalen Bewusstseins könne nur aus der Erste-Person-Perspektive gelingen, ist falsch«

Michael Pauen über Tische und Stühle, die Introspektionsillusion und den Kapitän eines Mississippi-Dampfers

Michael Pauen, *geboren 1956, studierte Philosophie in Marburg und Frankfurt am Main sowie Musik in Hamburg. Nach der Habilitation 1995 war er Professor für Philosophie an der Universität Magdeburg und lehrt nun am Institut für Philosophie der Humboldt-Universität zu Berlin, wo er auch Sprecher der Berlin School of Mind and Brain ist. Publikation zum Thema:* Die Natur des Geistes *(2016).*

Bewusstsein als schwieriges Problem

Matthias Eckoldt: Warum und wie ist Bewusstsein überhaupt als Thema für Sie interessant geworden?

Michael Pauen: Also zum einen ist Bewusstsein eine menschliche Fähigkeit, die von fundamentaler Bedeutung für unser gesamtes Leben ist. Gerade für solche Dinge wie die Freiheit, das eigene Handeln zu bestimmen, die Effekte des eigenen Handelns zu erfahren, ist Bewusstsein zentral. Man kann ja erahnen, wie ein Leben ohne Bewusstsein aussähe. Ich denke mal die meisten Menschen – mich eingeschlossen – würden ein Dasein ohne Bewusstsein für nicht sonderlich attraktiv halten. Der zweite Punkt meines Interesses besteht darin, dass es ein extrem schwieriges Problem ist. Ein Problem, hinsichtlich dessen wir heute noch gar nicht wissen, wie eine Lösung aussehen sollte. Mehr noch: Wir wissen noch nicht einmal, wie überhaupt die Frage aussehen könnte, auf die man irgendwann mal eine Antwort finden könnte. Deswegen ist es ein Problem, mit dem sich nicht nur Naturwissenschaftler und Psychologen beschäftigen, sondern auch Philosophen.

MATTHIAS ECKOLDT: Was macht denn in Ihren Augen das Bewusstsein zu einem schwierigen Problem?

MICHAEL PAUEN: Es ist die Unklarheit darüber, was wir denn als eine Erklärung von Bewusstsein akzeptieren würden. Lange Zeit hat man gedacht, es komme darauf an, die Frage zu beantworten, ob Bewusstsein ein natürlicher Prozess ist oder ob es dabei noch etwas Zusätzliches gibt? Die erste Antwort wäre monistisch und würde so lauten: Es gibt nur eine Art von Prozessen in unserer Welt und die lassen sich im Großen und Ganzen mit den Methoden der Naturwissenschaften beschreiben. Bewusstsein wäre dann einer dieser Prozesse, der sich lediglich darin unterscheidet, dass er zusätzlich noch einen Zugang aus der Erste-Person-Perspektive hat.

MATTHIAS ECKOLDT: Erste-Person-Perspektive im Sinne des Erlebens des Bewusstseins. Denn **ich** erfahre ja die Bewusstseinsinhalte. Meine Schmerzen kann niemand so erleben wie ich und meine Gedanken niemand so denken wie ich.

Ignorabimus

MICHAEL PAUEN: Das gilt für Monisten und für Dualisten. Doch ein Dualist würde darauf bestehen, dass Bewusstsein ein eigenständiger Prozess ist. Es entsteht *zusätzlich* zu den natürlichen Vorgängen im Gehirn. Mittlerweile ist eine weitere Frage hinzugetreten, die da lautet: Selbst wenn wir wüssten, dass Bewusstsein ein physischer Prozess ist, haben wir noch lange nicht den Zusammenhang zwischen der physischen Ebene und der Ebene des Bewusstseins verstanden. Viele Philosophen haben dann die These vertreten, dass dieser Zusammenhang prinzipiell unerklärbar sei.

MATTHIAS ECKOLDT: Erstaunlicherweise wurde diese Position nicht nur von Philosophen, sondern auch von Naturwissenschaftlern vertreten. Der Begründer der Elektrophysiologie, Emil du Bois-Reymond, hat in seinem sogenannten Ignorabimus-Argument im 19. Jahrhundert ausgedrückt, dass es da eine prinzipielle Grenze gebe und Wissenschaft nie herausfinden werde, wie es sich anfühlt, die Farbe Rot zu empfinden.

MICHAEL PAUEN: Das stimmt, wobei du Bois-Reymond diese These von dem Philosophen Friedrich Albert Lange hatte.

MATTHIAS ECKOLDT: Trotzdem hat sich du Bois-Reymond diese Sichtweise anverwandelt.

MICHAEL PAUEN: Sie haben völlig recht, diese Frage spielt auch in den Naturwissenschaften eine Rolle, vor allem weil Bewusstsein halt ein subjektives Phänomen ist. Wie soll man das mit objektiven Methoden erfassen? Aus der Beschränkung auf objektive Methoden sind dann Wissenschaftsrichtungen wie der Behaviorismus entstanden, die sich in ihrer Forschung einzig und allein auf das Verhalten konzentrierten und von allem anderen die Finger gelassen haben. Ich glaube, dass die Schlussfolgerungen, die aus dieser Art der Argumentation gezogen werden, falsch sind. Ich denke, es gibt keine guten Argumente dafür zu behaupten, dass wir es beim Bewusstsein mit einer prinzipiellen Erkenntnisgrenze zu tun haben. Wenn man sich das Themenfeld nämlich ein bisschen genauer ansieht, kann man sehen, dass da in vielen Fällen eine Verwechslung stattfindet. Verwechselt wird die bewusste *Erfahrung* selbst mit dem Wissen *über* die bewusste Erfahrung. Das Wissen über die Erfahrung können Sie sehr wohl mit objektiven Methoden gewinnen. Wenn man also konsequent zwischen der Erfahrung als dem subjektiven Erlebnis und dem Wissen über die Erfahrung trennt, dann wird klar: Das Wissen kann auch ein anderer erwerben.

Erste- und Dritte-Person-Perspektive

MATTHIAS ECKOLDT: Dann würde man das Wissen über eine Schmerzerfahrung eines anderen objektivieren. Damit könnte man es in der Dritte-Person-Perspektive erhalten. Nur die Erfahrung selbst wäre dann aus der subjektiven Perspektive zu erleben. Ist das der Unterschied, auf den es Ihnen ankommt?

MICHAEL PAUEN: Man kann unter bestimmten Umständen sogar aus der Dritte-Person-Perspektive exakteres Wissen über die Schmerzen eines anderen in Erfahrung bringen als dieser selbst. Nehmen wir einen kleinen Jungen an, der in einem Karl-May-Roman gelesen hat, dass Indianer keine Schmerzen haben. Er hält sich nun für einen solchen Indianer und behauptet, keine Schmerzen zu spüren. Möglicherweise redet er sich das auch selbst ein. Dann kann man aus der Dritte-Person-Perspektive sogar mehr über seine Schmerzen herausbekommen als aus der subjektiven Perspektive. Kurzum, meine These lautet: Aus der Tatsache, dass bewusste Erfahrungen einen subjektiven Charakter haben, geht überhaupt nicht hervor, dass das Wissen über diese bewusste Erfahrung auch einen subjektiven Charakter haben muss. Wenn man objektives Wissen über bewusste Erfahrungen mit naturwissenschaftlichen Methoden etablieren kann, dann bestehen auch berechtigte Aussichten auf eine Erklärung dieser Erfahrung.

Matthias Eckoldt: Dieser Sprung von der subjektiven Erfahrung zur objektiven Erklärung ist mir nicht klar. Wenn ich wegen Schmerzen im Rücken zum Orthopäden gehe und er mich bittet, den Schmerz genau zu beschreiben, bin ich ziemlich ratlos. Es tut weh. Aber ich kann noch nicht einmal qualifizieren, ob der Schmerz nun eher drückt oder sticht oder zieht. Das heißt doch, ich habe selbst nur ein sehr unvollständiges Wissen über meine bewussten Erfahrungen. Aus der Dritte-Person-Perspektive, also von außen, wäre da Ihrer Ansicht nach mehr Wissen über meine subjektive Erfahrung zu gewinnen?

Michael Pauen: Einen Moment! Ich behaupte nicht, dass man generell und in jedem Fall von außen mehr über die subjektive Erfahrung wissen kann, sondern ich glaube, es gibt da eine prinzipielle Symmetrie. Manchmal wissen Sie besser über Ihre eigenen Schmerzen Bescheid, manchmal – etwa bei besonderen psychiatrischen Erkrankungen – weiß man von außen mehr. Der Punkt, den Sie ansprechen, ist aber trotzdem wichtig. Denn es stellen sich Schwierigkeiten ein, introspektiv meine eigenen inneren Erfahrungen zu erschließen. Das kann man auch experimentell belegen. Sie haben das ja sehr gut beschrieben: Die Schmerzen haben Sie ja. Die Probleme setzen dort ein, wo Sie versuchen, von diesen Schmerzen zu berichten und Wissen von diesen Schmerzen zu erwerben. Dazu brauchen Sie Kategorien, und unsere geläufigen Kategorien sind da ziemlich ungenau. Aber es ist nicht ausgeschlossen, dass wir auf wissenschaftlicher Grundlage genauere Kategorien entwickeln, mit denen wir erfassen können, was – sagen wir – bei der Schmerzerfahrung vor sich geht. Wenn wir dann zu genaueren Erkenntnissen über die dazugehörigen neuronalen Prozesse gelangen, könnten wir Probanden künstlich bestimmte subjektive Erfahrungen ermöglichen und eine Beschreibung der Schmerzerfahrung dazu anbieten. Dadurch könnte man mit wissenschaftlichen Mitteln das Bewusstsein für die Schmerzen schärfen und durch die Einbeziehung der subjektiven Erfahrung zu besseren objektiven Beschreibungen kommen. Ich stelle mir das als eine Art wechselseitiges Aufschaukeln vor.

MATTHIAS ECKOLDT: Das wäre dann so eine Art Biofeedback. Das Bewusstsein würde sich durch die Rückkopplung mit technischen Apparaten schärfen. Mir ist allerdings noch nicht so richtig klar, inwiefern uns ein solches Vorgehen über das phänomenale Bewusstsein, also über das Phänomen der bewussten Erfahrung erhellen sollte. Denn zu diesem phänomenalen Bewusstsein gehört es ja scheinbar gerade, dass es sich bilden kann, ohne dass ich oder jemand anderes Wissen davon oder darüber hat.

MICHAEL PAUEN: Deswegen unterscheide ich ja zwischen der bewussten Erfahrung, die auf diese Kategorien und Beschreibungen gar nicht angewiesen ist, und dem Wissen darüber. Die ganzen Kategorien brauchen Sie erst dann, wenn Sie anfangen wollen, das Phänomen zu beschreiben und zu erklären. Mein Punkt ist, dass die weitverbreitete Vorstellung, eine angemessene Beschreibung phänomenalen Bewusstseins könne nur aus der Erste-Person-Perspektive gelingen, falsch ist. Für mich stellt sich das so dar: Wir haben eine subjektive Erfahrung, und die können wir aus der Erste-Person-Perspektive beschreiben, die können wir aber auch aus der Dritte-Person-Perspektive beschreiben. Zugegeben, die Beschreibungen, die wir aus der Dritte-Person-Perspektive haben, sind nicht besonders gut, aber es besteht die Möglichkeit, diese Beschreibungen zu verbessern. Erst wenn wir ein so grandioses Beschreibungssystem beispielsweise von Schmerzen hätten, dass jeder Scholastiker mit der Zunge schnalzen würde, könnten wir uns überhaupt an die Erklärung des phänomenalen Bewusstseins machen. Vermutlich würden sich allein bei der Erarbeitung dieser Kategorien bereits unsere Vorstellungen davon, was Bewusstsein ist, beträchtlich verändern.

Mögliche Lösung des Bewusstseinsproblems

MATTHIAS ECKOLDT: Wäre dann Ihre These, dass der Weg zur Lösung des Bewusstseinsproblems in genau dieser Annäherung der Erste- und der Dritte-Person-Perspektive im Wissen um so etwas wie Schmerzzustände besteht?

Michael Pauen: Das Problem wäre damit noch lange nicht gelöst, aber es wäre immerhin eine Strategie, um einer solchen Lösung näher zu kommen. Vielleicht kann man es noch deutlicher machen, wenn man andersherum anfängt: Es sprechen zwar auch einige Argumente dafür, dass wir das Bewusstseinsproblem aus prinzipiellen Gründen nicht lösen können. Trotzdem würde ich sagen, dass es für diesen grundsätzlichen Pessimismus noch zu früh ist. Denn eines der zentralen Argumente für die prinzipielle Unlösbarkeit ist ja die Kluft zwischen der Erste- und Dritte-Person-Perspektive. Wenn wir nun zeigen könnten, dass wir von außen, also aus der Dritte-Person-Perspektive, genauso gut Wissen erwerben können wie von innen, also aus der Erste-Person-Perspektive, wären wir einen großen Schritt weiter.

Matthias Eckoldt: Was macht Sie in dieser Richtung optimistisch?

Michael Pauen: Wir haben da den Vorteil, dass wir mittlerweile auf eine unglaubliche Vielfalt wissenschaftlicher Methoden zurückgreifen können, deren Möglichkeiten wir heute noch überhaupt nicht abzuschätzen vermögen. Ob daraus dann tatsächlich eine Lösung wird, weiß ich nicht. Philosophen sind als Propheten ziemliche Flaschen.

Matthias Eckoldt: Welchen Erkenntnisstand müssten wir erreichen, damit Sie sagen würden, dass eine Lösung absehbar ist?

Michael Pauen: Ich will mich an der Stelle nicht rausreden, aber um das sagen zu können, müsste ich jetzt schon genau sagen können, wie das Problem aussieht. Der Hintergrund meiner Vorsicht an dieser Stelle ist folgender. Wenn man in die Geschichte der Auseinandersetzung mit dem Thema Geist und Gehirn zurückgeht, dann merkt man einfach, dass sich die Vorstellung von dem Problem und auch die Vorstellungen von den Grenzen einer möglichen Lösung immer wieder verschoben haben. Es sind immer wieder Lösungen gefunden worden, von denen sich die Forscher manchmal noch wenige Jahre vorher nicht vorstellen konnten, wie sie hätten aussehen sollen. Denn was wir uns vorstellen können, hängt immer von dem ab, was wir bereits können. Und die Tatsache, dass wir noch so weit entfernt sind von einer Lösung, führt zu der Vorstellung, dass wir es prinzipiell nicht können. Ein gutes Beispiel dafür ist die Entdeckung bestimmter Hirnmechanismen, die der Sprachproduktion zugrunde liegen.

Matthias Eckoldt: Also die Entdeckungen des motorischen und sensorischen Sprachzentrums durch Paul Broca und Carl Wernicke Mitte bis Ende des 19. Jahrhunderts.

Michael Pauen: Genau. In den Jahrhunderten zuvor ist man fest davon ausgegangen, dass der Sprache keine natürlichen Prozesse zugrunde liegen können. Dann kamen Broca und Wernicke mit Fällen von Patienten, die es erlaubten, sprachliche Fähigkeiten bestimmten Arealen des Gehirns zuzuordnen. Der eine der Patienten hatte kein Verständnis mehr für die Semantik von sprachlichen Äußerungen, der andere konnte Wörter nicht sinnvoll zu Sätzen zusammensetzen. Bei der Obduktion stellte sich dann heraus, dass jeweils ganz bestimmte Hirnareale durch krankhafte Veränderungen zerstört worden waren. Plötzlich hatte man einen Ansatz, und die alte Vorstellung, dass Sprache nicht natürlich zu erklären sei, wurde über den Haufen geworfen. Das zu belächeln wäre die ganz falsche Haltung, weil es hochwahrscheinlich ist, dass es uns mit bestimmten Überzeugungen ganz genauso gehen wird. Unsere Nachfahren werden über viele Dinge, die wir als Einsichten bezeichnen, den Kopf schütteln. Deswegen kann man nicht sagen, was genau das Problem ist und deswegen kann man auch nicht sagen, was wir als Lösung akzeptieren könnten. Was man sagen kann, ist, wie aus heutiger Sicht eine sinnvolle Strategie aussehen könnte, sich so einer Lösung zu nähern, ohne jedoch damit behaupten zu wollen, dass man eine solche Strategie nur fünfzig Jahre verfolgen muss, um die Lösung zu bekommen. Als wichtiges Problem, das wir heute lösen müssen, sehe ich die möglichst genaue Beschreibung subjektiver Erfahrungen mit wissenschaftlichen Mitteln.

Realismus und Physikalismus

Matthias Eckoldt: Wenn Sie Ihre Art über das Bewusstsein nachzudenken in eine der vielen Kategorien einordnen müssten, wo würden Sie sich da am ehesten wiederfinden?

Michael Pauen: Ich habe einen realistischen Ansatz. Realismus sowohl in Bezug auf das Bewusstsein, als auch in Bezug auf die biologischen Prozesse, die den Bewusstseinserfahrungen zugrunde liegen. Des Weiteren ist es ein physikalistischer Ansatz, weil ich davon ausgehe, dass es zu allen Veränderungen, die wir beobachten können, auch irgendwelche biologisch-physikalisch beschreibbaren Veränderungen geben muss. Allerdings sind die in vielen Fällen völlig uninteressant.

MATTHIAS ECKOLDT: Inwiefern uninteressant?

MICHAEL PAUEN: Stellen Sie sich vor, Sie wollten wissen, was der Unterschied zwischen einem Tisch und einem Stuhl ist. Sie haben drei Tische und drei Stühle. Wenn nun jeweils ein Tisch und ein Stuhl aus Holz, aus Metall und aus Kunststoff sind, dann sind die Gemeinsamkeiten zwischen dem Tisch und dem Stuhl aus Metall wesentlich größer als die zwischen dem Stuhl aus Metall, dem aus Kunststoff und dem aus Holz. Die physikalische Beschreibung wird Ihnen in diesem Fall also wenig bringen. An dieser Stelle hätten Sie viel mehr von einer funktionalen Beschreibung. Wenn Sie danach fragen, welche Funktionen diese Gegenstände besitzen, bekommen Sie möglicherweise eine einigermaßen vernünftige Beschreibung hin. Möglicherweise aber müssen Sie auf noch ganz andere Unterscheidungskriterien zurückgreifen. Trotzdem gibt es natürlich Unterschiede zwischen Tischen und Stühlen, die Sie auf der physikalischen Ebene beschreiben können, nur erfahren Sie da herzlich wenig darüber, warum man das eine als Tisch, das andere als Stuhl bezeichnet.

Neuronale Korrelate des Bewusstseins

MATTHIAS ECKOLDT: Würden Sie dieses Beispiel auch auf die neuronalen Korrelate des Bewusstseins beziehen? Erfahren wir über das Bewusstsein letztlich wenig, selbst wenn wir alle Hirnzustände, die mit Bewusstsein einhergehen, kennen würden?

MICHAEL PAUEN: Auch da können wir über die Grenzen noch recht wenig sagen. Analog zu meinem Tisch-Stuhl-Beispiel könnte man sagen, dass es Zustände gibt, die man nur aus der Erste-Person-Perspektive und nicht aus der Dritte-Person-Perspektive der Physik angemessen erfassen kann. Nur, wenn ich nicht davon ausgehe, dass es eine immaterielle Seele gibt, dann muss ja die Erklärung irgendwo im Gehirn zu finden sein. Dann müssen wir mit immer trickreicheren Verfahren versuchen, diese Unterschiede auch festzustellen.

Matthias Eckoldt: Aber die Hirnforschung kann ja – bis heute – immer nur Korrelate von Bewusstseinszuständen erheben und nicht die Sachen selber. Die Qualität der Empfindung von Rot oder von Schmerz selbst zeigt sich ja nicht neuronal. In den Mustern der Neurone, die man als neuronale Korrelate bezeichnet, finden sich ja im besten Fall Quantitäten.

Michael Pauen: Nein, das würde ich nicht so sehen. An dieser Stelle muss man genau sein. Wenn ich einen Hirnscan einer Person mache, die eine ganz konkrete Schmerzerfahrung hat, dann bekomme ich das neurale Korrelat dieser Erfahrung. Der Physikalist würde nun von der Annahme ausgehen, die aber zugegebenermaßen durch diese Untersuchung überhaupt nicht gedeckt wäre, dass auf diese Weise nicht nur die neuronalen Korrelate einer Schmerzerfahrung zu finden sind, sondern man zugleich auch die Mechanismen, die zu der Schmerzerfahrung führen, aufklären kann.

Matthias Eckoldt: Aber wie? Die Hirnforschung ist ja bis heute nicht über den Parallelismus hinausgekommen. Es wird – zwar mit wesentlich ausgefeilteren Methoden als zu Zeiten Brocas – letztlich nach wie vor versucht, Orte beziehungsweise Erregungsmuster zu finden, die sich zeigen, wenn bestimmte kognitive Funktionen ausgeführt werden. Das ist doch aber meilenweit von jener Funktionsbeschreibung entfernt, die Sie analog für die Analyse der Unterschiede zwischen Tischen und Stühlen in Anschlag gebracht haben. In dem Moment aber, in dem ich weiß, *wo* welche Funktion ausgeführt wird, weiß ich ja überhaupt nichts darüber *wie* diese Funktion ausgeführt wird. Und diese Wie-Frage ist doch die entscheidende Frage, die man zum Bewusstsein stellen muss.

Michael Pauen: Da haben Sie im Prinzip schon recht, und als Wissenschaftler, der die puren Daten vor sich hat, sollte man erst einmal nicht mehr sagen, als dass man die Korrelate zu bestimmten Bewusstseinserfahrungen festgestellt hat. Allerdings will man letztlich nicht nur etwas über die Korrelate wissen, sondern über die Bewusstseinsprozesse selbst. Man kann auch unter spezifischen Bedingungen von der Kenntnis der Korrelate Rückschlüsse auf die Bewusstseinsprozesse ziehen und sagen, dass die Aktivität in einem bestimmten Bereich dieser Denkprozess selbst ist und nicht nur etwas, das den Denkprozess begleitet. Da muss man dann im Einzelfall entscheiden, ob das

Korrelat nur etwas ist, das den Denkprozess begleitet, während der Bewusstseinsprozess auf eine ganz andere Weise realisiert wird, oder ob es tatsächlich der Denkprozess selbst sein könnte. Wir haben bislang keine Belege dafür, dass es noch etwas unabhängig vom Gehirn gibt, aber wir können es nicht ausschließen.

Was die Neurowissenschaft über das Bewusstsein weiß

Matthias Eckoldt: Man muss ja nicht gleich zum Dualisten werden und etwas vom Gehirn Unabhängiges annehmen, das den Geist bildet. Ich verstehe allerdings Ihr Tisch-Stuhl-Beispiel als Gleichnis für die physikalische Erforschung des Gehirns. Mit der Physik kann man einen ganzen Haufen an Daten hervorbringen – Material, Gewicht, Farbe usw. –, die letztlich aber nichts oder wenig über die Funktionsweise aussagen.

Michael Pauen: Es gibt da einen Unterschied zwischen der Physik, über die wir bislang gesprochen haben, und der Hirnforschung, an dem sich die Probleme aber auch das besondere Potenzial der Hirnforschung ablesen lassen. Wenn es um die Tische und die Stühle geht, dann haben wir jenseits des Physikalischen noch eine ganze Reihe weiterer Beschreibungsmodi, die uns Auskunft darüber geben, was ein Tisch und was ein Stuhl ist. Das ist bei der Hirnforschung nicht ganz so einfach. Da stellt sich die Frage, ob ich aus den Mustern der neuronalen Aktivität den Unterschied zwischen dem Denken an einen Tisch und dem Denken an einen Stuhl erkennen kann. Deswegen ist die Hirnforschung an dieser Stelle schwieriger, aber eben auch gehaltvoller.

Matthias Eckoldt: Aber ich sehe nicht, wie die Hirnforschung über den puren Parallelismus hinauskommt. Wenn man durch fMRT ein neuronales Erregungsmuster sichtbar macht, kann man doch letztlich nicht mehr sagen als Folgendes: Dieses Aktivitätsmuster ist – aus Gründen, die wir nicht kennen – von Bewusstsein begleitet.

Michael Pauen: Moment! Wenn Sie sagen, »von Bewusstsein begleitet«, dann suggeriert das ja schon wieder, dass Bewusstsein etwas anderes ist, etwas Hinzugegebenes.

Matthias Eckoldt: Ich wollte damit andeuten, dass sich manche Aktivitätsmuster ereignen, ohne dass Bewusstsein gebildet wird und andere mit Bewusstsein verbunden sind. Gut, dann sage ich: Dieses Aktivitätsmuster bildet – aus Gründen, die wir erst recht nicht kennen – Bewusstsein. Das ist doch aber eine Aussage, die man auch als pure Spekulation bezeichnen könnte. Nur weil Dinge gleichzeitig passieren, müssen sie einander noch längst nicht verursachen.

Michael Pauen: In der Tat. Eine der Fragen, die uns bei dieser Messung interessieren, lautet: Ist diese neuronale Aktivität identisch mit der psychischen Aktivität des Denkens oder nicht? Darauf wird man aus einer einzigen Korrelationsstudie keine Antwort erhalten. Aber nehmen wir ein anderes Beispiel: Sie haben Berichte über eine Person namens Samuel Clemens. Sie wissen von diesem Mann, dass er Kapitän eines Mississippi-Dampfers war, ziemlich viel getrunken und Romane geschrieben hat. Sie haben außerdem Berichte über einen Mann, der Mark Twain hieß, ebenfalls als Kapitän auf dem Mississippi unterwegs war, auch viel getrunken hat und ebenfalls Romane schrieb. Da denken Sie vielleicht erst mal, dass sich einige Mississippi-Kapitäne gelangweilt haben und deshalb viel getrunken und Romane geschrieben haben. Irgendwann aber kommen so viele Übereinstimmungen zusammen, dass Sie sich sagen: Die sinnvollste Hypothese ist nicht mehr, dass es zwei Person gibt, sondern dass sich all die Berichte auf ein und dieselbe Person beziehen. Damit ist die Annahme, dass es sich um eine Person handelt die beste Erklärung für diese Daten. Genau dasselbe gilt für korrelative Daten. Wenn wir sehr spezifische Korrelationsdaten über neuronale Muster und psychologische Prozesse hätten, dann wäre die sinnvollste Erklärung unter bestimmten Umständen die, dass es sich tatsächlich um zwei Beschreibungen eines und desselben Prozesses handelt.

Philosophie und Hirnforschung

Matthias Eckoldt: Nehmen wir mal an, die Datenlage ist eines Tages so erdrückend, dass man nicht mehr umhinkann, die Identität festzustellen. Was bringt das? Inwiefern würde das Ihnen als Philosoph das Thema Bewusstsein erhellen?

Michael Pauen: Das Ergebnis selbst würde wahrscheinlich nicht so sehr viel bringen. Da könnte man letztlich nur sagen: Wir haben es immer schon vermutet, aber nun wissen wir, dass Bewusstsein ein physischer Prozess ist. Aber auf dem Weg dahin würden wir wahrscheinlich sehr viel über die neuronalen Prozesse lernen, die den Bewusstseinsprozessen zugrunde liegen. Außerdem geht es ja nicht nur ums Bewusstsein an sich, sondern auch um die kognitiven, perzeptuellen und emotionalen Prozesse, die wir bewusst erfahren.

Matthias Eckoldt: Ich will an der Stelle noch mal einen Moment insistieren. Es gibt ja Kollegen von Ihnen, die sagen, dass sie durch die Lektüre von Klassikern der Weltliteratur wesentlich mehr über das Bewusstsein erfahren als aus den avanciertesten Erkenntnissen der modernen Hirnforschung. Deshalb noch einmal meine Frage: Warum setzen Sie auf die Hirnforschung, um eine Philosophie des Bewusstseins zu entwickeln?

Michael Pauen: Ich würde gar nicht sagen, dass ich aus der Hirnforschung so viel über das Bewusstsein erfahre. Allerdings erfahren wir aus der Forschung sehr viel über die Grundlagen der kognitiven Prozesse und der Wahrnehmung, die sich teilweise bewusst vollziehen.

Illusionen des Bewusstseins

Matthias Eckoldt: Sind dann solche überraschenden Befunde wie das Hinterherhinken unseres Bewusstseins oder die Veränderungsblindheit für Sie interessant? Wenn man ein Bild, auf das Probanden schauen, verändert, während das Bild kurzzeitig verdeckt ist, bemerken sie in der Regel die Veränderung des Bildes nicht, obwohl teils auffällige Merkmale verändert sind.

Michael Pauen: Diese und andere zum Teil überraschenden psychologischen Untersuchungen zeigen uns an vielen Stellen, dass die Überzeugungen, die wir hinsichtlich der Rolle unseres Bewusstseins haben, nicht unbedingt mit der Realität übereinstimmen.

Matthias Eckoldt: Inwiefern?

Michael Pauen: Na ja, wir gehen für gewöhnlich davon aus, dass wir über unsere eigenen Handlungsmotive Bescheid wissen, wir gehen davon aus, dass die Welt so ist, wie wir sie wahrnehmen, wir gehen auch davon aus, dass wir den Raum, den wir betreten, so sehen, wie er ist, und dass wir nicht nur einen ganz kleinen Ausschnitt davon sehen und uns den Rest zusammenklauben. Natürlich glaube ich auch, dass ich Veränderungen in diesem Raum bemerken würde. Mittlerweile wissen wir, dass viele dieser Annahmen, die wir über unsere bewusste Wahrnehmung haben, einfach falsch sind. Diese experimentellen Ergebnisse zwingen uns, Erklärungen dafür zu suchen, warum viele kognitive Prozesse anders ablaufen, als wir das aus der Erste-Person-Perspektive annehmen.

Matthias Eckoldt: Das gilt ja auch für die Introspektion selbst. Man spricht ja sogar von einer Introspektionsillusion, nachdem man gefunden hat, dass Probanden dazu neigen, sich selbst für eher vorurteilsfrei zu halten, während sie Vorurteile bei anderen sehr wohl erkennen.

Michael Pauen: Richtig. Die Zuverlässigkeit introspektiver Beschreibungen scheint nicht sonderlich hoch zu sein. Aber man sollte da nicht ins Gegenteil verfallen und behaupten, dass wir überhaupt nichts Sinnvolles über uns selbst zutage fördern können. An dieser Stelle würde ich sagen, dass die Introspektion Grenzen hat, und diese Grenzen müssen systematisch erforscht werden.

Was das Bewusstsein selbst betrifft, stoßen wir noch auf ein systematisches Problem: Weil uns nur die bewussten Prozesse unmittelbar zugänglich sind und nur in den Gedanken und Schlussfolgerungen über unser eigenes Verhalten verarbeitet werden können, tauchen natürlich auch nur die bewussten Motive in unseren Erklärungen auf. Also wenn ich mich beispielsweise frage: Warum habe ich gestern Abend zu viel Alkohol getrunken? Dann tauchen als Antwort nur jene Motive auf, die mir vorher bewusst waren. Dass dabei möglicherweise ganz andere Gründe eine Rolle gespielt haben, kann mir entgehen, wenn diese anderen Motive nicht bewusst waren.

Matthias Eckoldt: Man würde sich selber den Absturz vielleicht damit erklären, dass der Caipirinha so gut geschmeckt hat, während einem eine verdrängte Kränkung, die einen untergründig beschäftigt, entgeht, weil sie nicht bewusst erlebt wurde.

Michael Pauen: Möglicherweise. Solche Dinge sind systematisch untersucht worden, indem man Versuchspersonen Befehle gegeben hat, die sie nicht bewusst wahrnehmen konnten. Die Versuchspersonen haben dann alle möglichen Erklärungen für ihre Handlungen gegeben, aber keine von diesen Erklärungen stimmte mit den vorausgegangenen Befehlen überein.

Definition des Bewusstseins

Matthias Eckoldt: Es gibt ja verschiedene Bewusstseinsarten: phänomenales, intentionales und gedankliches Bewusstsein. Sind diese Begriffe für Ihr Nachdenken über Bewusstsein wichtig, oder geht es Ihnen im Kern um etwas anderes.

Michael Pauen: Es gibt eine Reihe von Unterscheidungen, die man in den letzten Jahren in Bezug auf Bewusstsein gemacht hat. Erst einmal gibt es da Bewusstsein generell als unterschieden von einem nicht bewussten Zustand, einem komatösen beispielsweise. Dann gibt es die Qualität einer bewussten Erfahrung. Also beispielsweise die Qualität eines Schmerzes oder einer Geruchswahrnehmung. Das wäre phänomenales Bewusstsein. Und dann gibt es noch Bewusstsein im Sinne eines bewussten Gedankens, den wir in Sprache ausdrücken können. Das wäre kognitives Bewusstsein. Dann gibt es noch etwas, was von Ned Block als Zugriffsbewusstsein bezeichnet wurde. Phänomenales Bewusstsein kann ja eine bestimmte Qualität haben, ohne dass es mir notwendigerweise zugänglich ist. Wenn ich mich aber willentlich daran erinnern kann, dann handelt es sich um Zugriffsbewusstsein. Ich würde da eher unterscheiden wollen zwischen einer bewussten Erfahrung und dem Bericht über eine bewusste Erfahrung. Aber diese Unterscheidungen überlappen sich auch teilweise und gehen ineinander über.

Matthias Eckoldt: Und wenn Sie Bewusstsein definieren müssten, wie würden Sie da vorgehen?

Michael Pauen: Das mache ich nicht! Bewusstsein kann man nicht definieren.

Matthias Eckoldt: Und wenn man einfach sagen würde, Bewusstsein ist die Gesamtheit all dieser Phänomene?

Michael Pauen: Nein. Das einzige, was man machen könnte, wäre, Merkmale anzugeben, durch die sich Bewusstsein insgesamt von nicht bewussten Zuständen unterscheidet. Das entscheidende Merkmal von Bewusstsein ist, dass wir zu bewusster Erfahrung selbst einen privilegierten Zugang aus der Erste-Person-Perspektive haben. Also ich erfahre meinen Schmerz auf eine Weise, die Ihnen nicht zugänglich ist. Das ist ein spezifisches Charakteristikum von Bewusstsein. Bei unbewussten Schmerzen haben Sie möglicherweise den besseren

Zugang. Sie sehen, dass ich mich immer kratze, aber ich merke das gar nicht. Dann habe ich keinen privilegierten Zugang dazu. Aber das ist noch lange keine Definition, sondern nur ein Merkmal von Bewusstsein, anhand dessen ich Bewusstseinszustände von nicht bewussten Zuständen unterscheiden kann. Die Definition haben wir nicht. Wenn man wissen will, was Bewusstsein ist, dann muss man bewusste Erfahrungen machen. Aber wahrscheinlich haben alle, die die Frage nach der Definition stellen, selbst bewusste Zustände. Insofern ist das nicht so ein gewaltiges Problem.

Bewusstsein der Tiere

Matthias Eckoldt: Aber zum Problem wird es, wenn man über Wesen spricht, die sich nicht in der Weise äußern können, wie wir es tun. Wie sieht es bei Tieren aus? Wenn man einem Hund versehentlich auf den Schwanz tritt, merkt man sehr wohl, dass er phänomenales Bewusstsein hat. Ich denke, er spürt die Intensität des Schmerzes.

Michael Pauen: Das denke ich auch. Aber man sollte an der Stelle auch genau sein. Das einzige, was wir von Tieren mitbekommen, ist ihre Verhaltensreaktion. Es ist sehr naheliegend, diese Verhaltensreaktion als eine Reaktion auf eine Schmerzerfahrung zu interpretieren, aber man sollte sich einfach des Unterschiedes zwischen der Schmerzerfahrung und der Verhaltensreaktion bewusst sein. Es ist wieder ein Schluss auf die beste Erklärung.

Matthias Eckoldt: Es gibt ein ziemlich gruseliges Experiment, das der große Bienenforscher Karl von Frisch einmal gemacht hat, um herauszubekommen, ob Bienen Schmerzerfahrungen haben. Und zwar hat er eine Biene an einer Zuckerlösung trinken lassen und hat ihr, während sie trank, den Hinterleib abgetrennt. Die Biene, so ist es bei ihm zu lesen, trank immer weiter, »bis sie ermattet umsinkt und im Genießen ihr Dasein beschließt«. Mit diesem Versuch wies von Frisch nach, dass Bienen keine Schmerzerfahrung haben. Wie sehen Sie die Möglichkeiten, die wir haben, gerade auch im Rahmen der modernen Wissenschaften, eine Tierethik zu entwickeln, die sich ja vor allem mit dem phänomenalen Bewusstsein der Tiere beschäftigen müsste.

Michael Pauen: Bei Bienen stellt sich die Frage des phänomenalen Bewusstseins wahrscheinlich nicht so vordringlich. Aber in jedem Fall stellt sie sich bei jenen höheren Tieren, bei denen wir uns das Recht herausnehmen, sie zu schlachten, um sie aufzuessen. Aber auch bei kleinen Kindern und Komapatienten, die ja auch nicht in geeigneter Weise mit uns reden können, stellt das eine große Herausforderung dar. Wenn ein Komapatient überhaupt keine Reaktionen mehr zeigt und auch die Areale, die mit der Schmerzerfahrung gemeinhin korreliert sind, stumm bleiben, dann hat man schon gute Gründe für die Annahme, dass dieser Patient keine Schmerzerfahrungen mehr macht. Aber natürlich könnten wir all diese Fragen wesentlich besser beantworten, wenn wir den Zusammenhang zwischen der subjektiven Erfahrung und den neuronalen Prozessen besser verstehen würden. Das ist auch ein rein praktischer Grund, warum es wichtig ist, mehr über Bewusstsein und seine neuronalen Grundlagen zu wissen.

Sprache und Bewusstsein

Matthias Eckoldt: Wie stellt sich Ihnen denn überhaupt die Beziehung zwischen Sprache und Bewusstsein dar? Das Bewusstsein könnte ja so etwas wie eine wirkmächtige sprachliche Konstruktion sein. Von dem Moment an, da in der Sprache das Personalpronomen »ich« verwendet wird, rechnen Menschen Handlungen und Erfahrungen diesem Ich zu. Wenn man das lange genug macht, entsteht dann die Illusion, dass es da tatsächlich eine Art Substanz gibt, die man als Ich oder später dann als Bewusstsein bezeichnet, die aber eigentlich nicht mehr als eine sprachliche Vereinbarung war. Insofern wäre dann Bewusstsein eine sprachliche Erfindung.

Michael Pauen: Das glaube ich nicht! Das ist natürlich immer mal wieder behauptet worden, ebenso wie die These, dass Bewusstsein eine Erfindung sei, die man nur zur Verhaltenserklärung eingeführt habe. Wir haben ja jetzt die ganze Zeit darüber gesprochen, dass Bewusstsein eine ziemlich rätselhafte Geschichte ist, die wir im Grunde nicht verstehen. Wenn unsere Vorfahren irgendwann Bewusstsein als Erklärung für bestimmte Verhaltensweisen eingeführt hätten, dann müssten die ja bereits einen Begriff vom Bewusstsein gehabt haben. Nehmen wir den Fall, dass eine Person immer unruhig wurde, wenn sie längere Zeit nicht an der Wasserquelle gewesen war, um zu trinken. Wie sollen unsere Vorfahren dann auf die Idee gekommen sein, nicht mehr zu sagen: Diese Person brauchte Wasser, sondern stattdessen zu sagen: Diese Person hatte eine bewusste Dursterfahrung? Dass die Rede vom Bewusstsein in bestimmten Kulturen eingeführt ist, kann man nur dadurch erklären, dass die Leute, die diese Rede eingeführt haben, selbst Bewusstseinserfahrungen gemacht haben. Es hat allerdings ziemlich lange gedauert, bis sie angefangen haben, darüber zu sprechen.

MATTHIAS ECKOLDT: Jenseits dessen ist ja Sprache gar nicht so übermäßig gut darin, dem Bewusstsein Ausdruck zu verleihen.

MICHAEL PAUEN: Sie haben völlig recht. Wir haben ja bereits ziemliche Probleme unser Schmerzempfinden angemessen auszudrücken, von unserer Gefühlswelt ganz zu schweigen. Es hat ja in der Philosophiegeschichte – namentlich in der Phänomenologie – intensive Versuche gegeben, diese Prozesse genauer zu beschreiben. Wir können in diesem Bereich durch die Entwicklung systematischer Kategorien in Zukunft sicher noch besser werden, aber ich halte es für wahrscheinlich, dass dieser introspektive Zugang einfach prinzipielle Grenzen hat und mit äußerem Wissen ergänzt werden muss.

Funktion des Bewusstseins

MATTHIAS ECKOLDT: Dann drehen wir den Spieß doch einfach um und fragen, was die Funktion des Bewusstseins gewesen sein könnte? Haben Sie dazu eine Idee? Ging es darum, Gegenwart von Vergangenheit und Zukunft zu trennen?

MICHAEL PAUEN: Dafür spricht einiges. Wenn ich mich in den Stand setzen möchte, meine Zukunft zu planen, muss ich auf irgendeine Art und Weise eine Vorstellung von meinen Erfahrungen und meinem Leben in der Zukunft haben. Das setzt natürlich im Prinzip voraus, dass ich eine Vorstellung von meinen bewussten Erfahrungen habe. Also wenn ich jetzt kein Getreide spare, werde ich im Winter hungern. Ob man dazu einen Begriff des bewussten Hungers benötigt, ist eine andere Frage. Hunger würde hier möglicherweise reichen, man setzt an der Stelle automatisch voraus, dass der Hunger bewusst ist, weil er sich unangenehm anfühlt. Wenn man sich das historisch anschaut, sieht man, dass der Bewusstseinsbegriff in Ansätzen schon in der Antike auftaucht. Dort eher als eine Vorstellung von innerer Wahrnehmung. Wirklich systematisch eingeführt wird er erst im 17. Jahrhundert. Aber auch dort weniger aus einem Interesse an der bewussten Erfahrung selber, also dem, was wir heute phänomenales Bewusstsein nennen. In diesem Zusammenhang taucht der Begriff eigentlich erst verstärkt nach der Mitte des 20. Jahrhunderts auf.

Matthias Eckoldt: Aber bei du Bois-Reymond ist der Begriff Bewusstsein im Sinne der inneren Erfahrung bereits präsent. Und seinen Ignorabimus-Vortrag, über den wir ja bereits geredet haben, hat er bereits 1872 gehalten.

Michael Pauen: Das stimmt. Zu dieser Zeit tauchten die ersten physikalistischen Theorien der Gehirnprozesse auf und in diesem Zusammenhang wurde klar, dass man dieses innere Erleben nicht mehr als Seele bezeichnen kann. Ab da spielt dann der Bewusstseinsbegriff eine Rolle. Als man dann im 20. Jahrhundert feststellt, dass bewusste Erfahrungen mit bestimmten neuronalen Aktivitäten einhergehen, tritt die Frage nach der Erklärung des Bewusstseins in den Mittelpunkt. Das Interesse am Bewusstseinsbegriff ist wahrscheinlich an vielen Stellen vermittelt durch bestimmte theoretische Interessen, aber weniger durch praktische Interessen. Für die praktischen Interessen reicht es vermutlich aus, über die Erfahrungen zu sprechen, die bewusst sind ohne den Begriff des Bewusstseins zu verwenden.

Bewusstes und unbewusstes Nachdenken

Matthias Eckoldt: Es ist ja ein Phänomen oder vielleicht sogar ein Alleinstellungsmerkmal, dass das Bewusstsein über das Bewusstsein nachdenken kann. Damit wird dieser Nachdenkensprozess zirkulär.

Michael Pauen: Ich sehe nicht, dass das zirkulär ist. Denn es denkt ja nicht mein Bewusstsein über mein Bewusstsein nach, sondern ich denke über mein Bewusstsein nach und mache das möglicherweise auch bewusst.

Matthias Eckoldt: Aber Sie können ja nur bewusst nachdenken!

Michael Pauen: Das stimmt nicht. Denkprozesse können auch unbewusst sein. Es gibt aus der Fachliteratur über Problemlösung viele Belege dafür, dass Menschen Probleme unbewusst gelöst haben. Für ein Denken jenseits der Bewusstseinsebene gibt es sehr viele systematische Belege. Aber worauf ich eigentlich hinauswollte: Wenn man sagt, man denkt über Bewusstsein nach, dann heißt das nicht, dass sich Bewusstsein auf Bewusstsein bezieht, sondern dass sich ein gedanklicher Prozess auf Bewusstsein bezieht. Bewusstsein ist einer von ganz vielen Gegenständen bewusster und unbewusster Denkprozesse. Wenn man Philosoph des Geistes ist, dann kommt das naturgemäß etwas häufiger vor als möglicherweise bei Leuten, die sich mit der Ventilsteuerung bei Dieselmotoren beschäftigen. Die denken bewusst eher über andere Sachverhalte nach.

»Angenommen, unser Wille ist nicht frei: Wie kommt es, dass uns dieser nichtfreie Wille dazu zwingt, so zu leben, als hätten wir einen freien Willen?«

Abt Muhô über herumtollende Schafe, höllische Schmerzen beim Meditieren und die Rückseite des Spiegels

Muhô *ist Abt von Antaiji, einem tief in den japanischen Bergen gelegenen Zen-Kloster. Er wurde 1968 in Berlin geboren und kam im Alter von 16 Jahren mit Zazen in Kontakt. 1993 wurde er zum Mönch ordiniert und 2001 von seinem Lehrer als eigenständiger Zenmeister anerkannt. Er beschloss, als Obdachloser in Ôsaka zu leben, wo er eine Zengruppe leitete. Am 14. Februar 2002 erreichte ihn die Nachricht vom Tod seines Lehrers, und er wurde als dessen Nachfolger zum Abt von Antaiji berufen. Publikation zum Thema:* Ein Regentropfen kehrt ins Meer zurück. Warum wir uns vor dem Tod nicht fürchten müssen *(2016).*

Das Leib-Seele-Problem

Matthias Eckoldt Warum und auf welche Weise ist Bewusstsein für Sie interessant geworden?

Abt Muhô: Meine Mutter ist gestorben, als ich gerade erst sieben Jahre alt war. Dadurch habe ich mir sehr früh die Frage gestellt, warum wir überhaupt leben und dann sterben. Mein Vater konnte mir diese Frage nicht zufriedenstellend beantworten. In der Schule erfuhr ich darüber auch nichts. Ebenso wenig von meinen Freunden. Ich habe viel Zeit allein in meinem Zimmer verbracht und über diese Fragen nachgedacht. Irgendwann fragte ich mich dann: Wer denkt da überhaupt in mir? Wer stellt eigentlich diese Fragen? Offensichtlich ich, das war mir klar. Aber wo ist denn dieses Ich, das da denkt? Und genau das ist ja die Frage des Bewusstseins. Was ist das überhaupt? Woher kommt es? Diese Fragen haben sich die Philosophen ja bereits seit Jahrtausenden gestellt. Das wusste ich aber im Grundschulalter noch nicht. Für mich stellte es sich schließlich so dar, dass ich das Bewusstsein bin. Ein Bewusstsein, das zufällig an einen Körper gebunden ist.

Matthias Eckoldt: Das ist ja interessant. Das hört sich nach einer Art radikalem Idealismus an. Heißt das, Sie haben das alte Leib-Seele-Problem beziehungsweise Geist-Materie- oder Gehirn-Bewusstseins-Problem gewissermaßen am eigenen Körper erfahren? Haben Sie die geradezu unüberbrückbare Getrenntheit der beiden Wesenheiten Bewusstsein und Körper existenziell erlebt?

Abt Muhô: Körper und Bewusstsein fühlten sich für mich getrennt an. Wobei das Bewusstsein für mich das Eigentliche war: Die Welt ist nur ein Teil meines Bewusstseins, die anderen Menschen auch. Als ich viel später dann Wittgensteins *Tractatus logico-philosophicus* las, merkte ich rasch, wie sehr mir diese Schrift aus der Seele sprach. Sie hat die Erfahrung, die ich als Kind hatte, auf den Punkt gebracht. Die ganze Welt ist doch eigentlich nur Teil meines Ichs. Ich bin meine Welt, und die anderen sind Teil meiner Welt, die existieren gar nicht richtig.

Zen-Buddhismus

Matthias Eckoldt: Wie entwickelte sich Ihr Bewusstseins- und Ihr Körperverständnis dann weiter?

Abt Muhô: Im Alter von 16 Jahren bin ich das erste Mal mit dem Zen-Buddhismus in Berührung gekommen. Das war eine starke Erfahrung für mich, denn ich bemerkte plötzlich meinen Körper. Und mehr noch. Wenn ich mich anders hinsetzte – eine etwas veränderte Hüfthaltung oder ein gestrecktes Rückgrat – veränderte sich auch mein Bewusstsein. Da begann sich plötzlich meine Sichtweise auf das Bewusstseins dramatisch zu wandeln. Vielleicht kam ja das Bewusstsein nicht zuerst, sondern eher der Körper? Vielleicht hat also nicht das Ich einen Körper, sondern der Körper mich, nicht ich habe ein Gehirn, sondern das Gehirn mich. Warum das so ist, wäre dann die nächste Frage, die schlecht oder gar nicht zu beantworten ist.

Matthias Eckoldt: Aber wir können diese Frage zumindest einkreisen. Können Sie beschreiben, was genau sich verändert, wenn man die sitzende Meditationshaltung des Zazen, also der Richtung des Zen-Buddhismus, der Sie sich zugehörig fühlen, einnimmt? Es geht dabei ja um die gerade, aufrechte Haltung und die Konzentration auf die Atmung. Weitet sich da eher das Bewusstsein nach außen oder beginnt eine Reise nach innen?

Abt Muhô: Oft wird es so verstanden, dass man sich bei der Meditation auf das Innere konzentriert. Ich hab das allerdings so nicht verspürt. Eher andersherum. Ich war völlig introvertiert, bevor ich mit Zazen in Kontakt kam. Durch die Meditationspraxis öffnete sich eher mein Blick nach draußen. Die Erfahrung des Atmens spielt sich zwar innerhalb meines Körpers ab, ich hatte den Atem aber bis dahin nicht als Teil von mir betrachtet. Plötzlich merkte ich, dass der Atem zu mir gehört. Alles, was ich vom Scheitel bis zur Sohle fühle, gehört zu mir. Im Grunde eröffnete sich mir durch Zazen so ziemlich das Gegenteil dessen, was man sich vielleicht allgemein darunter vorstellt.

Matthias Eckoldt: Ich hatte auch immer gedacht, dass es Ziel der Meditationspraxis wäre, sich von der Welt zurückzuziehen und durch jahrelange, schmerzvolle Praxis der Meditation im Inneren ein reines, kristallklares Bewusstsein zu erkennen, das wahre Ich gewissermaßen.

Abt Muhô: Für mich war das eher umgekehrt.

Quirliges Bewusstsein

Matthias Eckoldt: Wie hat das Ihren Blick auf das Bewusstsein verändert? Wenn man sich auch nur ein klein wenig auf das eigene Bewusstsein konzentriert, merkt man, wie unglaublich viel da ständig los ist. Es gelingt einem nicht, für eine Zehntelsekunde nichts zu denken. Der Systemtheoretiker Niklas Luhmann hat dafür mal die treffende Bezeichnung des quirligen Bewusstseins geprägt.

Abt Muhô: Quirliges Bewusstsein ist eine sehr schöne, liebevolle Beschreibung des Bewusstseins. Im Buddhismus wird oft vom wilden Affen oder dem ungebändigten Pferd gesprochen. Am Anfang der Meditationspraxis versucht man, diesen wilden Affen anzubinden oder das Pferd zu zähmen. Das gelingt aber nicht so richtig. Letztlich ist es mir in den mehr als dreißig Jahren, die ich mit Zazen verbracht habe, nie gelungen das Bewusstsein total an die Leine zu nehmen. Ich glaube auch nicht, dass dieser Versuch so zielführend ist. Ich will den Umgang mit dem Bewusstsein im Zazen mal mit einem bildlichen Vergleich verdeutlichen. Anfänglich erscheint einem das Bewusstsein wie eine Schafherde. Wenn man sich darauf konzentriert, merkt man, wie viele Schafe dort sind, die mehr oder minder ungebändigt herumtollen. Bis dahin hatte man eher den Eindruck, dass die Dinge im Bewusstsein ganz gut geordnet sind. Die Schafe sind auf der gesamten Weide verteilt. Manche von ihnen gehen an die Blumen, andere an die Bäume. Plötzlich taucht dann der Schäfer auf und sagt: So geht das nicht weiter. Ich muss da jetzt Ordnung reinbringen. Dann baut er erst mal einen Zaun, trennt die schwarzen von den weißen Schafen und so weiter. Sobald aber der Schäfer auftaucht, entsteht nur noch mehr Chaos. Denn die Schafe werden immer quirliger, je mehr der Schäfer versucht, Ordnung zu stiften. Was ich nun in all den Jahren gelernt habe, ist Folgendes: Das eigentliche Problem sind nicht die Schafe, sondern der Schäfer. Das ist so ein kleiner innerer Adolf Hitler, der glaubt, er müsse Ordnung schaffen.

Ich und Bewusstsein

Matthias Eckoldt: ... der aber genau dadurch eigentlich erst das Chaos verursacht. Diese Instanz bezeichnen wir gemeinhin als Ich.

Abt Muhô: Ich würde das mit der Begrifflichkeit von Sigmund Freud eher so ausdrücken: Die Schafe sind das Ich, und der Schäfer ist das Über-Ich, mit dem wir uns letztlich immer wieder identifizieren und glauben, wir müssten das Ich ständig ordnen. Im Zazen gibt es zwei Stufen. Zuerst muss man lernen, die Position des Himmels einzunehmen. Das wäre dann das reine, kristallklare Bewusstsein, von dem Sie vorhin sprachen. Man stellt sich über die Weide und schaut einfach, was die einzelnen Schafe so machen. Ohne zu kontrollieren, ohne Ordnung machen zu wollen. Man lässt auch den Schäfer sein Ding machen. Wenn man diese Position des Himmels einnimmt, setzt der Schäfer sich dann nämlich auch irgendwann zur Ruhe. Aber in dieser Meditationspraxis, wo man vom Himmel aus auf die Schafe hinabschaut, gibt es immer noch die Trennung von Ich und Bewusstsein. Man erhebt sich und schaut herab auf sein gewöhnliches Alltags-Ich. Deshalb besteht der zweite Schritt der meditativen Praxis im Zazen darin, auf die Wiese zurückzukommen, ohne mit den Schafen eins zu werden. Ich spiele nicht mit den Schafen, lasse die Schafe nicht mit mir spielen und widerstehe der Versuchung, mich zum Schäfer zu machen. Ich bin die Wiese und erlaube den Schafen, auf mir herumzutrampeln und zu grasen. Wenn ich das zulasse, werden die Schafe irgendwann satt und legen sich dann zufrieden auf die Wiese und richten kein Chaos mehr an. Der Punkt dabei ist folgender: Die Schafe werden dann auch wieder von Zeit zu Zeit quirlig, aber man selbst hat es geschafft, sich von den Schafen – egal, was sie machen – nicht mehr nervös machen zu lassen. Ich muss weder den Schäfer spielen, noch muss ich mich in die Position des Himmels flüchten. Ich bin dann der Platz, auf dem sich Bewusstsein abspielt.

Matthias Eckoldt: Gibt es aber bei Ihrer Metapher nicht doch letztlich eine Trennung zwischen Ich und Bewusstsein? Die Frage stellt sich ja: Wer betrachtet das Ganze? Wer ist der, der vom Himmel aus guckt? Wer ist die Wiese?

Zazen

Abt Muhō: Mancher würde sicherlich sagen, dass bereits keine Trennung mehr da ist, wenn man die Position des Himmels einnimmt. Wenn man sich auf die Position des Himmels stellt und annimmt, man hätte nun mit seinem wahren Ich Kontakt, das sich vom Alltags-Ego unterscheidet, trickst man sich im Grunde selbst aus, wenn man annimmt, man sei dann sein Ego los. Im Grunde erhöht man sein Ego auf diese Weise sogar noch! Deshalb sage ich auch, dass man den Schritt runter auf die Wiese machen muss. Wenn Sie nun fragen, wer das da ist, der diesen Schritt geht, möchte ich Ihnen wiederum mit einer Geschichte antworten. Bei der Meditation läuft das so: Am Anfang meditiere ich. Ich setze mich aufs Kissen. Ich versuche, zur Ruhe zu kommen. Ich beobachte meinen Atem. Wenn es anfängt wehzutun, beiße ich die Zähne zusammen oder versuche, irgendwie aus den Schmerzen herauszukommen. Irgendwann kommt man an einen speziellen Punkt. Hier in unserem Kloster in Antaiji legen wir jeden Monat fünf Tage ein, an denen wir von morgens um vier bis abends um neun meditieren. Spätestens am zweiten Tag tut alles so weh. Das ist wirklich die Hölle. Man denkt, das bringt einen um. Ich sage den Teilnehmern auch immer vorher: Es kann sein, dass ihr in zwei

Tagen sterbt, aber macht euch keine Sorgen, denn wir haben hier noch Platz auf dem Friedhof. Solltet ihr wirklich auf dem Kissen sterben, übernehme ich eure Beerdigung. Jene, die das zum ersten Mal hören denken, es sei ein Witz. Aber am zweiten, spätestens am dritten Tag fühlt man sich tatsächlich so, dass es einem das Leben kosten könnte. Das fühlt sich psychologisch an wie ein Schritt in den Abgrund. Wenn man dann irgendwann beschließt, nichts mehr zu machen, weder den Schmerzen auszuweichen noch sich durchzukämpfen, dann merkt man plötzlich, dass alles ganz einfach wird. Als ich zum ersten Mal an diesen Punkt kam, hat sich etwas verändert. Bis dahin war ich es, der Zazen gemacht hat, und danach war es das Zazen, das Zazen gemacht hat. Das genau ist dieses Runterkommen auf die Wiese. Und das fühlt sich ganz anders an als dieses Ich, mit dem ich mich davor identifiziert habe.

Matthias Eckoldt: Was genau macht bei der Zazen-Meditation die Schmerzen, von denen man denkt, das bringt einen um? Das sind sicherlich auch, aber nicht nur, körperliche Schmerzen.

Abt Muhô: Am Anfang gibt es ganz normale körperliche Schmerzen in den Knien, in den Fußgelenken und der Hüfte. Mit zunehmender Dauer wird das dann psychologisch multipliziert, weil man sich nicht bewegen darf. Man kann also nichts gegen den Schmerz unternehmen. Wenn man sich fragen würde, ob man diese Schmerzen noch eine Sekunde aushalten kann, würde das gehen. Drei Minuten könnte man das vielleicht auch noch ertragen. Aber die Sitzungen gehen ja noch neun Stunden heute und dann noch volle drei Tage. Auf diese Weise wird ein erst mal normaler Schmerz in den Knien geradezu unerträglich. Aber das ist noch nicht alles. Während der Meditation schaut man nur schweigend die Wand an. Da fragt man sich natürlich auch irgendwann, warum man das eigentlich macht.

Matthias Eckoldt: Um die Erleuchtung zu finden!?

Abt Muhô: Das wäre eine geläufige Antwort. Nur, die Erleuchtung kommt nicht. Selbst nach ein, zwei Jahren scheint die Erleuchtung nicht näher zu rücken. Mein Meister hat immer gesagt: »Zazen bringt nichts!« Am Anfang dachte ich noch, es sei ein Scherz, aber dann merkte ich eines Tages, dass es sich genau so anfühlt. Man sitzt da auf dem Kissen, und es bringt nichts außer den Schmerzen. Wenn ich wenigstens immer erleuchteter werden würde, könnte ich das alles ja ertragen. Aber so? Ich sitze hier, und könnte in der Zeit doch auch so schön am Strand liegen oder an die Universität gehen und einen Doktor machen. Das würde vielleicht auch nichts bringen, aber es würde auf alle Fälle weniger Schmerzen bereiten. Das alles zusammen genommen kreiert dann die Vorstellung davon, dass man auf dem Kissen stirbt. Erst wenn man es darauf ankommen lässt, wird es leicht. Aber dazu ist dieser entscheidende Schritt nötig. Im Zazen beschreibt man das oft so: Es ist, als ob man auf einem dreißig Meter hohen Fahnenmast steht und einen Schritt machen soll. Das will natürlich niemand. Aber sobald man den Schritt macht, merkt man, dass da etwas ist, was einen trägt.

Matthias Eckoldt: Aber das wäre doch dann die Erleuchtung!

Abt Muhō: Vielleicht könnte man das so nennen. Man lässt ein Mal total los und merkt, dass das, was man immer irgendwo gesucht hat, die ganze Zeit ganz in der Nähe war.

Bewusstsein und Ego

Matthias Eckoldt: Was in diesem Zusammenhang im west-östlichen Begriffstransfer für Verwirrung sorgen könnte, ist der Unterschied zwischen Ich und Ego. Wie würden Sie die beiden Begriffe differenzieren?

Abt Muhō: Ganz grob könnte man sagen, dass Bewusstsein alles ist, was mir in diesem Moment begegnet. Meine Stimme, ihre Stimme, meine beiden Söhne, die hier Chaos machen. Alles, was mir in diesem Moment begegnet, was ich wahrnehme, ist das Bewusstsein. Nun aber stelle ich fest, da ist ein Körper, der sich unter allen anderen Körpern dadurch auszeichnet, dass er mit meinem Bewusstsein verbunden ist. Nur wenn dieser Mund sich öffnet, können meine Gedanken ausgesprochen werden, nur wenn dieser Mund isst, schmeckt es mir. Wenn alle anderen etwas essen, merke ich davon nichts. Dadurch entsteht die Idee, dass dieser Körper »mein« Körper ist. Nur diese, »meine«, Augen sehen die Welt. Alle anderen Augen sehen möglicherweise auch eine Welt, aber es ist nicht meine. Insofern gibt es da den Unterschied zwischen Ich und den anderen. Wenn ich sage: Ich bin 1,89 Meter groß und wiege 89 Kilogramm, dann ist das nicht mein Bewusstsein, sondern mein Körper, der eng mit mir zusammenhängt, weil ich durch ihn die Welt wahrnehme. Das Ego kommt nun ins Spiel, wenn ich aus der Tatsache, dass mein Körper der einzige ist, mit dem ich wahrnehmen kann, schlussfolgere, dass mein Körper wichtiger ist als die anderen. Nur mit meinem Mund kann ich den köstlichen Geschmack von Schokolade schmecken, deswegen muss ich dafür sorgen, dass das größte Stück Schokolade auch in diesen, meinen Mund kommt. Was die anderen essen, ist nicht so wichtig. Allerdings weiß ich, dass die anderen nichts mehr mit mir zu tun haben wollen, wenn ich mich zu egoistisch gebärde. Also tue ich so, als ginge es mir auch noch um die anderen.

Matthias Eckoldt: Insofern wäre vielleicht das Ego der Anteil am Bewusstsein, der strategisch handelt.

Abt Muhô: Das Ego verhält sich sehr strategisch. Inwiefern das Bewusstsein letztlich davon zu unterscheiden ist, stellt sich mir als Rätsel dar. Zum Beispiel könnten die wenigsten von uns skrupellos einen Menschen töten, weil wir wissen, dass in dem Moment zwar nicht meine, aber seine Erlebniswelt, also sein Bewusstsein verschwindet. Trotzdem sind wir aber auf der anderen Seite nicht so altruistisch, uns für jemand anderen sofort zu opfern. Wenn man vor die Problematik gestellt wird, dass man durch seinen eigenen Tod fünf andere Leben retten könnte, würden die wenigsten darauf eingehen, ihre eigene Bewusstseinswelt verschwinden zu lassen, auch wenn dafür fünf andere weiter bestehen könnten.

Matthias Eckoldt: Bei den eigenen Kindern würde man da unter Umständen eine Ausnahme machen. Doch da heißt es ja dann, dass nicht wir diese Entscheidung treffen, sondern die egoistischen Gene.

Abt Muhô: Vielleicht sind wir auch Sklaven unserer Gene. Dann wäre Bewusstsein auch nur das Produkt eines Gens, das dafür zu sorgen hat, dass diese Gene weitergegeben werden. Es ist wirklich schwierig. Das Bewusstsein hat zwar einen breiteren Gesichtswinkel als das Ego, aber es ist nicht wirklich universell, denn es kann ja die anderen Welten nicht so intensiv wahrnehmen wie die eigene. Letztlich steckt dahinter das noch größere Rätsel, warum es überhaupt getrennte Bewusstseine gibt in dieser Welt. Wir sind alle in einer Welt zu Hause und leben mehr oder minder das gleiche Leben, warum schmecken wir aber die Schokolade nur mit unserer eigenen Zunge?

Neurowissenschaft und Bewusstsein

Matthias Eckoldt: Die Philosophie des Geistes spricht da vom phänomenalen Bewusstsein, der sogenannten Erste-Person-Perspektive des subjektiven Erlebens. Demgegenüber guckt und forscht die Neurowissenschaft aus der Dritte-Person-Perspektive, weil das Hirn in der Untersuchung notwendigerweise als Objekt betrachtet wird. Daraus resultiert das Grundproblem der Erforschung des Bewusstseins durch die Neurowissenschaft, da man aus der Dritte-Person-Perspektive natürlich nichts über die Erste-Person-Perspektive aussagen kann. Trotzdem hegen die Neurowissenschaftler nach wie vor die Hoffnung, das Rätsel des Bewusstseins zu lösen. Wie schauen Sie, der ja das Bewusstsein hinlänglich aus der Erste-Person-Perspektive erkundet hat, auf diesen Prozess?

Abt Muhō: Gehen wir mal für einen Moment wie die Neurowissenschaft davon aus, dass mein Bewusstsein nichts weiter ist als ein bestimmter neuronaler Zustand in meinem Gehirn. Wenn mir nun ein Neurowissenschaftler zehn verschiedene Gehirne zeigte, und ich wüsste, eines davon ist meines, ich könnte nur raten, welches dieser Gehirne mir gehört. Auf der anderen Seite wüsste ich aber immer sofort, welches mein Bewusstsein ist. Da kann ich mich nicht irren und beispielsweise Ihr Bewusstsein mit meinem vertauschen. Offenbar gibt es da einen solch fundamentalen Unterschied, dass man das Gehirn nicht mit dem Bewusstsein vergleichen kann. Allerdings fühle ich mich trotzdem zum naturwissenschaftlichen Ansatz hingezogen, nicht zuletzt weil ich erfahren habe, dass die Körperhaltung mein Bewusstsein ändern kann. Letztlich sind wir eben doch stark verbunden mit dem, was sich im Hirn abspielt. Dann könnte man wiederum fragen: Wenn wir lediglich ein Teil des Gehirns sind, warum gibt es überhaupt dieses Bewusstsein?

Freier Wille

Matthias Eckoldt: Oder zugespitzt: Warum soll es so etwas wie einen freien Willen geben?

Abt Muhō: Ich hege da zugegebenermaßen Sympathien mit Leuten, die sagen, der freie Wille ist nur eine Illusion. Es gibt nicht diesen Homunkulus im Gehirn, der sich alles anschaut und dann souverän seine Entscheidungen trifft.

Matthias Eckoldt: Traditionell hat sich die Hirnforschung bei dieser Debatte auf die Experimente von Benjamin Libet gestützt, der herausgefunden hat, dass es bereits mehrere hundert Millisekunden vor der bewussten Entscheidung für eine Handlung im Hirn Bereitschaftspotenziale gibt. In den nicht bewussten Arealen wird also etwas vorbereitet, das erst später auf der Bewusstseinsebene auftritt, obwohl sich das Bewusstsein die Handlung dann zurechnet. In den letzten Jahren wurden ähnliche Versuche von dem englisch-deutschen Hirnforscher John-Dylan Haynes durchgeführt, der mit den modernsten analytischen Methoden bereits bis zu sieben Sekunden bevor die Probanden ihre bewusste Entscheidung trafen, sagen konnte, wofür sich die Probanden gleich entscheiden würden.

Abt Muhô: Angesichts solcher Versuche stellt sich natürlich die Frage: Wozu überhaupt Bewusstsein? Wir brauchen ja auch kein Bewusstsein, um Nahrung zu verdauen, warum sollten wir dann Bewusstsein brauchen, um die Hand zu bewegen? Beziehungsweise andersherum: Warum haben wir ein Bewusstsein davon, wenn wir die Hand bewegen und nicht, wenn wir Speise verdauen? Würde wirklich etwas fehlen, wenn wir alle Roboter ohne Bewusstsein wären? Wenn es denn so sein sollte, dass wir das Bewusstsein doch für bestimmte Entscheidungen brauchen, dann stellt sich die Frage: Wie kommt es, dass alles im Universum deterministisch verläuft und nur hier im menschlichen Gehirn plötzlich Entscheidungen von einem freien Subjekt getroffen werden? Das ist doch auch merkwürdig! Also ich sitze beim Thema Bewusstsein zwischen den Stühlen.

Matthias Eckoldt: Mal angenommen, die Neurowissenschaften könnten die Frage nach dem freien Willen eines Tages zweifelsfrei beantworten. Hätte das Konsequenzen für Ihr Leben oder Ihre Art die Welt zu betrachten?

Abt Muhô: Ich bin da vollkommen offen. Wenn mir ein Neurowissenschaftler sagen würde, es gibt doch einen freien Willen, würde ich sagen: »Gut, dass ihr das jetzt endlich herausgefunden habt. Es fühlte sich ja auch immer so an, als hätten wir einen freien Willen.« Wenn er mir dagegen sagen würde, dass wir Menschen keinen freien Willen haben, würde ich ihn fragen, ob er sich heute Morgen, bevor er aus dem Haus gegangen ist, überlegt hat, welche Krawatte er heute anlegen würde? Will sagen: Selbst wenn man herausfindet, dass wir keinen freien Willen haben, hat man trotzdem keine andere Wahl als so zu leben, als ob man einen freien Willen hätte. Warum das so ist, stellt sich mir wiederum als großes Mysterium dar. Angenommen unser Wille ist nicht frei: Wie kommt es, dass uns dieser nichtfreie Wille dazu zwingt, so zu leben, als hätten wir einen freien Willen?

Matthias Eckoldt: Inwiefern legt man sich denn solche und ähnliche Fragen im Zen zur Meditation vor?

Abt Muhô: Da muss man zwischen den unterschiedlichen Arten des Zen unterscheiden. Es gibt die Sõtõ-Schule, der ich auch angehöre und die Rinzai-Schule. Beim Rinzai gibt es Koans, die der Meister vorgibt. Das sind Fragen wie: Welchen Ton macht das Klatschen mit einer Hand? Nun denkt man jedoch bei der Meditation nicht unbedingt nur über diese Frage nach. Letztlich geht es darum, eins zu werden mit der Frage. Wenn man das geschafft hat, ist man über den logischen Dualismus dieses Scheinwiderspruchs hinaus. Im Sõtõ-Zen haben wir solche Fragen nicht. Wir sitzen vor der weißen Wand und lassen alle möglichen Fragen hochkommen. Wenn man philosophisch geneigt ist, können auch solche Fragen zum Bewusstsein selbst aufsteigen. Wer hört, wenn ich eine Vogelstimme höre? Warum bin ich ich und nicht mein Nachbar?

Das Ich als Illusion

Matthias Eckoldt: Introspektiv scheint es ja so, als ob es im Inneren eine Art Bewusstseinsbühne gibt, vor der das Ich sitzt und sich anschaut, was da alles an Wahrnehmungen und Gedanken geschieht. Als die Neurowissenschaft dann aber so weit war, die Hirne zu scannen, haben sie genau diesen Ort nicht gefunden, an dem das Ich als eine Art Konvergenzzentrum der Empfindungen sitzt. Im Gegenteil, man hat herausgefunden, dass im Hirn eher dezentral ge- und verarbeitet wird. So kam man zu der These, ob das Ich nicht vielleicht eine Illusion ist. Insofern gibt es da – wenn auch vor völlig anderen Hintergründen – einen Berührungspunkt mit dem Buddhismus.

Abt Muhô: Der Buddhismus sagt in der Tat, das Ich sei eine Illusion. Aus meiner Sicht besteht das Mysterium darin, dass es da ein Bewusstsein gibt, das zwar quirlig ist und in dem viele Dinge zusammenkommen, aber trotzdem ist das kein Potpourri, sondern mein einheitliches

Bewusstsein. Wenn der Buddhismus sagt, das Ich sei eine Illusion, dann bezieht sich das auf mein Ego und meine psychologische Struktur: Wir glauben, wir seien heute derselbe, der wir gestern waren. Aber wenn man mal genau hinschaut, sieht man keinen roten Faden, der sich da durchs Leben zieht. Vielmehr verändert sich alles. Und wenn man dann dreißig, vierzig Jahre zurückschaut, merkt man, dass man damals ein komplett anderer war als der, der man heute ist. Warum ist das so? Natürlich habe ich mich nicht eines schönen Tages, sozusagen wie vom Blitzschlag getroffen, geändert, sondern ich ändere mich in jeder Sekunde, auch jetzt in diesem Moment.

Matthias Eckoldt: Aber zugleich wissen Sie ja, wer Sie vor zwanzig Jahren waren. Sie waren zwar ein anderer, aber Sie wissen von sich, weil es eine Form der Identität mit sich selbst gibt. Sie haben ja ein Gefühl dafür, wie es sich angefühlt hat, Sie vor zwanzig, dreißig, vierzig Jahren gewesen zu sein. Davon haben Sie ja auch zu Beginn unseres Gespräches sehr eindrücklich erzählt. Das Ich aus der Vergangenheit ist nicht dasselbe wie das von heute, aber gewissermaßen das gleiche.

Abt Muhô: Ich habe die Erinnerung an den Zustand von vor vierzig Jahren, aber ist das wirklich das Gefühl, das ich vor vierzig Jahren für mich hatte? Die Erinnerung ist doch etwas ganz anderes als das Bewusstsein in dem Moment vor vierzig Jahren, so wie das Bewusstsein, das mich in diesem Moment ausmacht, sich unterscheiden wird von meiner Erinnerung an dieses Gespräch, die ich morgen haben werde. Denken Sie nur an die erste Liebe. Daran erinnern wir uns vielleicht noch, aber deswegen bin ich ja nicht wieder so verliebt wie damals. Ich denke, dass es in diesem Sinne keinen Besitzer des Bewusstseins gibt. Insofern ist es schon eine Illusion, wenn man sagt: Ich habe ein Bewusstsein! Denn dann glaubt man ja, dass es noch ein Ich hinter dem Bewusstsein gibt.

Matthias Eckoldt: Das wäre ganz im Sinne der sogenannten Bündeltheorie, die der schottische Philosoph David Hume im 18. Jahrhundert aufstellte. Auf der Suche nach dem erfahrenden Ich fand er immer nur Erfahrungen. Dementsprechend meinte er, das Ich sei keine unabhängige Größe, sondern nichts als ein Bündel von Sinneserfahrungen. Das wäre die Antithese zu der Idee, das Ich sei eine unabhängige Substanz.

Abt Muhô: So würde ich das auch sehen. Das Bewusstsein ist der Raum, in dem sich die Welt entfaltet. Wobei dieser Raum keine Substanz außerhalb der Welt hat.

Wiedergeburt

Matthias Eckoldt: Heißt das, Sie glauben nicht an eine Existenz des Bewusstseins ohne die Existenz des Körpers?

Abt Muhô: Obwohl ich Buddhist bin, habe ich persönlich ein wenig Schwierigkeiten mit dem Wiedergeburtsgedanken, der in etwa so geht: Wenn der Körper stirbt, den ich als Teil meines Bewusstseins erfahre, dann hängt sich das Bewusstsein an einen anderen Körper dran. Ich denke eher, dass mein Bewusstsein mit dem Körper verschwindet. Das würde ich sogar noch radikalisieren, denn dieses Verschwinden gibt es nicht nur am Ende des Lebens, sondern in jedem einzelnen Moment. Beim Bewusstsein wird das eigentlich noch deutlicher als beim Körper, denn der Inhalt meines Bewusstseins ändert sich von Sekunde zu Sekunde.

Matthias Eckoldt: Wird denn das Thema der Koppelung von Bewusstsein an den Körper im Buddhismus kontrovers behandelt?

Abt Muhô: Da gibt es schon sehr unterschiedliche Standpunkte. Der Zenmeister Dōgen, der vor 800 Jahren gelebt hat und der für unsere Art des Sōtō-Zen sehr wichtig ist, sagt, dass Körper und Geist eins sind. Es gibt von ihm einen Text, in dem er sich sehr entschieden gegen die Meinung ausspricht, dass der Geist weiter bestehe, wenn der Körper stirbt. In anderen Texten spricht er allerdings vom Karma, das wir in diesem Leben ansammeln und das sich in einem späteren Leben entfaltet. Wie sollte das möglich sein, wenn der Geist beziehungsweise das Bewusstsein nicht doch Bestand haben. Insofern gibt es da bei demselben Zen-Meister Widersprüche. Es gibt auch keinen offiziellen Katechismus des Buddhismus, in dem stehen würde, wie es sich mit der Frage der Unsterblichkeit des Bewusstseins verhält. Das ist auch eine der Fragen, in der sich der Buddha selbst nie festgelegt hat. Der hat sogar gesagt, dass er auf diese Frage nicht antworten werde, denn wenn man von einem Giftpfeil getroffen werde, frage man ja auch nicht danach, wer ihn abgeschossen habe, aus welchem Material er gemacht sei, wo das Gift herkomme, sondern es gehe einzig darum, den Giftpfeil so schnell wie möglich aus dem Körper herauszuziehen. Es geht also darum, wie man den heutigen Tag erlebt und wie man das gegenwärtige Leiden reduziert. Unter diesem Gesichtspunkt ist natürlich die Frage, ob das Bewusstsein an den Körper gebunden ist, sekundär.

Alles verändert sich

Matthias Eckoldt: Der Buddhismus fußt auf zwei Grundeinsichten: Die Dinge verändern sich und im Grunde sind sie leer. Wer diese beiden Tatsachen nicht akzeptiert, wird unzufrieden sein und das Leben als Leiden erfahren. Welche Rolle spielt dabei das Bewusstsein?

Abt Muhô: Die beiden Tatsachen, dass sich alles verändert und dass es keine Substanz gibt, gelten vor allem auch für das Selbst. Für den Körper ebenso wie für meine psychologische Struktur. Alles, worauf ich meine Identität gründe, hat im Grunde also ebenfalls keine Substanz. Es gibt keinen festen Kern. Wenn ich sage: Der Muhô hat blaue Augen, ist Zen-Meister, würde eine bestimmte politische Partei wählen und hat diese speziellen Lieblingsgerichte. All das ändert sich oder kann sich ändern. Nichts davon ist wirklich essenziell, substanzhaft, um mich zu definieren. Der Buddhismus behauptet, dass es gar nichts gibt, was man letztlich wirklich greifen könnte. Insofern gibt es keinen Grund, warum man sich mit diesem Körper und dieser psychologischen Struktur identifizieren müsste. Genauso gut könnte man sich mit dem Universum als Ganzem identifizieren. Der einzige Grund, warum wir diesem unserem Körper eine Bedeutung geben, ist der, dass dieser Körper mir wehtut, wenn er sich verletzt. Ich finde es nicht einmal sinnvoll, sich mit dem Bewusstsein zu identifizieren und zu sagen: Das bin jetzt Ich! Da muss es etwas geben, was hinter diesem Bewusstsein ist, das wir aber nicht fassen können, denn wenn wir es fassen könnten, wäre es ja Teil des Bewusstseins. Es gibt ja dieses Buch von Konrad Lorenz mit dem schönen Titel *Von der Rückseite des Spiegels*. Das ist dafür das treffende Bild. Es gibt da etwas, das man im Spiegel selber nicht sehen kann, wenn man in den Spiegel schaut.

Matthias Eckoldt: Für diese Rückseite des Spiegels setzen die anderen Religionen den Begriff Gott ein. Aber Gott fällt ja als Instanz im Buddhismus aus.

Abt Muhô: Im Buddhismus würde man das vielleicht als die Leere bezeichnen. Für mich war es ohnehin immer schwer zu verstehen, wieso sich viele Religionen Gott als eine Person vorstellen, die dann auch noch männlichen Geschlechts ist. Ansonsten aber ist der Begriff der Leere im Buddhismus dem Gottesbegriff recht nah: Das ist etwas, was sich nicht fassen lässt, was den Raum für die Entstehung der Welt und des Bewusstseins öffnet.

Sterben hat noch jeder geschafft

Matthias Eckoldt: Wenn dem so ist, dass Bewusstsein und Körper aneinander gebunden sind und das Bewusstsein mit dem Tod des Körpers verlischt, warum brauchen wir uns dennoch vor dem Tod nicht zu fürchten? Der Trost, den beispielsweise die christliche Religion an dieser Stelle gibt, fällt ja dann aus?

Abt Muhô: Mich hat als Kind bereits die Vorstellung gequält, endlos lange, dröge, graue Zeit durchleben zu müssen. Deswegen hat mir der Gedanke, das Leben könnte ein Ende haben, nie Furcht bereitet, sondern mich im Gegenteil eher beruhigt. Ich habe mir immer gesagt: Selbst wenn du dieses langweilige Wochenende durchleiden musst, und selbst wenn du achtzig wirst, irgendwann gibt es ein Ende! Mir ist wirklich nicht klar, wovor man sich da fürchten sollte, zumal Sterben etwas ist, das wir immer schon gemacht haben. Mein Bewusstsein von gestern ist ja heute nicht mehr da, und dieses heutige Bewusstsein wird morgen nicht mehr da sein. Wir sterben also in jedem Moment.

Matthias Eckoldt: Allerdings können wir uns dran erinnern, dass es unser Bewusstsein auch gestern und vorgestern gab. Diese Komponente fällt jedoch weg, wenn wir tot sind.

Abt Muhô: Schon, aber wo ist da das Problem? Selbst wenn es jemanden gäbe, der sich an mein Bewusstsein erinnern könnte, wenn ich tot wäre, was hilft es mir? Genauso wenig wie es meinem Bewusstsein von gestern hilft, wenn ich mich heute daran zurückerinnere. Das ruft mein Bewusstsein von gestern ja nicht zurück ins Leben. Ich verstehe die Angst vor dem Tod nicht, die vielen Menschen das Leben so schwer macht. Das heißt aber nicht, dass ich meine, man dürfe diese Angst nicht haben. Man muss keine Angst vor dem Tod haben, aber man darf! Allerdings wird ja das Sterben durch die Angst vor dem Tod auch nicht leichter, sondern eher schwerer. Sterben wird man trotzdem. Das ist der große Unterschied zum Sprung vom Zehn-Meter-Brett. Wenn man Angst hat vor diesem Sprung, wird man ihn nie schaffen. Anders beim Sterben: Auch wer Angst vor dem Tod hat, wird sterben. Letztlich ist das Sterben also nicht so schwer. Zumindest scheint es bislang noch jeder geschafft zu haben.

»Das Ich ist ein Henkel, an dem ich mich selbst aufhängen kann, aber nicht muss«

Dirk Baecker über dösendes und düsendes Bewusstsein, eine Gesellschaft, die zum Mond fliegt und die Unterscheidung von Wahrheit und Lüge

Dirk Baecker, *geboren 1955, ist Soziologe. Nach seinem Studium der Soziologie und Nationalökonomie in Köln und Paris promovierte und habilitierte er 1982–1992 im Fach Soziologie bei Niklas Luhmann an der Universität Bielefeld. Er erhielt das Heisenberg Stipendium von der Deutschen Forschungsgemeinschaft. Nach Forschungsaufenthalten an der Stanford University in Palo Alto (Kalifornien), der Johns Hopkins University in Baltimore und der London School of Economics and Political Sciences wurde Baecker 1996 an die Universität Witten/Herdecke berufen, wo er zunächst den Reinhard-Mohn-Stiftungslehrstuhl für Unternehmensführung, Wirtschaftsethik und sozialen Wandel und ab 2000 den Lehrstuhl für Soziologie innehatte.*

Ab 2008 war Dirk Baecker Professor für Kulturtheorie und -analyse an der Zeppelin University in Friedrichshafen und kehrte 2015 als Professor für Kulturtheorie und Management an die Universität Witten/Herdecke zurück. Letzte Publikation zum Thema: Neurosoziologie. Ein Entwurf *(2014).*

Die Blackbox namens Bewusstsein

Matthias Eckoldt: Warum und wie ist Bewusstsein als Thema für Sie interessant geworden?

Dirk Baecker: Bewusstsein ist für mich aus einer soziologischen Perspektive interessant. Ich wundere mich geradezu systematisch darüber, wie die komplexen Anforderungen der modernen Gesellschaft – Beruf, stressreiche Familien, schwierige Anforderungen in der Schule – von organischen Kapazitäten des Menschen im Allgemeinen und im Speziellen von einem begleitenden Bewusstsein unterstützt werden. Mit der Soziologie gehe ich davon aus, dass die Intelligenz unserer Gesellschaft auch in den sozialen Verhältnissen selber steckt. Man muss also nicht annehmen, dass Investmentbanker zu sein, eine Bewusstseinsleistung ist.

Matthias Eckoldt: Dann wäre nicht einmal Wissenschaftbetreiben eine Bewusstseinsleistung?

Dirk Baecker: Nicht einmal das. Aber das Bewusstsein muss an all dem, was man dabei bewältigen muss, teilnehmen können – zum Beispiel an Rechenvorgängen, Schreibarbeiten, Gesprächen mit Kollegen und dergleichen mehr. Wir haben es mit einer mitlaufenden Blackbox namens Bewusstsein zu tun, von der auch die Soziologie schlicht und ergreifend wissen muss, was man über sie weiß und was man nicht weiß.

Matthias Eckoldt: Sie sprechen vom Bewusstsein als Blackbox. Welche Eigenschaften machen das Bewusstsein derart unzugänglich und schwer zu durchleuchten?

Dirk Baecker: Es gibt in diesem Zusammenhang mehrere Punkte, die problematisch sind. Zuerst die Differenz zwischen Gehirn und Bewusstsein. In den Neurowissenschaften ist es eine gut bekannte Tatsache, dass ein Bewusstsein nicht in der Lage ist, Gehirnzustände zu erkennen, auf denen es gleichwohl beruht, denn ohne ein arbeitendes Gehirn gäbe es keine Bewusstseinsleistung. Da gibt es also schon einmal eine Differenz, die undurchschaubar ist. Die Neurophysiologen sprechen von einer »autoepistemischen Limitation«. Bei Kopfschmerzen merkt man, dass man ein Gehirn hat, sonst allenfalls an bestimmten Launen der Leicht- oder Schwergängigkeit. Zweitens ist auch das Bewusstsein, soweit es mir zugänglich ist, in dieser Zugänglichkeit gleichzeitig unzugänglich! Ich kann zwar verfolgen, was ich denke, aber ich werde häufig von meinem Denken – oder auch vom Vergessen eines Gedankens – überrascht. Ich merke im Bewusstseinsvorgang selbst, dass ich nicht Herr im eigenen Haus bin. Das ist eine für die Soziologie hochinteressante Erkenntnis, weil sich dann die Frage anschließt, woher die Bewusstseinsleistungen kommen, mit denen ich mich selbst überraschen kann. Außerdem stellt sich die Frage, welches Geheimnis zwischen der Abstimmung von Bewusstsein einerseits und sozialen Situationen andererseits entschlüsselt werden müsste, um die Qualität des mich in meinem eigenen Kopf überraschenden Bewusstseins beschreiben zu können. Drittens und letztens ist das Bewusstsein für die Soziologie interessant, weil wir es in der Kommunikation mit Leuten zu tun haben, denen man ein von der eigenen Perspektive aus undurchschaubares Bewusstsein unterstellen muss.

Matthias Eckoldt: Wir unterstellen ja unserem Gegenüber selbst dann noch Bewusstsein, wenn wir ihm Dummheit oder Ignoranz unterstellen.

Dirk Baecker: Richtig! Dummheit und Ignoranz sind Bewusstseinsphänomene. Zumindest glauben wir das in der Regel, obwohl man sich auch vorstellen könnte, dass eine soziale Situation verstockt macht oder blind für bestimmte Dinge. Wir haben es mit Zuschreibungen auf Bewusstseinsleistungen zu tun, mit denen die Kommunikation interessanterweise nicht nur fertig wird, sondern die dem Gespräch sogar eine gewisse Subtilität ermöglicht. Ich kann dem anderen ein beweglicheres oder unbeweglicheres Bewusstsein unterstellen, und dementsprechend unterschiedlich wird die Kommunikation ablaufen. Das sind drei Punkte, die mein Interesse am Bewusstsein aus einer soziologischen Sicht begründen.

Matthias Eckoldt: Würden Sie denn soweit gehen zu sagen, dass eben jene Überraschungen, die wir im Bewusstsein immer wieder erleben, von den sozialen Systemen der Gesellschaft herrühren, dass also, mit Marx gesprochen, doch das Sein einen starken Einfluss auf das Bewusstsein hat?

Die Funktion des Bewusstseins

Dirk Baecker: Ich gehe von letztlich undurchschaubaren Wechselwirkungen aus. Man könnte sogar sagen, dass wir es angesichts so komplexer Phänomene wie Gehirn, Bewusstsein und Gesellschaft grundsätzlich mit der Vermeidung einer einseitigen Determination, der Vermeidung letzter Gründe oder erster Anfänge zu tun haben. Denken Sie nur an das Leib-Seele-Problem. Ist es der Leib, das Fleisch, das irgendwann anfängt zu denken? Oder ist es das Bewusstsein, das sich den Körper und die Welt erfindet, um sich die eigene Existenz zu erklären? Mit Fragestellungen dieser Art ist das Problem nicht zu lösen. So ergibt es kaum Sinn, über das Problem nachzudenken.

Matthias Eckoldt: Weil Sie es für gelöst halten?

Dirk Baecker: Nein, weil es so nicht gelöst werden kann. Man muss es meines Erachtens als ein Problem einer frei schwebenden Wechselwirkung fassen, deren einziger Rückhalt die Welt insgesamt ist. Sie kennen den schönen Spruch, dass man ein Dorf braucht, um ein Kind zu erziehen. So braucht man eine Welt, um ein Bewusstsein zu erklären. Aber zurück zur Frage: Das Bewusstsein ist, wie es der US-amerikanische Begründer der Psychologie, William James, so schön gesagt hat, nicht als eine Substanz, die irgendwo lokalisiert wäre, sondern als eine Funktion zu beschreiben. Das Bewusstsein hat aus meiner Sicht mindestens zwei Funktionen: Die eine besteht darin, das Wissen vom Zustandekommen meiner Wahrnehmungen im eigenen Gehirn zu unterdrücken, wie Niklas Luhmann sagt. Das heißt, wenn ich an einer Wand ein Bild hängen sehe, dann denke ich beim Anschauen des Bildes nicht daran, dass mein Gehirn dafür verantwortlich ist, den optischen Eindruck dieses Bildes an der Wand zu errechnen, sondern ich sehe es an der Wand hängen, so als hätte mein Bewusstsein damit nichts zu tun. Ich denke das Bild, nicht mein Bewusstsein. Das Bewusstsein externalisiert seine eigene Leistung. Das ist schon verblüffend genug.

Matthias Eckoldt: Vorbereitend auf unser Gespräch habe ich mir das entsprechende Zitat von Niklas Luhmann rausgeschrieben. Er schreibt in seinem Buch *Die Kunst der Gesellschaft*: »Bewusstsein löscht die Information über den Ort, an dem die Wahrnehmung stattfindet.«

Dirk Baecker: Ein großartiger Satz und eine verblüffende Einsicht. Die zweite Funktion besteht darin, dass das Bewusstsein eine mitlaufende, organische Leistung ist, die auf eine für uns undurchschaubare Art und Weise die Biografie und die Geschichte des Individuums in seinem Lebenslauf nachvollzieht. Dabei werden laufend körperliche, bewusste und gesellschaftliche Zustände verrechnet. Man kann also nicht sagen, das Bewusstsein ergebe sich aus der Existenz eines gesellschaftlichen Systems. Aber man kann sehr wohl sagen: Das Bewusstsein ist das Ergebnis der Verarbeitung der Differenz gesellschaftlicher

Ereignisse auf der einen und meiner Haltung zu diesen Ereignissen auf der anderen Seite. Auch diese Leistung kann man nicht lokalisieren, denn sie findet im Modus der Verteilung auf »innere« und »äußere« Ereignisse statt.

MATTHIAS ECKOLDT: Irgendwo zwischen Gesellschaft und Körper!?

DIRK BAECKER: Und dieses Zwischen ist der passende Ausdruck für unser Nichtwissen. Es fällt uns immer noch schwer, relational zu denken. Seit Aristoteles denken wir substanziell und kommen damit allmählich an unsere Grenzen.

MATTHIAS ECKOLDT: Das Spielfeld des Bewusstseins wäre demnach abzustecken zwischen gesellschaftlichen Bildern oder Sinnangeboten wie beispielsweise den von den Massenmedien erzeugten Ereignissen und meinen privaten Haltungen dazu.

DIRK BAECKER: Ich bewältige körperlich reell meinen Alltag, koche mir Tee, spreche mit Menschen und erhalte durch die Massenmedien Informationen, die ich im Moment nicht nachprüfen kann. Gleichzeitig arbeite ich in meinem Beruf, habe es mit Partnern, Freunden, Konkurrenten und der Familie zu tun und muss all dies verrechnen. Laufend muss ich Entscheidungen treffen, ob ich dem, womit ich es zu tun habe, vertraue oder nicht. Das schaffe ich nur, indem ich vor dem Hintergrund eines mitlaufenden Vertrauens und mitlaufenden Misstrauens Entscheidungen treffe, worauf ich mich einlasse und worauf nicht. Ich lasse mich auf Situationen ein, die sich auf mich einlassen. Ich verrechne Eindrücke, die mich unter Umständen täuschen. Ich hege Erwartungen, die unter Umständen enttäuscht werden. Daraus ergibt sich ein laufendes Hin und Her zwischen mir und meiner Welt, in dem mein eigenes Ich die Funktion einer Auseinandersetzung ist – und nicht etwa ein Ausgangspunkt.

Wo sitzt das Bewusstsein?

MATTHIAS ECKOLDT: Wenn das Bewusstsein keine Substanz ist und keinen Ort hat, wäre die Suche der Neurowissenschaft nach den neuronalen Korrelaten des Bewusstseins letztlich zum Scheitern verurteilt. Oder andersherum ist aus dieser Sicht das Scheitern der Hirnforschung an der Bewusstseinsfrage verständlich, da sie ja nach einem Ort für das Bewusstsein sucht. Bewusstsein fühlt sich ja auch so an, als ob alle Wahrnehmungen, Empfindungen und Gedanken an einem Punkt zusammenfließen. Nur wenn man dann in die Hirne hineinschaut, findet man ein solches Konvergenzzentrum nicht. Stattdessen ist dort alles dezentral organisiert.

Dirk Baecker: Das ist schon enttäuschend, dass man im Hirn nicht irgendwelche Regale findet, in denen vorfabrizierte Eindrücke lagern, die nur darauf warten, korrigiert zu werden.

Matthias Eckoldt: Oder eine Neuronenballung, die einen Homunkulus ergibt. Ein Menschlein im Menschen, dem auf einer Kinoleinwand die gesamte Erlebniswelt, die wir als Ich bezeichnen, vorgespielt wird.

Dirk Baecker: Vielleicht suchen wir am falschen Ort. Vielleicht müssten wir im Immunsystem nach diesem Homunkulus suchen oder in dem sogenannten Gehirn des Magens, das man vor einigen Jahren entdeckt haben will. Der Filmemacher Alexander Kluge würde das Knie als den Ort identifizieren, an dem das Bewusstsein eines Menschen ganz bei sich ist.

Matthias Eckoldt: Aber ganz im Ernst. Das ist ja doch schon ein schwerwiegender Einwand gegen die Herangehensweise der Neurowissenschaft, wenn man sagt: Bewusstsein hat überhaupt keinen Ort, sondern ist nur als Funktion zu beschreiben. Also sucht ihr vergeblich.

Dirk Baecker: Das ist nicht unbedingt ein Einwand gegen die Neurowissenschaft als solche, sondern nur gegen bestimmte Ideen der anatomischen Forschung, die davon ausgehen, eine direkte Verbindung zwischen bestimmten Regionen des Gehirns und bestimmten Bewusstseinsleistungen herstellen zu können. Selbst wenn bestimmte Leistungen an einem bestimmten Ort stattfinden – jede kognitive Operation bedarf einer materiellen Unterstützung –, heißt das noch lange nicht, dass diese Orte substanziell-wesentlich dafür verantwortlich sind, dass diese Leistungen dort stattfinden. Wir kochen ja auch nicht deswegen, weil es eine Küche gibt, sondern wir richten uns eine Küche ein, weil wir kochen wollen. Funktionen suchen sich Orte, selbst wenn es dann durchaus diese Orte sein können, die ihrerseits auf neue Ideen kommen, wenn ich einmal so sagen darf. Aber selbst das Bewusstsein, das beginnt zu philosophieren, steht in einer Wechselwirkung mit seiner Umgebung. Es braucht Anlässe und Anhaltspunkte, sonst flackert der philosophische Gedanke auf – und verlöscht wieder. Das sieht man ja auch in den Neurowissenschaften so. Viele Neurowissenschaftler forschen nicht lokal, sondern funktional. Sie teilen die Unterstellung nicht, dass man sie Leistungen des Gehirns substanziell-lokal erklären kann. Von daher würde ich von den Neurowissenschaften lieber im Plural sprechen. Die Neurowissenschaften bestehen aus unterschiedlichen Disziplinen, die untereinander zuweilen heftig streiten. Zum Beispiel streitet man über die Frage, was um Himmels willen die bunten Bilder der bildgebenden Verfahren eigentlich zeigen. Die einen glauben, dass die Sauerstoffverteilung im Gehirn – was anderes wird ja bei der funktionellen Kernspintomografie nicht gemessen – das Gehirn bei der Arbeit zeigt, während die anderen darauf hinweisen, dass aktive Areale keinen Rückschluss darauf erlauben, in welchen Prozessen das Gehirn seine Neurone miteinander verknüpft und voneinander unterscheidet. Wenn ich weiß, dass in der Küche der Herd eingeschaltet wird – um im Bild zu bleiben –, weiß ich noch lange nichts über die Dynamik der Arbeitsteilung in der Familie und erst recht nichts über den Wandel der Rezepte, Zutaten und Geschmäcker.

Matthias Eckoldt: Durch die scheinbare Evidenz der bunten Bilder kommen die Neurowissenschaften letztlich nicht so richtig weg von der Idee, dass es für alle Funktionen neuronale Korrelate geben muss und dass man aus der Kenntnis dieser Korrelate mehr ableiten kann als eben den Umstand, dass es die neuronalen Korrelate sind. Über die jeweiligen Funktionen hat man durch das Auffinden des Korrelats noch überhaupt nichts ausgedrückt.

Neurowissenschaft und Bewusstsein

Dirk Baecker: Neurowissenschaftler, die das isolierte Gehirn für seine Leistungen verantwortlich machen, sind Wissenschaftler, die nur bis eins zählen können. Sie beschäftigen sich mit dem System des Gehirns und ignorieren Wissenschaften wie die Biologie, die Psychologie und die Soziologie, die auch von Systemen des Organismus, des Bewusstseins und der Gesellschaft sprechen. Empirische Beweise gibt es für keines dieser Systeme, auch nicht für das Gehirn als System. Aber gerade weil es diese Beweise nicht gibt, sollte man die Hypothese nicht ausschließen, dass bewusste Leistungen sich dem Wechselspiel von mehr als einem System verdanken.

Matthias Eckoldt: Da passt ja der in der soziologischen Systemtheorie beliebte Begriff der Autopoiesis gut, der beschreibt, wie sich Systeme operativ abschließen. Der kommt ja bereits auf der Ebene des Lebens zum Tragen: Jede Zelle entsteht aus einer Zelle. »Omnis cellula e cellula«, wie der deutsche Arzt und Pathologe Rudolf Virchow sagte.

Dirk Baecker: Eine systemtheoretisch orientierte Soziologie zählt immerhin bis vier. Wir unterscheiden die zelluläre Schließung des Organismus, die neuronale Schließung des Gehirns, die mentale oder psychische Schließung des Bewusstseins und die kommunikative Schließung von Systemen wie die Familie oder die Gesellschaft. Ob es sich jeweils um autopoietische Systeme handelt und wie die Geschlossenheit von Systemen zu verstehen ist, die sich mit ihrer Umwelt auseinandersetzen und anders nicht zu verstehen sind, ist im Einzelnen umstritten. Biologen wie Humberto Maturana oder Francisco Varela lehnen es ab, von der Autopoiesis einer Gesellschaft zu sprechen. Vielleicht fehlt es da nur an soziologischer Fantasie. Als Wissenschaftler versucht man, mit so wenigen Hypothesen auszukommen, wie möglich. Das sollte aber kein Grund sein, sich vorschnell auf nur eine einzige zu beschränken.

Matthias Eckoldt: Und in Ihrem Versuch einer Neurosoziologie zählen Sie bis vier?

Dirk Baecker: Nur ansatzweise. Zunächst einmal habe ich nur versucht, auf die Irritation zu reagieren, dass viele der kognitiven Leistungen, die die Soziologie der Gesellschaft zurechnet, im Gehirn lokalisiert werden könnten.

Matthias Eckoldt: Tatsächlich lokalisiert?

Dirk Baecker: Die Neurowissenschaften gehen seit den Forschungen von Hermann von Helmholtz, Vernon B. Mountcastle und vielen anderen bis zum aktuellen Interesse am *predictive coding* davon aus, dass der Neokortex in der Lage ist, anspruchsvolle Erwartungen und Gedächtnisleistungen aufzubauen und einerseits laufend zu korrigieren, andererseits aber auch Korrekturen, also Lernen, zu unterdrücken, weil Vorurteile sich bewährt haben. Das hat mich interessiert, weil ich mit Niklas Luhmann bislang davon ausgegangen war, dass Erwartungen und Korrekturen von Erwartungen die Leistung sozialer Systeme sind, die vom Bewusstsein auf unklare Weise nur begleitet werden. Wozu braucht man die Hypothese sozialer Systeme, wenn bereits das Gehirn Vorhersagen trifft, Erwartungen ausbildet und entscheidet, auf welche Korrekturen es sich einlässt und auf welche – im Zusammenhang anderer Erwartungen – lieber nicht? Wenn das Bewusstsein so etwas wie eine Registratur der vom Organismus und seinem Gehirn errechneten Weltzustände ist, könnte man die Soziologie auf eine Monadologie nach dem Vorbild von Leibniz oder Gabriel Tarde reduzieren. Wir hätten es dann wieder mit einer Soziophysik zu tun, in der das Bewusstsein als Instanz gewürdigt würde, die die Zurechnung mentaler auf neuronale Leistungen unterdrückt und an deren Stelle eine Wahrnehmung von Welt setzt, die mit dem Index der Möglichkeit von Täuschung und Irrtum ausgestattet ist. Was wir »Gesellschaft« nennen, wäre dann wenig mehr als ein Autoskooter: eine mehr oder minder genussvolle Rempelei von Elektroautos, die an einer Oberleitung hängen, die eine fremde Macht ein- und ausschalten kann. Das hat mich interessiert, weil man auf diese Art und Weise viele soziologische Annahmen gegen den Strich bürsten, das heißt ihrerseits entsubstanzialisieren könnte.

Operationen der Vernunft

Matthias Eckoldt: Das wäre dann aber die Beschränkung darauf, selber nur bis eins zu zählen, um bei Ihrer Einteilung zu bleiben.

Dirk Baecker: Ja, genau. Aber manchmal hilft es, einen Gedanken zuzuspitzen, bis er sich selbst ad absurdum führt. Die Kritik der reinen Vernunft von Kant hat mir dabei geholfen, aus dieser Sackgasse herauszukommen. Kant hat mit dieser Kritik ja geradezu allergisch darauf reagiert, dass Menschen dazu neigen, zu »vernünfteln«, wie er das nannte, also Gedanken aus Gedanken zu spinnen, ohne sich darüber Rechenschaft abzulegen, wie diese Gedanken zustande kommen. Schärfer noch als Descartes in seinen »Meditationen« hat Kant die Frage nach den Operationen der Vernunft gestellt. Seine Lösung kann uns heute nicht mehr zufriedenstellen, da er eine transzendentale Verankerung empirischer Operationen der Synthesis von Mannigfaltigkeit in den Kategorien von Raum und Zeit annimmt. Aber dieser Verweis auf Transzendenz ist ja selbst nichts anderes als ein Verweis auf ein verteiltes Netzwerk, wenn man so will. Faszinierend finde ich, wie Kant das Problem löst, dass »die Vernunft«, also eine bei ihm noch ungeklärte Einheit der Differenz von Gehirn, Bewusstsein und Gesellschaft, aus sich heraus gelenkt werden muss, um überhaupt mit anderem, mit der Welt, abgestimmt werden zu können. Er löst das Problem auf eine scheinbar paradoxe Art und Weise. Er nimmt die Unbedingtheit der Vernunft an, macht sie damit von sich selbst abhängig und befähigt sie so zum kreativen, das heißt sowohl autonomen wie rezeptiven, man könnte sagen: aktiv-passiven, Umgang mit der Welt. Und das gleich dreifach. In der transzendentalen Dialektik nimmt Kant an, dass die Vernunft mit ihren synthetischen Leistungen dreifach unbedingt ist: erstens kategorisch als Synthesis in einem Subjekt, zweitens hypothetisch als Synthesis der Glieder einer Reihe und drittens, das freut den Systemtheoretiker, disjunktiv als Synthesis der Teile in einem System. Indem wir »ich« sagen, indem wir Zusammenhänge unter den Dingen der Welt herstellen und indem wir Systeme erkunden und voneinander unterscheiden, machen wir unseren Zugang zur Welt von uns abhängig und stellen uns zugleich auf diese von uns erschlossene Welt ein. Die Paradoxie liegt darin, dass wir uns von unserer Unbedingtheit abhängig machen. Kant und später auch Hegel formulieren dies so, dass sie das Ich als leer ansetzen. Ein sehr christlicher Gedanke. Nur so kann uns Gott erfüllen. Aber es ist eben auch, denke ich, ein neurowissenschaftlicher Gedanke. Die in sich unbedingte Vernunft erschließt eine strukturierte und ihrerseits autonome Welt außerhalb ihrer selbst. Und dann können wir wieder zählen – von eins bis vier oder auch darüber hinaus. Vernunft in Kants Sinne bindet sich unbedingt an eine andere Vernunft, an eine »fremde« Vernunft, wie Josef Simon sagt: an die der Welt, an die der Gesellschaft, an die des Körpers, an die des Gesprächspartners.

Bewusstsein als System

Matthias Eckoldt: Niklas Luhmann hat in seiner soziologischen Systemtheorie die sozialen Systeme Massenmedien, Erziehung, Politik, Kunst, Wissenschaft, Religion, Wirtschaft und Recht unterschieden. Würden Sie sagen, dass auch das Bewusstsein ein eigenes System ist?

Dirk Baecker: Wir bewegen uns hier in einem strikt hypothetischen Raum. Die Annahme eines Systems ist eine Annahme. »Bewusstsein« ist ein Wort, kein System. Von einem System spricht man erst, wie Kant, wenn man verschiedene Teile untereinander in einem durch Zwecke geordneten Ganzen beobachtet oder wenn man, wie Luhmann, Operationen beobachtet, die sich zwar auf eine Welt beziehen, in diesem Bezug jedoch nur möglich sind, weil sie sich gleichzeitig auf vorherige und nachherige Operationen ähnlichen Typs beziehen. Es geht um die Erklärung von Kontinuität unter der Bedingung von Diskontinuität. Von einem Bewusstsein kann man sprechen, wenn Gedanken, Vorstellungen, Eindrücke, also Operationen des Bewusstseins, aneinander anschließen, während sie sich intentional, wie Husserl sagt, auf Gegenstände in der Welt beziehen. Für das Bewusstsein gilt darüber hinaus, dass die eigenen Gedanken, Vorstellungen, Eindrücke ebenfalls zu diesen Gegenständen zählen. Das Bewusstsein kann sich auf sich selbst beziehen, muss dazu jedoch Gedanken verwenden, auf die es sich erst im nächsten Moment wiederum gegenständlich beziehen kann. Indem es operiert, wird es sich selbst transzendent, könnte man sagen. Wenn man nun darauf achtet, dass diese kognitiven Operationen aneinander anschließen und es ihnen gleichzeitig gelingt, sich nicht in die Welt zu verlieren und dort aufzulösen, kann man von einem »System Bewusstsein« sprechen, das sich autopoietisch selbst herstellt und dazu auf eine ganze Welt, auf Materie, Energie und den Gedanken, dass es nicht allein ist, angewiesen ist.

Matthias Eckoldt: Wenn Bewusstsein als System zu beschreiben ist, müsste man ja auch eine Umwelt ausmachen, denn die Differenz zwischen System und Umwelt ist ja maßgeblich für jedes System. Was also wäre dann die Umwelt des »Systems Bewusstsein«?

Dirk Baecker: Man hat es in der jüngeren Systemtheorie immer mit einer triadischen Konstellation zu tun, bestehend aus Beobachter, System und Umwelt. Der Beobachter nimmt in seiner Umwelt ein System an, das sich seinerseits von einer Umwelt unterscheidet, die nicht identisch mit der Umwelt des Beobachters ist und dennoch von diesem als Umwelt des von ihm beobachteten Systems mitbeobachtet wird. Das ist eine einigermaßen knifflige Epistemologie, deren Pointe weniger darin besteht, dass sie einfach und zugänglich ist, als vielmehr darin, dass sie viele Stellen markiert, an denen man sich irren kann. Man steigert so die Komplexität der eigenen Beobachtungen im Umgang mit einem komplexen Gegenstand. Das muss man immer mitdenken, wenn man bündig erklärt oder liest, dass sich das Bewusstsein in einer Umwelt ausdifferenziert und reproduziert, in der sich weitere Bewusstseinssysteme, der Organismus, das Gehirn, die Gesellschaft und die Natur vorfinden. Denn das sind in der Sprache gefundene Namen für eigenwillige Gegenstände, die das Bewusstsein für sich vielleicht ganz anders konstruiert als es der Wissenschaftler im System und in der Sprache seiner Disziplin tut. Man muss sich hier sehr davor hüten, zu schnell zu »verdinglichen«, wie dies Theodor W. Adorno in seiner Auseinandersetzung mit dem Systembegriff formuliert hat. Das Bewusstsein beobachtet selbst. Auch das Gehirn beobachtet selbst. Wie kann der in einer Sprache sinnhaft an soziale Systeme gekoppelte Beobachter davon sinnvoll Rechenschaft ablegen? Das Bewusstsein richtet sich »intentional« auf Gegenstände. Aber wie macht es das? Husserl, Freud, Lacan und andere haben hier nicht umsonst vor allzu »natürlichen«, das heißt erkenntnistheoretisch unreflektierten Einstellungen gewarnt. Vielleicht ist das selbst ein guter Grund für eine systemtheoretische Vorgehensweise, deren Sprache die Distanz zum Gegenstand zumindest nicht verleugnet.

Intentionales und phänomenales Bewusstsein

Matthias Eckoldt: Sie haben das Stichwort Intentionalität gerade gebracht. In der heutigen Philosophie des Geistes unterscheidet man ja zwischen zwei Aspekten des Bewusstseins. Dem intentionalen Aspekt, mit dem sich das Bewusstsein auf die Außenwelt bezieht, und dem phänomenalen Aspekt, mit dem sich Bewusstsein auf das innere Erleben bezieht. Hat diese Differenzierung für Sie etwas Erhellendes?

Dirk Baecker: Das verdreifacht das Problem, denn nun stellt sich die Frage, in welcher Sprache ich über diese beiden Aspekte sowie den Unterschied zwischen ihnen Auskunft gebe. Ich habe in maximal einem Fall Zugang zu einem Bewusstsein, nämlich zu meinem. Soll und kann ich meiner Introspektion trauen? Soll und kann ich per Interview die Bewusstseinszustände und deren Selbstbeobachtung bei anderen erforschen? So plausibel es ist, dass das Bewusstsein zwischen selbstreferenziell-phänomenalen und fremdreferenziell-intentionalen Operationen unterscheiden kann, so unumgänglich ist es doch zugleich, jeder dieser Operationen die Fähigkeit zuzuschreiben, zwischen den Aspekten zu wechseln, den einen Aspekt mit dem anderen zu verwechseln, die Verwechslung unter Umständen fehlerhaft zu korrigieren und sich so auf angemessene Weise zweifelnd in der Welt zu bewegen. Wichtig ist, dass die Phänomenologie seit Husserl als eine Philosophie zur Erkundung des Bewusstseins entwickelt worden ist.

Ihr Slogan »Zu den Sachen selbst!« müsste ja eigentlich heißen: »Zu den Sachen selbst, insofern sie eine Auskunft über das Bewusstsein von ihnen geben!« Husserl kreiste nicht grübelnd um Gegenstände, um ihnen auf die Spur zu kommen, sondern er kreiste grübelnd um das Bewusstsein.

Matthias Eckoldt: Die Unterscheidung zwischen intentional und phänomenal wird ja vorwiegend deshalb gemacht, um herauszuarbeiten, dass sich Bewusstsein einerseits auf Gegenstände bezieht – das wäre das intentionale –, andererseits aber auf Erleben – also die Röte des Rots oder den Geschmack von Pfirsichen oder die Qualität eines Schmerzes.

Dirk Baecker: Ja, unbedingt, denn es ist wesentlich, dass das Bewusstsein, während es einen Eindruck von etwas hat, es für möglich hält, sich mit diesem Eindruck zu irren. Es oszilliert zwischen Fremd- und Selbstbeobachtung. Das eigentliche Rätsel, das darin besteht, wie sich das Bewusstsein einen Eindruck von der Außenwelt verschaffen kann, wird so verdoppelt, indem es sich einen Eindruck von der Außenwelt verschafft und sich genau darüber Rechenschaft ablegt. Die Unmöglichkeit des Zugangs zum Gehirn, um dort zu überprüfen, welche neuronalen Impulse welche Wahrnehmung produzieren, wird dadurch kompensiert, dass das Bewusstsein gleichsam stellvertretend für das Gehirn sich selbst nicht traut. Dieser immer mitlaufende Zweifel bremst es jedoch nicht nur, sondern macht es auch produktiv. Andernfalls müsste es befürchten, ein bloßer und individuell verzerrender Spiegel der Außenwelt zu sein. So aber kann es durch die Verstellung des Spiegels mit seinen eigenen Bildern experimentieren.

Die strukturelle Kopplung von Bewusstsein und Kommunikation

Matthias Eckoldt: Ein Tool, wenn ich das so sagen darf, der Systemtheorie ist ja auch die Idee der strukturellen Kopplung von Systemen. Bei der strukturellen Kopplung wird jeweils vieles ausgeschlossen, um weniges einzuschließen. Diesen Mechanismus hat Luhmann auch zwischen Bewusstsein und Kommunikation entdeckt. Das würde heißen, dass in der Kommunikation viele Bewusstseinszustände ausgeschlossen werden und über einige wenige geredet wird. Das hat eine starke Evidenz, wenn man sich überlegt, wie viel einem im

Bewusstsein herumgeht und wie wenig man davon mitteilen kann und mitteilen darf.

Dirk Baecker: Gemäß dieser Theorie sind Bewusstsein und Kommunikation in der Tat über Sprache strukturell gekoppelt. Dabei läuft das Bewusstsein dieser Selektionsleistung, die vieles ausschließt, immer mit, denn sonst hätte man es nicht mit Komplexität, sondern mit Einfachheit zu tun. Ein mitlaufendes Bewusstsein der eigenen Selektionen ermöglicht den Sprung zu einer anderen Selektion. Strukturelle Kopplung heißt zugleich, dass die Kommunikation »weiß«, dass im Bewusstsein der an Kommunikation Beteiligten gleichzeitig anderes abläuft, auch wenn das Bewusstsein nur vor sich hin döst. Luhmann hatte in Seminaren die schöne Angewohnheit, das Wort »dösen« ein wenig norddeutsch immer so auszusprechen, dass man auch »düsen« verstehen konnte ...

Matthias Eckoldt: Das Bewusstsein düst also dösend vor sich hin.

Dirk Baecker: ... ja, oder es döst düsend. Die Temporalstrukturen sind ja auch hoch spannend. Was ist schneller: die Kommunikation, das Bewusstsein oder der Organismus mit seinem Gehirn? Sicher ist nur, dass sie immer wieder auseinanderlaufen, einander vorwegeilen, einander nachhinken und doch die Bedingung der Gleichzeitigkeit nicht verletzen können. Die Sprache als Mechanismus der strukturellen Kopplung hilft auch dabei. Wenn und während ein Satz ausgesprochen wird, ist die Wahrscheinlichkeit hoch, dass er von den psychischen Systemen, die an der Kommunikation beteiligt sind, auch gehört wird. Man hat es für den Moment des Ausgesprochenwerdens mit einer Gleichschaltung des Bewusstseins, das sein Sprechen begleitet, und eines Bewusstseins, das sein Hören begleitet, zu tun, so sehr auch die Kontexte differieren, die jeweils die Interpretation des ausgesprochenen Satzes ermöglichen. Insistierendes Reden macht sich diesen Umstand zunutze. Manche reden auch so viel, dass das Bewusstsein es aufgibt, währenddessen an etwas anderes zu denken – zumindest bis zu dem Moment, in dem man das Reden des anderen zu einem Hintergrundrauschen werden lässt, das die eigenen Gedanken nicht mehr wesentlich stört. Man muss dann nur noch aufpassen, dass man die Pause nicht verpasst. Natürlich kann man mithilfe von Geschichten auch versuchen, so spannend zu reden, dass sich das Bewusstsein der Zuhörer in die Abfolge der Sätze gleichsam einhängt, um nur ja keine Wendung zu verpassen. Hier ist vieles möglich und auch vieles trotz raffinierter Konversationsforschung wie etwa von Harvey Sacks noch nicht hinreichend erforscht. So oder so beschreibt die Idee der strukturellen Kopplung, wie zwei operational geschlossene Systeme sich in ihren sinnhaften Strukturen, also in der Form der Erwartung von Anschlussereignissen, aufeinander einlassen, ohne dabei die Prämisse der Eigendynamik aufzugeben. Im Extrem ermöglicht dies dann auch Fälle von Gehirnwäsche oder Hypnose, die schon deswegen interessant sind, weil sie eben nicht der Normalfall sind. Im Normalfall geben sich ein soziales System und mehrere psychische Systeme durch die Formulierung eines Satzes, begleitet von Mimik und Gesten, eine Struktur, die sie teilen, ohne sie auf beiden Seiten der Differenz identisch setzen zu können.

Matthias Eckoldt: ... und es ist eine griffige funktionale Beschreibung.

Dirk Baecker: Genau! Denn die strukturelle Kopplung gibt es, weil man sie braucht, und nicht etwa, weil sie ein Gottesgeschenk ist.

Matthias Eckoldt: Wäre ja auch möglich.

Dirk Baecker: Ja, das wäre auch möglich. (Lacht)

Hinterherhinkendes Bewusstsein

Matthias Eckoldt: Die Neurowissenschaften haben mehrere kontraintuitive Belege über das dramatische Hinterherhinken des Bewusstseins bei Entscheidungsfindungen geliefert. Da gibt es nicht nur die Versuche von Benjamin Libet, sondern auch von John-Dylan Haynes, der zeigen konnte, dass bereits sieben Sekunden vor der bewussten Entscheidung für eine Handlung vorbereitende Hirnaktivität vorhanden war, aus der er lesen konnte, wie sich die Probanden entscheiden würden. Haben solche Befunde Sie überrascht?

Dirk Baecker: Nicht wirklich. Es gibt in der Soziologie keine Gründe anzunehmen, dass das Bewusstsein schneller ist als der Organismus oder die Kommunikation. Erst recht gibt es keine Gründe anzunehmen, dass jeder unserer Handlungen oder jedem unserer Erlebnisse ein freier Wille vorausgeht. Im Gegenteil. Es hat etwas Beruhigendes, dass wir Menschen uns offenbar auf die Intelligenz unseres Körpers und des Gehirns ebenso verlassen können wie auf die unseres Bewusstseins. Vielleicht erklärt das sogar, warum wir uns den bewussten Zweifel, das intelligente Zögern leisten können. Unser evolutionär und biografisch geschulter Organismus hat bereits ein Bild der Situation. Die Intuition ist bereits da. So können die Reflexion, die Erwägung freier Motive des Handelns und Erlebens zumindest nicht schaden. Der Organismus reagiert – und das Bewusstsein hat Zeit, im Modus der Nachträglichkeit das Für und Wider zu erwägen.

Ich und Bewusstsein

Matthias Eckoldt: Welche Rolle spielt eigentlich das Ich in Ihren Überlegungen? Es gibt ja zumindest zwei Auffassungen dieses Begriffs: Zum einen das Ich als eine Instanz, dem die gesamten Empfindungen gleichsam vorgeführt werden, zum anderen die sogenannte Bündeltheorie, die demgegenüber das Ich als die Summe seiner Erfahrungen begreift.

Dirk Baecker: Es gibt genügend ethnografisches und linguistisches Material über Gesellschaften, in denen niemand auf die Idee kommt, zu sich »Ich« zu sagen. Insofern scheint das Ich für ein Bewusstsein nicht unbedingt erforderlich zu sein. Man kann bewusst, das heißt entscheidungsfähig, am Stammesleben teilnehmen, ohne eine Instanz aufrufen zu müssen, die gegenüber diesem Stamm einerseits auf Distanz geht und sich andererseits ihm zugehörig fühlt. Wenn das so ist, dann macht die Gesellschaft für die Entstehung eines Ichs den entscheidenden Unterschied. Offenbar können soziale Verhältnisse so komplex werden, dass genau diese Distanz und diese Möglichkeit eines nicht selbstverständlichen Zugehörigkeitsgefühls erforderlich werden, um Individuum und Gruppe in ihrer Relation zueinander variabel werden zu lassen. Andererseits geht es offenbar auch nicht ohne ein Medium, in dem diese Variabilität anschaulich wird. Der Netzwerktheoretiker Harrison White vermutet daher, dass das Korbflechten für die Entstehung eines Ichs eine wichtige Rolle spielte: das handgreifliche und augenscheinliche Erlebnis von Teil und Ganzem, von Weben, von einem Gefäß, das aus Stroh besteht, das für sich sicherlich nichts halten könnte. Insofern würde ich weder zu der einen noch der anderen der von Ihnen zitierten neurowissenschaftlichen Auffassungen des Ichs neigen. »Das Ich muss alle meine Vorstellungen begleiten können«, sagte Kant. Entscheidend ist hier das Können, das kein Müssen ist. Das Ich verwebt meine Vorstellungen zu einer vorübergehenden und selektiven Einheit. Mal rufe ich es auf, um die eine Vorstellung mit einer anderen zu verknüpfen, mal kommen meine Vorstellungen auch ganz gut ohne mein Ich aus.

Matthias Eckoldt: Also ein Ego-Tunnel wie bei Thomas Metzinger, der unser Bewusstsein ichlos auch neben sich existieren lässt?

Dirk Baecker: Das Ich ist ein Henkel, an dem ich mich selbst aufhängen kann, aber nicht muss. Veranlasst wird es eher von der Gesellschaft als von mir. Wer ist denn so scharf darauf, dass ich greifbar werde, dass ich festgehalten werden kann? Wer oder was will denn, dass ich mich mir selbst verpflichtet fühle? Stammesgesellschaften kommen mit einer Moral aus, in der der Blick des anderen bereits richtet, das heißt, mir die Anerkennung zollt oder sie mir entzieht. In der modernen Gesellschaft muss ich diese Instanz einer moralischen Beurteilung, Gewissen genannt, in mir selbst errichten. Das Ich ist dann beides. Es ist der Gegenstand der moralischen Beurteilung und es ist die urteilende Instanz. Immerhin, als urteilende Instanz gewinnt es wieder etwas Distanz gegenüber sich selbst. Es kann dann auch strategisch und nicht nur moralisch urteilen. Es kann sich seiner Spontaneität überlassen oder ästhetisch urteilen. Es war nicht dingfest zu machen, dieses moderne Ich. Und heute diffundiert es in die Netze, von denen es glaubt, sich ihnen gegenüber behaupten zu können. Das Ich ist eine Kontrollinstanz. Anschlussbegriffe wie »Person«, »Individuum« oder »Subjekt« legen dazu die Karten auf den Tisch. Die »Person« ist ursprünglich die Maske, durch die der Mensch hindurchtönt, Lateinisch »personare«. Das »Individuum« ist das Unteilbare, um eine Instanz zu gewinnen, die jeden Aspekt unserer höchst teilbaren Persönlichkeit allen anderen Aspekten gegenüber verantwortlich machen kann. Und das »Subjekt« ist das, was sich selbst zugrunde liegt, von Kant und anderen erfunden, als diese Vorstellung längst widerlegt war.

Matthias Eckoldt: Das Ich als schwächste Instanz, wie Freud meinte. Zugleich aber fühlt es sich auf der Bewusstseinsebene ja so an, als würde man selbst – also bewusst – entscheiden.

Dirk Baecker: Ja, darauf können wir nicht verzichten. Das Bewusstsein muss intervenieren können, auch wenn die Entscheidung längst gefallen ist. Manche benötigen ihr ganzes Leben, um herauszufinden, dass sie sich gegen ihre Entscheidung entschieden haben.

Über den Determinismus

Matthias Eckoldt: Andernfalls wäre ja dem Determinismus Tür und Tor geöffnet, der einem die Willensfreiheit abspricht und sagt, dass ich handle, wie es meine neuronalen Aktivitäten vorherbestimmt haben. In letzter Konsequenz wäre dann in einem den Naturgesetzen unterstellten Universum bereits mit dem Urknall klar gewesen, dass wir uns heute treffen, um über das Bewusstsein zu reden.

Dirk Baecker: Ich argumentiere nicht für diesen Determinismus. Ich glaube nicht, dass Bewusstseinszustände durch Gehirnzustände determiniert werden. Wenn das Bewusstsein erst Millisekunden später will, was das Gehirn bereits vorher beschlossen hat, heißt das doch nur, dass der Organismus in seinen sensomotorischen Kreisläufen einen Impuls entwickelt, zu dem das Bewusstsein dann immer noch Stellung beziehen kann. Weder dem Bewusstsein noch dem Organismus muss ich in diesem Fall eine Determination durch etwas anderes als sie selbst unterstellen. Beide sind strukturdeterminiert, wie Humberto Maturana sagt, das heißt, sie können nur Operationen entwickeln, die an vorherige Operationen anschließen und auf folgende vorausweisen. Genau deswegen ist es ja so interessant, zu erforschen, welche *delay functions*, wie Systemtheoretiker sagen, in den Ablauf der Operationen eingebaut werden, um eine Ambivalenz zu erzeugen, eine Vielfalt von Handlungsmöglichkeiten, die immer noch strukturdeterminiert ist, aber immerhin eine Vielfalt.

Matthias Eckoldt: Der physikalische Determinismus würde dann aber sagen, dass das Gehirn auch auf Grundlage deterministischer Prozesse funktioniert und damit die vorlaufenden Prozesse im Gehirn ebenfalls determiniert sind durch die Naturgesetze.

Dirk Baecker: Der physikalische Determinismus ist seinerseits strukturdeterminiert. Er kann nur glauben, was er glauben will. Die Sehnsucht danach, die Statik und Dynamik komplexer Phänomene auf Naturgesetze reduzieren zu können, ist meines Erachtens einem Mangel an Fantasie oder auch an Schulung geschuldet. Man kommt mit einem beweglichen Bewusstsein, einer spielerischen Kommunikation nicht zurecht. Man hält beides für Illusionen, weil man ihre Funktion in einer Konstellation nicht erkennt, in der Organismus, Bewusstsein und Gesellschaft orthogonal, das heißt aufeinander nicht reduzierbar, zueinanderstehen, weil nur so unter komplexen Bedingungen gelebt werden kann. Vielleicht ist es die Komplexität selbst, die geleugnet werden soll. Ich weiß es nicht. Sicherlich hat auch dieses Weltbild des physikalischen oder genetischen Reduktionismus seine Funktion. Aber mir persönlich wäre ein schärferer Blick auf komplex-materielle Bedingungen, wie ihn Karen Barad vorschlägt, sympathischer als ein Beharren auf Naturgesetzen, das letztlich nur dem Zweck zu dienen scheint, Überraschungen auszuschließen.

Matthias Eckoldt: Würden Sie dann den Neurowissenschaftlern widersprechen, die sagen, dass das Gehirn deterministisch funktioniert?

Dirk Baecker: Es funktioniert strukturdeterminiert. Und diese Struktur schließt den Einbau von beweglichen Netzen, fruchtbaren Ambivalenzen, kreativen Unbeirrbarkeiten, plastischen Umbauten ein, nicht aus. Wer sagt denn, dass der Gedanke an meine Großmutter immer in derselben Modalität auftauchen muss?

Matthias Eckoldt: Die Idee der neuronalen Netze hat ja die Vorstellung vom Großmutterneuron verabschiedet, nach dem jeder Gegenstand von jeweils einem Neuron repräsentiert wird. Vielmehr scheint es so zu sein, dass sogar dieselben Gegenstände von je verschiedenen Mustern neuronaler Aktivität dargestellt werden.

Dirk Baecker: Mir geht es darum – daher die Erinnerung an Kants Kritik der reinen Vernunft –, dem Gehirn hypothetisch den Einbau von Freiheitsgraden unterstellen zu können. Wie man das in der Gehirnforschung nachweisen kann, weiß ich nicht. Aber dass ich ohne diese Unterstellung große Schwierigkeiten hätte, Kommunikation und Bewusstsein zu verstehen, das weiß ich. Wir haben es mit einem physikalisch diskontinuierlichen Universum zu tun, so sehr dies auch nicht zuletzt theologischen Ideen einer allumgreifenden Kontinuität widersprechen mag.

Matthias Eckoldt: Diese Denkfigur der Diskontinuität bricht mit dem Determinismus. Bricht sie deswegen auch mit der physikalischen Beschreibbarkeit?

Dirk Baecker: Nein, natürlich nicht. Prozesse jeglicher Art benötigen materielle Anhaltspunkte, die dementsprechend physikalisch zu beschreiben sind. Das gilt auch für gesprochene Worte. Ohne Luftwellen, in die ich verschiedene Laute einprägen kann, ohne die Physik der

Akustik könnten wir nicht miteinander sprechen. Aber legt das fest, was wir einander erzählen? Gut möglich allerdings, dass das nicht die Physik newtonscher Naturgesetze ist, von der wir hier reden.

Neuronale Korrelate

Matthias Eckoldt: Ich würde das wie folgt in die verhandelte Thematik übersetzen: Gedanken bauen auf Gedanken auf. Wenn die Neurowissenschaftler nun sagen, dass jeder Gedanke ein neuronales Korrelat hat, hätten Sie keinen Grund, das zu bestreiten, aber es würde Sie nicht weiter interessieren. So wenig wie die Physik der Akustik beim Kommunizieren? Oder gibt es da auch einen für Sie interessanten Bruch?

Dirk Baecker: Ich bezweifle die Übersetzung der neuronalen in die mentale Operation, ganz zu schweigen von einer kausalen Verursachung der mentalen durch die neuronale Operation. Mentale Operationen haben ihre Korrelate in neuronalen Operationen. Vielheiten, so würde ich vermuten, korrespondieren mit Vielheiten. Der Bruch, von dem wir reden, trennt die einen von den anderen. Trennung heißt jedoch nicht Beziehungslosigkeit. Soziologen arbeiten ja zuweilen gerne mit dem Begriff der Kommunikation. Dieser Begriff beschreibt Beziehungen, streng genommen sogar Abhängigkeiten zwischen unabhängigen Einheiten, die nicht auf Kausalität zu reduzieren sind. Ich sehe keinen Grund, Verhältnisse der Kommunikation nicht auch paradigmatisch ernst zu nehmen.

Matthias Eckoldt: Wenn die Neurowissenschaftler dieses Irgendwie der Kommunikation aufklären würden, hätte das für Sie eine Relevanz?

Dirk Baecker: Unbedingt. Und man bewegt sich ja längst in diese Richtung. Wenn nicht nur neuronale Impulse, sondern auch die Biochemie der Hormone und die, was weiß ich, Spannungszustände der Mikrotuboli untersucht werden, hat man es ja bereits mit kommunikativen Relationen zwischen Vielheiten zu tun. Wenn man darüber hinaus an den Einfluss von Emotionen oder an die Möglichkeit denkt, eigene Gemütszustände durch eine ihnen zuwiderlaufende Mimik bewusst zu verändern – ein Lächeln für die Depression –, bewegen wir uns inmitten der Plastizität einer unreduzierbaren Komplexität.

Über Wahrheit und Lüge

Matthias Eckoldt: Was könnte denn aus Ihrer Sicht die evolutionäre Funktion des Bewusstseins sein? Oder anders gefragt: Was hat Bewusstsein ermöglicht? Wenn menschliche Gesellschaften auch ohne die Attribuierung des Ichs auskommen könnten, ist es ja mit der Zuschreibung nicht getan.

Dirk Baecker: Ich würde mit der These starten, dass die evolutionäre Funktion des Bewusstseins darin besteht, in die kognitive Bewältigung der Welt die Chance einzuführen, einen Irrtum für möglich zu halten. Man denke an das offenbar experimentelle Verhalten eines Raben, der einen Mechanismus zu knacken versucht, der zwischen ihm und einem leckeren Stück Zucker, oder was immer einen Raben reizen mag, steht. Bewertet der Rabe sein Scheitern bewusst und setzt deswegen noch einmal neu an, um es wieder und wieder zu versuchen? Stellt der Rabe in Rechnung, sich getäuscht zu haben? Ich möchte das bezweifeln. Aber woher soll ich es wissen?

Matthias Eckoldt: Bei Bienen kann man zumindest Täuschung untersuchen. Man hat Bienen auf eine künstliche Futterstelle mitten auf einem See dressiert. Die Bienen, die da dressiert wurden, flogen in den Stock und wollten die anderen Bienen per Schwänzeltanz davon überzeugen, zu dieser Stelle mitten auf dem See zu fliegen. Die anderen Bienen haben die tanzenden Bienen jedoch sofort durch Stoppsignale unterbrochen, weil sie wussten: Mitten auf dem See kann keine Nektarquelle sein. Die tanzenden Bienen sind dann verstummt. In menschlicher Terminologie würden man sagen, sie haben realisiert, dass sie sich wohl getäuscht haben müssen.

Dirk Baecker: Nichts interessiert Verhaltensforscher mehr, als sich Experimente auszudenken, deren Interpretation nicht nur dem Verhaltensspektrum der untersuchten Tiere, sondern zugleich auch unseren zahllosen Anthropomorphismen und, vielleicht noch wichtiger, unseren Soziomorphismen auf die Spur kommt. Es ist ja zuweilen erschütternd, wie wenig Verhaltensforscher von Gesellschaft verstehen. Deswegen wäre das von Ihnen geschilderte Bienenexperiment erst in dem Moment interessant, in dem man ein verändertes Anschlussverhalten beobachten könnte, etwa die Entstehung von überflüssigem Misstrauen oder von Ideologien der unwahrscheinlichen – wir würden sagen: utopischen – Fundorte von Nektarquellen. Die Menschen haben irgendwann gelernt, Wahrheit und Lüge zu unterscheiden und jedem Ja ein mögliches Nein entgegenzusetzen. Täuschung gibt es auch unter Tieren, man denke nur an Lisztäffchen, die ihre Artgenossen mit Warnrufen zur Flucht anstiften, wenn sie einen Brocken Nahrung entdeckt haben, den sie für sich alleine haben wollen. Den immer mitlaufenden Wechsel zwischen Wahrheit und Lüge, zwischen Ja und Nein ermöglicht jedoch erst die Sprache. Die Sprache zwingt uns in die Komplexität, so könnte man mit Terrence Deacon sagen, der entdeckt hat, dass es keine einfachen Sprachen gibt, weil jede Sprache das schwierige Problem der Referenz aufwirft: Was könnte gemeint sein? Ist es wahr oder erlogen? Vielleicht ist das Bewusstsein nur ein Korrelat der Sprache, ein Mitvollzug sozialer Komplexität viel eher als neuronaler Netze. Die neuronalen Netze müssen da nur mithalten. Und sie können nur mithalten, indem sie ihrerseits Unbestimmtheit in ihre Operationen einbauen.

Matthias Eckoldt: Dieses seinem Ursprung und Wesen nach detektivische Interesse herauszufinden, ob man es mit Lüge oder Wahrheit zu tun hat, ermöglichte schließlich solche Dinge wie Autos und den Flug zum Mond?

Dirk Baecker: Ja, aber eher als Leistung der Gesellschaft denn des Bewusstseins. Was haben wir eben gesagt? Man braucht ein Dorf, um ein Kind zu erziehen? Ja, und man braucht eine Gesellschaft, um zum Mond zu fliegen. Man braucht für den Flug zum Mond sowohl einen geradezu unheimlichen Glauben an die Leistungsfähigkeit der Technik als auch ein extremes Geschick, sich diese Technik gefügig zu machen. Beides verdanken wir der Gesellschaft. In ihr erleben wir, wie verfügbare Techniken zu einem Verhalten motivieren können, dem man sich bewusst verweigern würde. Und in ihr erleben wir, wie Designer hinter den Technologien unsichtbar werden, die sie geschickt zu ihren eigenen Gunsten gestaltet haben.

Matthias Eckoldt: Die Gesellschaft ist also zum Mond geflogen und hat dabei ein paar Astronauten mitgenommen.

Dirk Baecker: In der Pariser Metro sitzen Menschen in den Führerkabinen, um die Passagiere dahingehend zu beruhigen, dass alles unter Kontrolle ist.

Matthias Eckoldt: Wenn man sich diese ganzen Begrifflichkeiten anschaut, die in der Bewusstseinsdebatte heute noch herumgeistern –

vom Dualismus über den Monismus, Realismus, Naturalismus bis hin zum Physikalismus – sagen Ihnen diese Terminologien irgendetwas?

DIRK BAECKER: Diese Terminologien verstehe ich als Phantomschmerzen einer alteuropäischen Gedankenwelt. Man bewegt sich von Aristoteles zu Descartes und wieder zurück, weil man es für unmöglich hält, dass der dialektische Idealismus Kants, Fichtes und Hegels die ontologische Welt der Substanzen und Essenzen längst in funktionale Relationen aufgelöst hat.

Überraschungen bis zum Tod

MATTHIAS ECKOLDT: Gegen die Vereinfachungen des auf Determinismus setzenden Weltbildes steht Ihre Analyse, dass die Störungen die eigentlich wertvollen Impulse sind. Andererseits sieht ja die Theorie des *predictive coding* des Londoner Neurowissenschaftlers Karl Friston Bewusstseine ständig damit beschäftigt, Vorhersagen zu erstellen. Inwiefern passt das eine mit dem anderen zusammen?

DIRK BAECKER: Das hängt ein bisschen davon ab, von welchen Vorhersagen man ausgeht. Ich habe den Verdacht, dass die verschiedenen statistischen Modelle, mit denen man hier von Gauß bis Bayes arbeitet, im Verhältnis zum Gehirn noch unterkomplex sind. Aber das kann ich nicht wirklich beurteilen. Ich weiß auch nicht, wie die Elementmengen neuronaler Operationen konstruiert und erhoben werden, die dann auf ihre statistische Beschreibbarkeit hin untersucht werden. Aber dass das Gehirn zu Vorhersagen in der Lage ist, war ja auch der Ausgangspunkt meiner kleinen Neurosoziologie. Zusätzlich würde ich jedoch jederzeit annehmen, dass diese Vorhersagen die Möglichkeit ihrer Enttäuschung mitvorhersagen – und sei es durch den segensreichen Einfluss eines neuronal störenden Bewusstseins – und daher in der Tat mit Störungen rechnen. Faszinierend finde ich jedoch bereits den Modus des Aufbaus der neuronalen Leistungen des Neokortex auf der Basis eines *predictive coding*. Platon hat in seiner *Politeia* (439e) die Geschichte aufgeschrieben, die Leontios dem Sokrates erzählte: Er kam von Piräus her zur Stadt und sah an der Mauer beim Scharfrichter Leichname liegen. Er wollte sich abwenden, wurde aber von einer »Begierde« überwunden, hinzulaufen und sie sich genau anzuschauen. Aus der Sicht des Predictive-coding-Konzepts würde man sagen, dass das Bewusstsein sich abwenden wollte, der Organismus jedoch mit dem Anblick noch nicht fertig war. Irgendetwas hat ihn irritiert. Er musste den Anblick abgleichen mit dem, was zu erwarten ist, wenn man Leichname sieht. Ähnliches können wir an uns selbst studieren. Sehen oder hören oder fühlen wir etwas Ungewöhnliches, verweilen wir nahezu automatisch, tatsächlich jedoch »unbedingt« so lange bei diesem Eindruck, bis er ein Verhältnis zu den Ereignissen gewonnen hat, die unser Gehirn bereits »codieren« konnte. So gehen wir durch unser Leben und verrechnen das eine mit dem anderen, bis uns nichts mehr überraschen kann. Dann sind wir tot.

»Die Leistung des Gehirns besteht genau in dem, was man zunächst nicht von ihm vermutet: Das Gehirn erzeugt nicht Ordnung, sondern Chaos, nicht Zusammengeführtes, sondern Einzelnes«

Johannes Wagemann über Nahtoderfahrungen, das Bewusstseinsorgan und überforderte Schimpansen

Johannes Wagemann, *geboren 1967, studierte Elektrotechnik, Mathematik, Physik und Philosophie. Er arbeitete als Lehrer in einer Waldorfschule und ist Professor für Bewusstseinsforschung mit Schwerpunkt Strukturphänomenologie an der Alanus Hochschule in Alfter. Letzte Publikation zum Thema:* Psychologie, Bewusstseinsforschung und Heilung im Kontext westlicher Spiritualität *(2016).*

»Maschinenbewusstsein«

MATTHIAS ECKOLDT: Wie und warum ist Bewusstsein überhaupt Gegenstand Ihres Interesses geworden?

JOHANNES WAGEMANN: Ich habe ursprünglich Elektrotechnik studiert und war nach Abschluss des Studiums in der nachrichtentechnischen Forschung tätig. Dabei ging es um digitale Bildverarbeitung. Meine Aufgabe war es, Programme zu entwickeln, die innerhalb von Bildsequenzen bestimmte Objekte »erkennen« können, beispielsweise einzelne Autos. Das Problem bei der Sache war, dass ein Computer eben nicht erkennen kann. Der Programmierer versucht, durch Anwendung bestimmter Tricks, so zu tun, als würde der Computer erkennen. Das war ein sehr mühseliges Geschäft. Wenn so etwas dann funktioniert, entsteht aufgrund der technischen Machbarkeit der Trugschluss, dass Computer erkennen könnten. Während ich also über entsprechenden Programmen grübelte, ist mir die Frage immer wichtiger geworden, wie eigentlich wir Menschen erkennen. Mit anderen Worten: Was ist menschliches Bewusstsein gegenüber dem »Maschinenbewusstsein«, das keines ist? Das war für mich auch der Anfang vom Ende dieses Berufes.

MATTHIAS ECKOLDT: Ich höre heraus, dass Sie in der Debatte darüber, ob Maschinen unter bestimmten Umständen Bewusstsein zuzusprechen ist, eine eindeutige Position einnehmen. Nun sagt aber der zu dieser Frage berühmt gewordene Turing-Test, dass man Maschinen durchaus Bewusstsein zusprechen könne, wenn eine menschliche Testperson nicht mehr unterscheiden kann, ob sie es mit einem Menschen oder einer künstlichen Intelligenz zu tun hat.

JOHANNES WAGEMANN: Beim Turing-Test geht es doch nur um das Verhalten, also die Frage: Wie reagiert ein Etwas auf bestimmte Fragen und Situationen. Aus dem Verhalten meint man dann bereits ableiten zu können, dass da eventuell Bewusstsein ist. Damit aber trifft man den Kern dessen, was Bewusstsein ist, überhaupt nicht, weil man Verhalten simulieren kann. Wenn es einem gelingt, ein Programm zu entwickeln, das so tut, als ob es über Bewusstsein verfügen würde, hat es ja nicht automatisch auch Bewusstsein.

MATTHIAS ECKOLDT: Das heißt, Computer können weder erkennen, noch verstehen. Trotzdem aber haben sie ja eine bestechende Präzision und enorme Leistungsfähigkeit. Was können Computer aus Ihrer Sicht?

JOHANNES WAGEMANN: Computer können auf einen bestimmten Input variierende Formen des Outputs liefern, sodass man das im besten Fall mit menschlichem Verhalten verwechseln kann. Aber das alles ist nur eine große Inszenierung. Und der Mensch glaubt, dass er, weil er den Computer verstanden hat und auf ihm Bewusstsein simulieren kann, auch das Bewusstsein verstanden hätte. Dabei wird der entscheidende Punkt übersprungen, denn ich setze ja, um Computer bauen zu können, Bewusstsein bereits voraus.

Tierisches Bewusstsein

MATTHIAS ECKOLDT: Dann fangen wir mal systematisch an. Menschen haben Bewusstsein. Darüber sind wir uns einig, denn sonst könnten wir uns gar nicht über den Begriff des Bewusstseins unterhalten. Was menschliches Bewusstsein bedeutet, werden wir im Laufe des Gesprächs noch genauer zu bestimmen versuchen. Computer haben kein Bewusstsein, solange sie menschliches Bewusstsein nur simulieren können. Nun gibt es aber noch viele andere Wesen um uns herum. Haben Tiere Bewusstsein?

Johannes Wagemann: Ich würde folgende kategoriale Unterscheidung einführen, um eine Abgrenzung vornehmen zu können: Tiere haben Bewusstsein, Menschen haben Selbstbewusstsein. Das macht hinreichend deutlich, dass es Gemeinsames, aber auch Unterschiedliches zwischen Mensch und Tier gibt. Wenn man Tiere beobachtet, wird ja bereits etwas deutlich, das Ähnlichkeiten zur menschlichen Bewusstseinsfähigkeit hat. Man könnte sich auch einen Hausroboter vorstellen, der auf bestimmte Begriffe wie »Sitz!« oder Ähnliches reagiert. Wenn man sich das vorstellt, wird sofort klar, dass Hunde mehr sind als reiztrainierte Lebewesen. Hunde haben Gefühle, empfinden Schmerzen und Freude, sie reagieren in direkter und durchaus auch eigenwilliger Weise. Man könnte so weit gehen zu sagen, Hunde ahnen und spüren auch etwas. All das fällt für mich unter animalisches Bewusstsein.

Matthias Eckoldt: Worin besteht nun der entscheidende Sprung zum menschlichen Bewusstsein?

Johannes Wagemann: Es gibt ja Experimente mit Tieren, bei denen man ihnen Punkte auf Körperregionen aufbringt, die sie normalerweise gar nicht sehen können. Wenn man sie jedoch vor einen Spiegel setzt, können sie diese Regionen nicht nur sehen, sondern auch als zu sich gehörig erkennen, denn sie versuchen sogleich, diese Punkte zu beseitigen. Das wäre ja bereits ein Vorstadium der Selbstreflexivität. Aber erst wenn man die Frage formulieren kann, was denn Bewusstsein ist, wäre man auf der Stufe angelangt, die ich für entscheidend für menschliches Bewusstsein halte. Das wäre der Zustand, die eigenen mentalen Fähigkeiten nicht nur auszuleben, sondern sich selbst zu seinen Fähigkeiten ins Verhältnis setzen zu können. Mit anderen Worten, Fragen formulieren zu können, die weder dem unmittelbaren Überleben, noch der eigenen Fortpflanzung gewidmet sind, sondern ausschließlich dem Erkenntnisinteresse. Das ist im Tierreich ohne Vergleich.

Matthias Eckoldt: Bei Schimpansen hat man ja zumindest den Gebrauch von Werkzeugen beobachtet. Das wäre ja ebenfalls ein erster Schritt in diese Richtung.

Johannes Wagemann: Das glaube ich nicht. Wenn man sich diese Erkenntnisse genauer ansieht, wird klar, dass es den Schimpansen beim Werkzeuggebrauch nicht um ein Erkenntnisinteresse geht. Das ist immer in einen animalischen, gattungshaften Zweckzusammenhang eingebunden. Schimpansen treiben keine Wissenschaft und haben keine Kunst oder Religion.

Der Sinn vom Sinn

Matthias Eckoldt: Das heißt, die Schimpansen wollen mit den Werkzeugen letztlich nur die Nuss knacken, aber das Werkzeug selbst interessiert sie nicht. Sie würden nie auf die Idee kommen, sich ein Werkzeuglager anzulegen und die Werkzeuge zu vervollkommnen.

Johannes Wagemann: Es gibt noch ein anderes hochinteressantes Experiment mit zweijährigen Schimpansen und gleichaltrigen Kindern, das viel über das Bewusstsein erzählt. Bei dem Versuch sieht man zwei Boxen. Der Versuchsleiter versteckt in einer der beiden Boxen einen Stoffhund. Die Probanden sehen nur, dass er den Hund versteckt, aber nicht in welcher der beiden Boxen. Nun sollen sie herausfinden, wo der Hund ist. Dazu gibt der Versuchsleiter Hinweise, indem er mit dem Finger auf die richtige Box zeigt, die Augenbrauen hochzieht und nickt. Er gibt also nonverbale Hinweise. Die Kinder haben überhaupt keine Probleme, die Aufgabe zu lösen. Sie stehen vom Schoß der Mutter auf, gehen zur richtigen Tür und öffnen sie. Die kleinen Schimpansen scheitern bei diesem Versuch. Sie verstehen überhaupt nicht, worum es geht. Sie folgen zwar dem Blick des Versuchsleiters und seinen Zeigegesten, aber sie können damit nichts verbinden. Die kleinen Schimpansen scheitern, weil sie den Kontext, die Sinnstruktur nicht erfassen, während die Kinder sofort erfassen, dass es hier um ein Versteckspiel geht. An diesem Experiment kann man sehr schön sehen, dass menschliches Bewusstsein immer mit der Suche nach einem Sinn zu tun hat. Vor dem Hintergrund eines Sinns – egal ob dieser nur vermutet oder real ist – bildet sich menschliches Bewusstsein.

Matthias Eckoldt: Das erinnert mich an eine schematische Darstellung des Soziologen und Systemtheoretikers Niklas Luhmann. Der machte die Unterscheidung zwischen lebenden und sinnoperierenden Systemen. Die Schimpansen würden demnach zu den lebenden Systemen gehören. Die Menschen natürlich auch, aber zugleich gehören sie ebenfalls noch zu den sinnoperierenden Systemen, so wie die verschiedenen sozialen Systeme auch.

Johannes Wagemann: Da würde ich die Aufgliederung noch feiner machen. Ich würde zwischen den lebenden und den sinnoperierenden Systemen noch das animalische Bewusstsein einfügen. Denn beispielsweise das Affenbewusstsein geht ja über das rein Vegetative schon weit hinaus, wenn ich es mit Pflanzen oder Mikroben vergleiche. Denn animalisches Bewusstsein ist bereits mit einer Gerichtetheit, einer Intentionalität, einer Erlebnisfähigkeit verbunden. Aber grundsätzlich würde ich die Grenze, die Luhmann da gezogen hat, auch so sehen.

Matthias Eckoldt: Dann müssen wir als Nächstes natürlich darüber reden, wie man Sinn definiert. Für Luhmann ist Sinn die Einheit der Differenz von Aktualität und Possibilität. Das heißt, ich begreife in jedem Moment, dass es zu jeder aktuellen Situation auch eine Alternative gäbe, eine andere Möglichkeit. Ich könnte jetzt in diesem Moment auch am See liegen und in die Sonne blinzeln. Das weiß ich und dessen kann ich mir jederzeit bewusst werden. Dieses grundsätzliche Bewusstsein dessen, dass alles immer auch anders möglich wäre, ist für Luhmann Sinn. Ich kann mich also jederzeit in eine Zukunft hinein entwerfen. Um diese Unterscheidung zwischen Aktuellem und Möglichem ziehen zu können, brauche ich Bewusstsein und vor allem Selbstbewusstsein. Weil das auf der Ebene des animalischen Bewusstseins nicht möglich ist, scheitert der Schimpanse am Versteckspiel.

Möglichkeitssinn

Johannes Wagemann: Dem würde ich nicht nur zustimmen, sondern ich würde das sogar noch verschärfen. Die Differenz zwischen Aktualität und Möglichkeit lebt davon, dass die Aktualität für den Menschen in der Regel unbefriedigend ist. Wenn die Aktualität hinreichend wäre, würde ich andauernd feststellen: Alles ist gut! Dann bräuchte ich gar keinen Möglichkeitsraum zu entwerfen. Aber das Gegenteil ist ja der Fall. Ich gerate andauernd in Situationen, die über sich hinausweisen, weil sie einen Mangel offenbaren. Mir juckt die Nase, mir ist kalt, ich habe Hunger, ich möchte gerne einen anderen Beruf haben oder einen anderen Partner. Immer ist da in der Aktualität ein Unbefriedigtsein, das nicht naturhaft befriedigt werden kann. Das führt zu Fragen, die im besten Fall sogar ohne Vorbild sind, wenn man das im existenzialistischen Sinne verstehen möchte.

MATTHIAS ECKOLDT: Sind wir damit bereits im Herzen des Nachdenkens über das Bewusstsein angelangt?

JOHANNES WAGEMANN: In gewisser Weise schon, denn mir muss es ja möglich sein, auf eine Sinnstruktur zuzugreifen, um aus dem Unbefriedigtsein herauszufinden. Darauf hat auch der Soziologe Ulrich Oevermann hingewiesen. Wenn ich dazu nicht in der Lage wäre, könnte ich nur einem gattungsbedingten, biologisch fest verdrahteten Muster folgen. Dann würde sich das Problem gar nicht stellen, weil jeglicher Sinn für mich bereits von der Evolution vorgegeben worden wäre. Allerdings kann ich selbst nun nicht fragen, wo ich denken lasse! Ich kann keinen Ort in meinem Organismus ausmachen, an dem der Sinn entsteht.

MATTHIAS ECKOLDT: Auch nicht im Gehirn?

JOHANNES WAGEMANN: Nein! Das ist auch das große Problem der Hirnforschung, dass sie die Sinnstrukturiertheit, die ja ein wesentliches Merkmal von menschlichem Bewusstsein ist, nicht lokalisieren kann. Die Hirnforschung kann immer nur die Parallelität feststellen: Wenn der Proband etwas denkt, dann feuert es im Gehirn an dieser Stelle. Aber den Sinn findet man im Gehirn nicht. »Blau«, »schön«, »warm«, »neuer Beruf«, »Apfel« – das kommt im Gehirn nicht vor.

MATTHIAS ECKOLDT: Die Naturwissenschaft übernimmt in unserem Zeitalter immer mehr die Deutungshoheit. Damit ist auch klar, dass die Neurowissenschaft es sich zutraut, die Rätsel um das Bewusstsein zu lösen. Warum trauen Sie ihr das nicht zu?

Neurowissenschaft und Bewusstsein

JOHANNES WAGEMANN: Der österreichisch-amerikanische Kybernetiker Heinz von Foerster hat sich ebenfalls eingängig mit dem Erkenntnisproblem beschäftigt. Er sagt: Wenn ich so eine schwierige Frage, wie die nach dem Bewusstsein habe, gäbe es drei Möglichkeiten darauf zu antworten. Erstens: das Problem ignorieren. Zweitens: die Welt trivialisieren. Und drittens: Entwickle einen nichttrivialen Ansatz! Wenn die Hirnforscher das Bewusstsein gleichsetzen mit bestimmten Prozessen im Gehirn, dann verfolgen sie die erste Strategie. Sie antworten auf die Frage nach dem Bewusstsein mit etwas, das kein Bewusstsein ist – nämlich dem Gehirn. Es ist ja augenscheinlich etwas völlig anderes, ob ich Messungen im Gehirn vornehme, oder ob ich etwas Bewusstes vor mir habe und beispielsweise frage, wie es zu dieser Sinnstruktur kommt. Das heißt, die Neurowissenschaft ignoriert das Problem. Die zweite Strategie, die triviale Antwort, findet man, wenn einfach verschiedene Zustände versammelt werden, die Bewusstsein ausmachen. Da spricht man dann von Wachheit, Aufmerksamkeit, Gewahrsein von Dingen, Erinnerungen usw. Da vergleicht man einzelne Zustände oder Aspekte von Bewusstsein mit einzelnen Gehirnvorgängen und trivialisiert so das Problem.

Matthias Eckoldt: Aber das ist der Weg der Naturwissenschaften. Es weiß auch niemand, was das Wesen der Gravitation ist. Deshalb kann man jedoch trotzdem beobachten, dass sich Planeten gegenseitig anziehen, und kann das berechnen. Was gäbe es mehr von den Naturwissenschaften zu erwarten?

Johannes Wagemann: Das ist bei den Fragen nach Masse und Gravitation auch kein Problem. Nur beim Bewusstsein wird es problematisch, weil der Naturwissenschaftler grundsätzlich davon ausgeht, dass alles letztlich Materie ist. Es gibt für ihn nur Materie, und damit muss auch alles aus Materie entstanden sein.

Matthias Eckoldt: Bewusstsein hat nach Auffassung der Hirnforscher materielle Ursachen und Bedingungen – mit der kleinen Einschränkung, dass wir nicht wissen, wie aus Materie Bewusstsein entstehen soll.

Johannes Wagemann: Dieser Ansatz kommt beim Bewusstsein ins Straucheln, denn die Frage, was Bewusstsein ist, kann ich ja nicht so unschuldig stellen wie die Fragen: Was ist eine Flasche? Was ist ein Apfel? Was ist das Gehirn? Wenn ich – als bewusstes Wesen – nach dem Bewusstsein frage, haben wir es mit einer Selbstbezüglichkeit zu tun. Das Bewusstsein möchte sich selbst erklären, indem es nach sich selbst fragt. Aber es gibt darauf noch keine Antwort. Deshalb würde ich einen Schritt zurückgehen und erst mal fragen: Wie *entsteht* Bewusstsein? Dabei müsste man natürlich auch auf das Hirn gucken. Das Hirn liefert notwendige Bedingungen für das Entstehen von Bewusstsein, aber mit Blick auf das Gehirn kann man nicht hinreichend erklären, was Bewusstsein ist oder wie es entsteht.

MATTHIAS ECKOLDT: Wie würden Sie denn Bewusstsein definieren?

JOHANNES WAGEMANN: Die Definition des Bewusstseins ist ja selbst ein Bewusstseinsakt. Seine Sinnstruktur beinhaltet also Selbstbezüglichkeit. Deswegen fordert Heinz von Foerster hier einen nichttrivialen Ansatz, der über die Subjekt-Objekt-Spaltung hinausgeht. Im Falle des Bewusstseins kommt man als Naturwissenschaftler an das Bewusstsein nur als ein Es heran. Das Bewusstsein wird aber als Ich erlebt.

MATTHIAS ECKOLDT: Deshalb spricht man auch von der Erste-Person-Perspektive, aus der heraus Bewusstsein erfahren wird. Im Gegensatz dazu steht die Dritte-Person-Perspektive der Wissenschaft, die von außen auf ihr Untersuchungsobjekt schaut.

JOHANNES WAGEMANN: Man müsste, um Kenntnis vom Bewusstsein zu bekommen, die naturwissenschaftliche Methode in der Weise erweitern, dass sie die Erste-Person-Perspektive methodisch einbeziehen kann. Das gibt es heute noch gar nicht, weil für die Naturwissenschaften die Objektivität nur gewahrt bleibt, wenn Forscher und Forschungsobjekt getrennt sind. Offensichtlich aber hat diese Trennung dazu geführt, dass das Geist-Materie- beziehungsweise Leib-Seele-Problem nicht gelöst werden konnte.

MATTHIAS ECKOLDT: Das funktioniert aus prinzipiellen Gründen nicht, weil man als Forscher nie in die Erste-Person-Perspektive hineinkommen kann.

JOHANNES WAGEMANN: Man versagt es sich in methodischer Hinsicht und kann zugleich, in existenzieller Hinsicht, gar nicht aus ihr heraus.

Introspektive Psychologie

MATTHIAS ECKOLDT: Gibt es dabei nicht noch ein prinzipielles Problem? Aus der Erste-Person-Perspektive sieht man ja keine Neurone, sondern man empfindet die Farbe Blau und schmeckt Rotwein und erinnert sich an eine eiskalte, klare Winternacht.

JOHANNES WAGEMANN: Das ist sicherlich ein tiefer Graben, aber der ist nicht unbedingt ein Problem. Das Problem stellt sich viel eher methodisch, wenn man fragt, wie kann ich die Beschränkung auf eine Perspektive in der Forschung überwinden? Denn die Forschung fragt ja, wie sich die Dinge generell verhalten und nicht, wie sie es nur bei mir tun. Vor etwa hundert Jahren hat die Psychologie die Weichen für die Art und Weise gestellt, in der sich die Hirnforschung entwickelt hat. Damals nämlich ist die introspektive Psychologie aus dem Kanon der Wissenschaften ausgesondert worden. Die an Franz Brentano, Edmund Husserl oder auch William James anknüpfende introspektive Psychologie hatte es sich gerade zur Aufgabe gemacht, die Erste-Person-Perspektive zu untersuchen. Doch die Psychologie hat diesen Zweig gekappt und sich ganz auf das behavioristische Paradigma eingelassen, in dem es ausschließlich um die Beobachtung von Verhalten ging. Man wollte teilhaben an den Erfolgen der Naturwissenschaften und hat die Frage nach der Erste-Person-Perspektive fallengelassen. Stattdessen hat man nur noch danach gefragt, wie man zu etwas Messbarem kommt. In den letzten Jahren sind mehrere Arbeiten erschienen, die untersucht haben, warum dieser introspektive Weg abgebrochen wurde. Dabei ist herausgekommen, dass es weder prinzipielle noch methodologische Probleme gegeben hat, die unüberwindbar gewesen wären, sondern eher einen Machtanspruch bestimmter Gruppierungen in der Psychologie, es ging also um Wissenschaftspolitik.

Matthias Eckoldt: Das wäre dann ein schönes Beispiel für die Theorie des US-amerikanischen Wissenschaftsphilosophen Thomas Kuhn, der bei der Analyse wissenschaftlicher Paradigmen herausgefunden hat, dass es nicht unbedingt nur rationale Gründe sind, die herrschende Paradigmen stark machen.

Zur Strukturphänomenologie

Johannes Wagemann: Deswegen ist man gut beraten, die Augen offenzuhalten nach alternativen Entwürfen, die gute Argumente, bislang aber nicht genug Durchsetzungskraft haben, um zu allgemeiner Geltung zu gelangen. Es gibt nämlich auch heute spannende Ansätze, die in der Lage sind, das naturwissenschaftliche Paradigma zu erweitern bzw. zu transformieren. Die heutige Naturwissenschaft ist sich oft nicht bewusst, dass man keine Beobachtung machen kann, ohne bereits über eine bestimmte Theorie zu verfügen. Allein in jedem Messgerät stecken bereits so viele theoretische Annahmen, dass die Fragen, die ich vor dem Hintergrund dieses Messgerätes stellen kann, auch nur ganz bestimmte, begrenzte Antworten liefern. Wenn ich die Forschungsmethodik erweitern möchte, ist es überhaupt nicht schlimm, dass ich erst einmal damit anfange, mein eigenes Bewusstsein aus der Erste-Person-Perspektive zu untersuchen. Ich kann mir genau, mit naturwissenschaftlicher Präzision, überlegen, was ich eigentlich tue, wenn ich einen Stuhl erkenne. Welche mentalen Gesten führe ich aus? Wie kann ich mich dabei beobachten? Darüber kann ich mich mit Kollegen austauschen. So kann man Theorien bzw. erst mal Arbeitshypothesen für eine introspektive Bewusstseinsforschung aufstellen und auch von empirischer Forschung sprechen.

Matthias Eckoldt: Wurde das nicht besonders im Umfeld von Edmund Husserl und der Phänomenologie zu Beginn des 20. Jahrhunderts in dieser Weise betrieben, wo ebenfalls die Wahrnehmungsweise des Stuhls in den Mittelpunkt gestellt wurde? Das ist ein völlig anderer Weg als der der Hirnforschung, die einem Probanden einen Stuhl zeigen und sein Hirn scannen würde, während er den Stuhl wahrnimmt. Auf diese Weise würde man nur ein neuronales Korrelat der Stuhlwahrnehmung aus der Dritte-Person-Perspektive erhalten.

Johannes Wagemann: Die Phänomenologie hatte ja das Motto: »Zu den Sachen selbst!« Man wollte also nicht philosophisch spekulieren, was das Sein oder das Nichtsein ist, sondern genau beobachten. Am interessantesten wird dieses Konzept dort, wo die Dinge noch keine Dinge sind. Wenn ich mich hineinlebe in die Wahrnehmung von einem Glas Wasser, das vor mir auf dem Tisch steht, so wie es Husserl getan hat, und die Lichtreflexe beobachte und es aus verschiedenen Perspektiven anschaue, bin ich allerdings schon auf der Seite der Subjekt-Objekt-Spaltung angelangt. Da ist die Objektwerdung schon gelaufen, sodass ich auf diese Weise nicht dahinterkommen werde, wie das Glas in meinem Bewusstsein entsteht. Dafür muss man meines Erachtens noch einen Schritt weiter gehen in den Bereich, den wir heute nach Herbert Witzenmann beziehungsweise Rudolf Steiner Strukturphänomenologie nennen. Hier werden zwei Aspekte bei der Bewusstseinsentstehung unterschieden. Einerseits das zusammenhanglose Einzelne und andererseits das gesetzmäßig Zusammenhangförmige. Diese beiden Aspekte werden bei jeder Bewusstseinsleistung aufzudecken versucht. Im menschlichen Bewusstsein ist es erstaunlicherweise so, dass die Sinnstruktur zu Beginn des Erkenntnisaktes fehlt, sofern es sich nicht um Wahrnehmungsroutinen handelt wie etwa bei Alltagsgegenständen. Aber bei jeder Wahrnehmungsirritation können wir uns dieser Tatsache bewusst werden. Bei optischen Täuschungen oder Vexierbildern ist der äußere Reiz immer derselbe. Aber *ich* kann einen Hasen oder eine Ente sehen, eine alte oder eine junge Frau. Wovon hängt das ab? Es kann ja nur von der Sinnstruktur abhängen, die ich an dieses Ungeordnete heranbringe. Man kann das auch richtiggehend üben und zwischen den verschiedenen Sinnstrukturen hin- und herwechseln. Daraus wird zugleich auch deutlich, dass die Sinnstrukturen nicht im Gehirn entstehen können, da der dort verarbeitete Reiz immer derselbe ist. Was sollte denn im Hirn passieren, dass auf einmal eine andere Interpretation entsteht?

Matthias Eckoldt: Ich kann es mir nicht anders vorstellen, als dass die Sinnstruktur durch mich entsteht! Die Hirnforscher würden sagen, sie entsteht durch Prozesse im Gehirn.

Johannes Wagemann: Mit den Mitteln der Hirnforschung kann ich nicht die Ente oder den Hasen im Gehirn sehen. Ich kann mit den Methoden der Neurowissenschaft nicht erfahren, wie es ist, dieses Vexierspiel wahrzunehmen und vor allem aktiv mitzuvollziehen. Das kann ich im Sinne der Strukturphänomenologie nur introspektiv oder meditativ leisten, indem ich darauf achte, was ich für Aktivitätszustände durchlaufe, wenn ich ein solches Vexierbild beobachte. Das beginnt mit einem krisenhaften Zustand. Nehmen wir an, da ist irgendein Sinnesreiz, z. B. ist irgendetwas vorbeigeflogen, ohne dass ich richtig mitbekommen hätte, was das war. Das lässt mich jedoch nicht los. War das ein Vogel, ein Stein, eine fliegende Untertasse? Ich werde anhand dieses Wahrnehmungsreizes keinen Aufschluss erhalten. So bleibt mir nur, selbst eine Sinnstruktur zu entwerfen. Das passiert auf Bewusstseinsebene, indem ich denkend einen Sinnzusammenhang hervorbringe. Die Erfahrung zeigt, dass das meistens auch gelingt – auch wenn sich der Sinnzusammenhang später, in Bezug zum Sinnesreiz, als falsch herausstellen sollte. Erst damit versetze ich mich in die Lage, diesen Reiz, der für meine Wahrnehmung noch kein Ding ist, zu einem Ding zu machen. Dieser Vorgang läuft vollständig innerhalb meiner Wahrnehmungstätigkeit ab. Dabei muss ich mich gar nicht auf die Ebene des Gehirns begeben.

Matthias Eckoldt: Aber ich kann mich fragen, was das Gehirn währenddessen tut.

Johannes Wagemann: Das kann ich zwar, aber ich kann nicht behaupten, dass das Gehirn diesen Vorgang vollständig leistet, denn der obliegt ja bei genauerer Beobachtung meinem willentlichen Tun.

Die Neurophänomenologie

Matthias Eckoldt: Die neuronale Aktivität ist der Beschreibungsmodus der Hirnforschung. Insofern kann sie nicht anders, als dieses willentliche Tun in neuronale Muster zu übersetzen.

Johannes Wagemann: Das weiß ich gar nicht. Es gibt ja eine Richtung der Hirnforschung, die sich Neurophänomenologie nennt. Die führen Messungen am Gehirn durch und befragen zugleich den Probanden sehr genau nach seinem Erleben während des Experiments. Das wäre aus meiner Sicht eine Möglichkeit, über die Beschränkungen der herkömmlichen, neurozentrierten Hirnforschung hinauszukommen, indem man sich fragt, wie hängt der Prozess von der Wahrnehmungskrise bis hin zur Sinnstruktur mit dem zusammen, was sich im Gehirn abspielt. Die Strukturphänomenologie führt diese beiden Bereiche zusammen. Das Gehirn zerlegt die Welt in Hunderte Millionen von Bestandteilen, in eine Unzahl einzelner neuronaler Reize, die überhaupt keinen Sinnzusammenhang haben. Das lässt sich durch Messungen im Hirn nachweisen. Zugleich gibt es im Hirn keinen Ort, an dem das alles wieder zusammengefügt werden würde. In der Erste-Person-Perspektive kann ich genau diesen Prozess durch das Erleben der erwähnten Wahrnehmungskrisen nachvollziehen, die mich immer wieder dazu herausfordern, Bewusstsein zu bilden. Insofern sagt die Strukturphänomenologie: Die Leistung des Gehirns besteht genau in dem, was man zunächst nicht von ihm vermutet. Das Gehirn erzeugt nicht Ordnung, sondern Chaos, nicht Zusammengeführtes, sondern Einzelnes, Dekomponiertes. Damit sind wir auf der Seite des Bewusstseins konfrontiert.

Die Subjektwerdung des Menschen

Matthias Eckoldt: Das Gehirn erzeugt chaotisches Einzelnes und zugleich separiert es uns von unserer Umwelt. Denn die Sprache des Nervensystems besteht aus elektrischen Impulsen. Die sind auf grundsätzliche, prinzipielle Weise sowohl anders als die Umweltereignisse aber auch anders als das Erleben im Bewusstsein. Auf den Nervenbahnen schwimmen keine winzigen Farbpartikel, keine Klänge und keine Tasteindrücke, sondern einzig elektrische Impulse.

Johannes Wagemann: Aus Sicht der Strukturphänomenologie wäre das der Rohzustand, mit dem man da konfrontiert ist. Das stellt sich wie ein Rohstoff dar, den man bearbeiten muss. Tiere können darauf nur nach ihrem je gattungshaften Programm reagieren. Beim Menschen aber führt dieser Zustand der völligen Separierung dazu, dass er zum selbstbewussten Subjekt werden kann, weil er die Antworten auf seine Fragen auf eine Art findet, die nicht gattungsspezifisch festgelegt oder vorverdrahtet ist.

Matthias Eckoldt: Die Hirnforschung würde an dieser Stelle sagen, dass das Gehirn in Selbstorganisationsprozessen ein Perzept, ein Wahrnehmungsresultat herstellt.

Johannes Wagemann: Anzunehmen, dass das Gehirn diese Selbstorganisation leistet, ist allerdings sehr kühn. Es gibt keine Theorie, die glaubhaft machen kann, wie aus diesem Störzustand der vielen einzeln zerlegten Reize durch einen »magischen Trick« eine Sinnstruktur entsteht. Wenn man es mal böse formulieren möchte, bedeutet diese Annahme tatsächlich einen Rückfall in eine magische Bewusstseinsform. Das ist so, wie wenn man beim Voodoo die Puppe eines Menschen pikt und glaubt, ihn dadurch beeinflussen zu können.

Das Bewusstseinsorgan

Matthias Eckoldt: Nur, wenn dieser sinnhafte Ordnungsprozess nicht aus dem Gehirn kommt, woher soll er dann kommen?

Johannes Wagemann: Das ist die entscheidende Frage. Meine These lautet, dass Bewusstsein ein eigenes Organ ist. Wenn man sich anschaut, was ein Organ ausmacht, kommt man rasch auf folgende Punkte: Ein Organ ist ein Teilsystem eines Gesamtorganismus. Insofern wäre es erst mal nicht weiter problematisch vom Bewusstsein als einem Teilsystem des Organismus Mensch zu sprechen. Des Weiteren haben alle Organe spezifische Funktionen. Was ist also die Funktion des Organs Bewusstsein? Was ist die Funktion des Magens? Der Magen verdaut alles, was da über die Speiseröhre reinkommt, zerlegt es in seine Bestandteile und leitet das weiter an die anderen Verdauungsorgane. Die körperlichen Organe zeichnen sich funktionell dadurch aus, dass sie nicht selbstbezüglich, sondern in einen Gesamtzusammenhang eingebunden sind. Aus genau diesem Grund kann auch das Gehirn als Organ nicht den Anspruch erheben, etwas zu erzeugen, was selbstbezüglich ist. Das Bewusstsein wäre demgegenüber ein nichtkörperliches Organ, das selbstbezüglich ist und Sinnzusammenhang herstellen kann. Offensichtlich habe ich ja einen sinnhaften Bezug zu mir selbst. Ich kann mir – wie vorläufig auch immer – der Tatsache bewusst sein, dass ich bewusst bin.

Matthias Eckoldt: Allerdings assoziiert man mit Organ ja immer etwas Materielles.

Johannes Wagemann: Das muss man natürlich in diesem Kontext klären. Ich sehe im Bewusstsein ein nicht materielles Organ. Es geht hierbei mehr um den Prozess, als um ein Ding. Wenn ich »Organ« zu Bewusstsein sage, meine ich nicht ein Ding, das ich auf den Tisch legen kann, sondern den Prozesszusammenhang dessen, was ein Organ ausmacht. Nämlich, dass es eine funktionale Grenze hat, dass es insofern definierbar ist und zugleich aber auch in einem Austausch mit seiner mentalen und materiellen Umwelt steht, dass es eingebettet ist in ein Ganzes und dort seine Aufgabe erfüllt.

Matthias Eckoldt: Dann nähern wir uns noch mal von einer anderen Seite: Die Aufgabe des Magens ist die Verdauung. Was wäre die Aufgabe des Gehirns?

Johannes Wagemann: Die eine Aufgabe wäre, den Menschen aus der Wirklichkeit herauszukatapultieren. Im Grunde, einen Schnitt zwischen dem Menschen und der Welt zu ziehen. Der zweite Aspekt ist folgender: Wir kommen ja immer wieder zu Einsichten, Klarheiten und Lösungen. Auch wenn die nur vorläufig sind. Das heißt aber, dass der hirnbedingte Störzustand offenbar zurückzudrängen ist. Die Grenze, die das Gehirn aufstellt, ist offensichtlich nicht so absolut, dass man sie nicht überschreiten könnte. Da deutet sich die Dynamik zwischen dem Organ Gehirn und dem Organ Bewusstsein an. Sie sind ineinander verschränkt, trotzdem kann ich sie funktional klar unterscheiden. Das eine (das Hirn) zerlegt, das andere (das Bewusstsein) fügt zusammen. Und fügt es so zusammen, dass das Zerlegte selbst in einen Zusammenhang kommt. Die Funktion des Organs Bewusstsein wäre dementsprechend erstens mentale, interessengeleitete Eigenaktivität – ich kann mich ja in jedem Moment auch anderen Dingen zuwenden – und zweitens Sinnstrukturierung, also die innere, logische Gesetzmäßigkeit dessen, dem ich mich zuwende. Aber um die Sinnstrukturen auf den Punkt bringen, auf den konkreten Einzelfall festlegen zu können, benötige ich wiederum das Gehirn, das mir all die zusammenhanglosen Ansatzpunkte dazu vermittelt. Die eine, eher aktive, Aufgabe des Gehirns besteht also in der Auflösung der Wirklichkeit, die andere, eher passive, in der Nicht-Verhinderung beziehungsweise Ermöglichung ihrer Wiederherstellung – oder besser der Neuherstellung.

Vereinigung von Monismus und Dualismus

MATTHIAS ECKOLDT: Wo würden Sie sich denn mit oder zwischen den Begriffen Monismus beziehungsweise Dualismus positionieren?

JOHANNES WAGEMANN: Der Prozess der Bewusstwerdung aus Sicht der Strukturphänomenologie integriert beide Denkweisen. Der Bewusstseinsbildungsprozess durchläuft sowohl monistische als auch dualistische Zustände. Es geht immer um diese beiden Pole: einerseits der Sinnesreiz, die einzelne Wahrnehmung, das Chaos, auf der anderen Seite die Sinnstrukturierung und der universelle Zusammenhang – also jeweils »monistisch«. Indem ich ständig zwischen diesen beiden Polen hin- und herpendle und ständig Krisen bewältige, bin ich eigentlich so etwas wie ein »dynamischer Dualist«.

MATTHIAS ECKOLDT: Oder ein Realist?

JOHANNES WAGEMANN: Der Realismus ist die Haltung, die die Wirkung des Seins auf das Bewusstsein beschreibt, während der Idealismus die Wirkung des Bewusstseins auf das Sein beschreibt. Das sind die beiden dynamischen Formen: Wenn ich einen Gegenstand erkenne, ist es notwendig, dass seine Sinnstruktur klar umrissen ist, ich muss ihn begrifflich und gegenständlich scharf, als tatsächliches Objekt, also realistisch sehen können. Andererseits ist der Idealismus auch in diesem Prozess mit drin. Denn wenn ich diesen Gegenstand als solchen erkannt habe, bettet sich das sofort in größere Sinnkontexte ein. Wenn ich ein Glas erkenne, weiß ich auch, dass dieses Glas auf einem Tisch steht, dass es ein Erfrischungsgetränk enthält, dass es erst voll ist, dann leerer wird, dass sich der Tisch, auf dem das Glas steht, in einer Wohnung befindet, die sich in einer Stadt befindet, die wiederum in einem Land und das Land auf dem Planeten Erde liegt. Es hört nirgendwo auf. Die Sinnbestimmung ist beliebig und in alle Richtungen zu erweitern. Das ist die idealistische Komponente der Universalisierung im Bewusstwerdungsprozess. Ich habe also einerseits Individualisierung, die wäre realistisch. Ich habe andererseits Universalisierung, die ist idealistisch. Ich habe reinen Materialismus, wenn ich in der Wahrnehmungskrise bin, also nur atomistische Einzelheiten vor mir habe. Und ich habe Spiritualismus oder Bewusstseinsmonismus, indem ich Sinnstrukturen generiere und ganz in diesen Sinnstrukturen lebe. Die offenbaren sich mir unmittelbar und evident. Begriffe wie Teil und Ganzes zum Beispiel kann ich nicht aus irgendwelchen Wahrnehmungssituationen ableiten, denn keine Situation sagt aus sich heraus, was Teil und was Ganzes ist. Die Zinke von der Gabel kann ich als solche nur wahrnehmen, wenn ich »Gabel« denken kann. Ansonsten wäre das ein undurchdrungenes, geheimnisvolles Wahrnehmungsfeld. Kurzum, meine These lautet: *Jede* herkömmliche Philosophie lässt sich integrieren in den strukturphänomenologisch beobachteten Bewusstseinsprozess. Das gibt jeder Philosophie recht, weist sie zugleich aber auch in ihrem Absolutheitsanspruch zurück.

Matthias Eckoldt: Der Absolutheitsanspruch des Materialismus, so wie ihn die Hirnforschung betreibt, wäre dann die Verwechslung von notwendiger und hinreichender Bedingung für die Bildung von Bewusstsein. Materielle Prozesse sind notwendig, aber nicht hinreichend für Bewusstsein.

Johannes Wagemann: Man könnte genauso gut Folgendes sagen: Das, was materialistisch einzig berechtigt ist, ist der seinslose Zustand, mit dem uns das Gehirn konfrontiert. Wir werden in eine Situation gebracht, die uns herausfordert. Ohne die materielle Seite – die notwendige Bedingung – würden wir diese Herausforderung gar nicht haben können.

Ist Bewusstsein sterblich?

Matthias Eckoldt: Wenn man von einem nichtmateriellen Organ namens Bewusstsein ausgeht, stellt sich natürlich auch die Frage nach der Sterblichkeit neu. Denn aller Empirie nach sterben ja nur oder vorrangig körperliche, materielle Dinge. Sie haben sich auch mit den

Studien des niederländischen Kardiologen Pim van Lommel beschäftigt, der als einer von wenigen Nahtoderfahrungen mit wissenschaftlicher Strenge untersucht hat.

Johannes Wagemann: Das Interessante an van Lommels Arbeiten ist, dass er prospektive Studien gemacht hat. Das heißt, er hat nicht nur hinterher Leute, die in einem kritischen Zustand waren, gefragt, ob sie eventuell eine Nahtoderfahrung hatten. Das hatten ja auch Forscher vor ihm schon untersucht. Van Lommel ging von dem Wissen aus, dass ein bestimmter Prozentsatz derjenigen Patienten, die mit einem Herzinfarkt eingeliefert und wiederbelebt werden, Nahtoderfahrungen machen. Deshalb hat er bereits im Vorhinein die gesamte Situation genau protokolliert. Dabei hat er herausgefunden, dass genau diese riskante Zeit der Reanimation, in der über Tod oder Leben entschieden wird, interessant ist. Wenn das Herz zu schlagen aufhört, fährt die neuronale Aktivität im Gehirn innerhalb weniger Sekunden herunter, weil kein sauerstoffhaltiges Blut nachkommt. Dieser Zustand kann mehrere Minuten anhalten, bevor eine bleibende Schädigung der Zellen eintritt. Nun berichten aber die Patienten von Nahtoderlebnissen, die gerade in diesen Zeitraum fallen. Das weiß man daher, weil die Patienten sehr genau von Begebenheiten in dem Raum berichten können, in dem sie reanimiert wurden. Sie können wiedergeben, was die Ärzte gesagt haben, sie wissen, welche Art von Geräten verwendet worden ist und ein Patient wusste sogar, wo seine Zahnprothese verstaut worden war. Insofern gelang van Lommel eine präzise zeitliche Einordnung der Nahtoderfahrungen. Des Weiteren berichteten die Patienten davon, dass sie ihre Wiederbelebung von oben her, als außerkörperliche Erfahrung wahrgenommen hätten. Insgesamt hat van Lommel einige Hinweise darauf zusammengetragen, dass unser Bewusstsein womöglich nicht mit dem Tod endet. Zumindest aber wird deutlich, dass Bewusstsein im Bezug auf den Körper nicht lokalisierbar ist. Auch berichten die Patienten mit Nahtoderfahrungen von einem Tunnel, an dessen Ende ein warmes Licht leuchtet, das bereit war, sie liebevoll aufzunehmen. Das alles nehmen sie in großer Klarheit wahr und empfinden es als »wirklicher« als die gewöhnliche Realität, also keineswegs als defizitäre Halluzination »kurz bevor das Licht ausgeht«.

Matthias Eckoldt: Wie würden Sie von hier aus den Bogen zur Strukturphänomenologie schlagen?

Johannes Wagemann: Nahtoderfahrungen sind möglicherweise Situationen, in denen sich die mentale Aktivität des Menschen radikal vom Sinnesreiz beziehungsweise von der Leiblichkeit abwendet und zugleich in das umfassende Erleben von Sinnstrukturen eintritt. Spannend daran ist, dass das für eine Unabhängigkeit der Sinnstrukturen von der materiellen Welt spricht.

Matthias Eckoldt: Bislang waren wir vom Hirn als notwendiger Bedingung für Bewusstsein ausgegangen. Diese Notwendigkeit wäre jedoch mit Ihrer Art der Interpretation der Nahtoderfahrungen infrage gestellt.

Johannes Wagemann: Die Frage ist weniger, *ob* das Gehirn notwendig ist, sondern *wofür*. Ganz sicher ist es notwendig dafür, dass ich als Mensch bewusst in dieser Welt lebe. Aber die Frage, ob das, was mit diesem personalen Bewusstsein etabliert wird, zu Ende geht, wenn das Gehirn stirbt, würde ich nach den Untersuchungen von van Lommel nicht so rasch bejahen.

Matthias Eckoldt: Welche Konsequenzen zieht denn van Lommel selber aus seinen Forschungen?

Johannes Wagemann: Er geht davon aus, dass Bewusstsein ein globaler Zustand oder eine kosmische Qualität ist, aus der heraus ein einzelner Mensch aufgrund seiner körperlichen Gegebenheiten Signale empfangen kann – so wie der einzelne Radioapparat aus dem wellendurchdrungenen Raum. Auf diese Weise wird dann nach van Lommel menschliches Bewusstsein realisiert.

Matthias Eckoldt: Dazu passt Ihre Idee vom Bewusstsein als nicht physischem Organ recht gut.

Johannes Wagemann: Das stimmt, wobei man über die genaueren Modellierungen noch viel nachdenken muss. Aber die Möglichkeit in Betracht zu ziehen, dass der Mensch kein eindimensionales, sondern ein hybrides, ontologisch geschichtetes Wesen ist, finde ich plausibel. Das findet man übrigens nicht nur bei Steiner, sondern auch bei dem Philosophen Nicolai Hartmann in der ersten Hälfte des letzten Jahrhunderts. Der beschreibt das Sein als Geschichtetes: Anorganisches, Organisches, Seelisches und Geistiges. Bei ihm kann man sehr gut studieren, wie auf jeder Stufe bestimmte Eigenschaften der unteren Schicht in der nächsthöheren Schicht erhalten bleiben und zugleich etwas Neues hinzukommt.

Die Nahtstelle zwischen Materie und Bewusstsein

MATTHIAS ECKOLDT: Aber stellt sich nicht letztlich bei Ihrem Konzept des Bewusstseins als nicht körperliches, nicht räumliches Organ die alte Frage, an der Descartes schon gescheitert ist? Descartes ging ja von der denkenden und der ausgedehnten Substanz aus und musste daraufhin einen Ort und einen Mechanismus liefern, der für den augenscheinlichen Austausch zwischen den beiden Substanzen verantwortlich war. Descartes nahm nach anatomischen Studien letztlich an, dass die Zirbeldrüse diesen Austausch leisten sollte. Eine pure, durch nichts gedeckte Spekulation, wie sich rasch herausstellte. Wie verhalten Sie sich in dieser Frage?

JOHANNES WAGEMANN: Natürlich stellt sich die Frage, wie die Nahtstelle zwischen dem Räumlichen-Zeitlichen, also dem Materiellen, und dem Überräumlich-Überzeitlichen, dem Bewusstsein, beschaffen ist. Meine Antwort darauf ist weder spekulativ noch esoterisch oder religiös motiviert, sondern phänomenologisch greifbar und im Grunde sogar empirisch erforschbar. Ich brauche mir eigentlich nur den Unterschied zwischen meinem mentalen Hervorbringen und Zurückhalten genauer anzusehen. Ich kann mich ja zu jeder Sache aktiv produzierend oder passiv rezipierend verhalten. Ich kann diese Gesten unterscheiden und genau sagen, was ich dabei tue. Ich sitze gerade hier und unterhalte ich mich mit Ihnen. Wenn ich anfange, produktiv zu denken, ist dieser Denkakt zeitlich bestimmt und räumlich kontextualisiert. Aber wenn mein Denken erfolgreich ist, also wenn ich einen Gedanken produzieren kann, der für mich stimmig ist, dann gelange ich automatisch in eine überräumliche Sphäre. Denn alles, was ich sage, ist nicht durch die Tatsache bedingt, dass ich es jetzt und hier denke. Ich kann es genauso gut morgen oder nächste Woche denken, jeder andere Mensch kann es überall auf der Welt denken. Das zeigt die dynamische Durchdringung der verschiedenen Seinsebenen. Ebenen, die ich einerseits funktionell ganz klar unterscheiden kann, die aber andererseits existenziell durchdrungen sind. Insofern ist Bewusstsein etwas Prozesshaftes, ein Entwicklungsprozess, der hin und her pendelt zwischen den verschiedenen Schichten. Und aus dem sich verändernden Verhältnis der Schichten erwächst unsere eigene, biografische Geschichte. In philosophischer Hinsicht könnte man auch von einem graduellen und prozessualen Panpsychismus sprechen.

Entstehung des Bewusstseins

MATTHIAS ECKOLDT: Abschließend möchte ich Sie dann doch noch ins Feld der Spekulationen locken, indem ich Sie frage, wie Bewusstsein in die Welt gekommen sein könnte?

JOHANNES WAGEMANN: Man könnte materialistisch antworten und sagen: Alles ist aus dem Urknall entstanden. Durch Zufallsprozesse kam es dann zu verschiedenen Entwicklungen – unter anderem auch zu Bewusstsein. Diese Erklärung scheint mir sehr unbefriedigend, denn ich finde es unlogisch, dass mehr Struktur aus weniger Struktur entstehen soll, dass also Bewusstsein aus Nicht-Bewusstsein entstehen soll. Die Wahrscheinlichkeit dafür liegt rein rechnerisch bei praktisch null. Das geben auch Evolutionsbiologen zu, wenn man sie daraufhin befragt. Was ich vielmehr annehme, ist, dass unser heutiges Bewusstsein eine nicht ursprüngliche Erscheinungsform eines »kosmischen Bewusstseins« ist, das den Strukturreichtum der ganzen Welt immer schon in sich getragen hat, ohne dass er zunächst realisiert war. Ich denke, dass es eine Art Ursprungspotenzial gab, das im heutigen Sinne weder geistig, noch materiell war, vielmehr beide Möglichkeiten in sich vereinte und dass sich die verschiedenen Seinsschichten und Phänomenbereiche daraus abgeschieden haben. Der Urknall wäre dann die physische Seite dieses Geschehens. Und die Physiker geben ja auch zu, dass man das, was vor dem Urknall liegt, gar nicht beschreiben kann, weil erst mit dem Urknall Raum, Zeit und Naturgesetze entstehen. Es muss also einen Urzustand gegeben haben, in dem Geistiges und Materielles ununterscheidbar beisammen waren. Die Potenz der folgenden Entwicklungen aber muss hier bereits gegeben gewesen sein – bis hin zu einer menschlichen Organisation mit Gehirn und dem Nerven-Sinnes-Apparat. In gewisser Weise wird der Mensch dadurch dann wieder an den Anfang des Urknalls zurückkatapultiert. Er wird mit einer gewaltigen »Explosion«, den dekomponierenden Vorgängen in seinem Gehirn, aus dem Kontinuum der Natur herausgeworfen.

MATTHIAS ECKOLDT: Der Mensch wird durch die Entstehung des Bewusstseins herauskatapultiert aus den Reflex-Routinen und gattungsbedingten Programmen. Er wird durch den Einsatz seines Bewusstseins selbstwirksam. Heißt das nicht aber, dass sich damit ein neuer Prozess entfaltet oder »abscheidet«? In welcher Weise könnte die Entwicklung des Bewusstseins weitergehen?

JOHANNES WAGEMANN: Erst mal wird deutlich, dass wir in unserer Gesamtverfassung – mit Gehirn, eigener mentaler Aktivität und dem Zugang zu Sinnstrukturen – in der Lage sind, evolutionär so etwas wie Freiheit zu entwickeln. In jedem einzelnen Bewusstseinsakt stellt sich, wenn man sich das genau anschaut, die Ursituation wieder her, dass wir nämlich in einer nicht vorherbestimmten Wirklichkeit leben. Im Überwinden der Grenzen, die uns unser Gehirn und unsere Leibesorganisation allgemein setzen, bilden wir uns selbst. Unser Bewusstsein kommt mit jedem Akt mehr zu sich selbst und beantwortet dadurch die Frage: Was ist Bewusstsein? Die Frage taucht nur auf, weil der Bewusstseinsprozess selbst im Alltag schon unterbewusst abläuft. Insofern sehe ich die Aufgabe der Wissenschaft wie der Strukturphänomenologie darin, Handreichungen zur bewussten Beobachtung der Bewusstseinsakte zu liefern.

»Lasst uns aufgeschlossen bleiben und sehen, inwiefern die Wissenschaft eine fundamentale Theorie des Bewusstseins entwickeln kann!«

Christof Koch über die Fußspuren des Bewusstseins, die Vorgänge in einer Mühle und das Bewusstseinsmeter

Christof Koch, *geboren 1956 im amerikanischen Mittleren Westen, wuchs in Holland, Deutschland, Kanada und Marokko auf, wo er im Jahre 1974 am Lycée Descartes mit dem Baccalauréat abschloss. Er studierte Physik und Philosophie an der Universität Tübingen und promovierte 1982 in Biophysik am Max-Planck-Institut für Biologische Kybernetik. 1986 nahm er einen Ruf ans California Institute of Technology in Pasadena/Kalifornien an und etablierte dort ein Labor für neurobiologische Forschung.*
2011 wurde er Chief Scientific Officer und 2015 President des Allen Institute for Brain Science in Seattle. Von 1989 bis zu dessen Tod im Jahre 2004 arbeitete er mit Francis Crick an den neurobiologischen Grundlagen des Bewusstseins. Buch-Publikation zum Thema: Bewusstsein. Bekenntnisse eines Hirnforschers *(2013).*

Bewusste Wahrnehmung

Matthias Eckoldt: Wie und warum ist das Phänomen Bewusstsein für Sie interessant geworden?

Christof Koch: Bewusstsein ist das zentrale Phänomen eines jeglichen Weltbildes. Die bewusste Erfahrung kommt vor dem Wissen von einer Außenwelt, von Menschen, Hunden, Bäumen und Sternen. Phänomenologie kommt vor der Physik. Außerdem ist Bewusstsein auch das Einzige, wovon ich unmittelbar Kenntnis habe. Dieser Zugang gehört nur mir allein, er ist privat. Mein bewusster Zugang zur Welt ist einzigartig. Die Existenz meines Bewusstseins ist auch die einzig vollkommen sichere Tatsache, die mir zu schlussfolgern erlaubt, dass ich existiere, selbst dann noch, wenn ich mich über den Inhalt meiner Wahrnehmung täuschen sollte. Vielleicht sehe ich ja etwas, das in Wirklichkeit gar nicht da ist, so wie bei einer Illusion oder einer Halluzination, aber der Fakt, dass ich etwas sehe, erlaubt mir die Schlussfolgerung, dass ich existiere. Das besagt der berühmteste logische Schluss des modernen westlichen Denkens; René Descartes' »cogito ergo sum«.

Matthias Eckoldt: Welche persönlichen Erfahrungen waren in diesem Zusammenhang für Sie wichtig?

Christof Koch: Besonders deutlich wird einem bewusste Erfahrung, wenn man Schmerzen hat. Ich hatte glücklicherweise nicht viele schwere Schmerzen in meinem Leben – außer mehrere Male schlimme Zahnschmerzen. Da fragt man sich, warum das eigentlich wehtut. Letztlich sind doch nur bestimmte Neurone aktiv, das heißt, da werden verschiedene Ionen über die Membran hin- und hergeleitet, aber warum tut das weh? Wenn dagegen Ionen über die Membrane in den Zellen meiner Leber oder meiner Niere ausgetauscht werden, habe ich keine bewusste Wahrnehmung davon. Warum aber beim Zahn? Da kommt man an den Kern des Problems. Das hat Leibniz in seinem Beispiel mit der Mühle bereits wunderbar beschrieben. Vor 450 Jahren! Wenn man sich das Gehirn wie eine riesige Mühle vorstellt – heute würde man sagen wie einen Computer – und man läuft dann innerhalb dieser Mühle herum, dann sieht man nichts anderes als Mechanismen, die den Gesetzen der Mechanik und der (Bio-)Physik gehorchen. Da stellt sich die große Frage: Wie kommt die Erfahrung da hinein?

Matthias Eckoldt: Das wäre aus Ihrer Sicht auch das eigentliche Rätsel, wenn wir über das Bewusstsein reden?

Christof Koch: Genau dieser Umstand der individuellen Erfahrung, die in den Hirnprozessen erst einmal nicht zu sehen ist, macht die wissenschaftliche Erkundung des Bewusstseins besonders schwierig. Wenn Sie Astrophysiker sind und sich mit der wissenschaftlichen Analyse schwarzer Löcher beschäftigen, oder wenn Sie als Virologe das Zika-Virus untersuchen, oder Sie versuchen im CERN der Natur subatomarer Teilchen auf die Schliche zu kommen, dann können Sie all dies unter Zuhilfenahme von fundamentalen Eigenschaften wie Masse, Größe und Struktur tun. Das mag unglaublich kompliziert sein, aber es ist prinzipiell lösbar, denn diese Untersuchungsgegenstände haben keinen inneren Zustand.

Die Erste-Person-Perspektive

MATTHIAS ECKOLDT: Das heißt, es fühlt sich nicht irgendwie an, ein schwarzes Loch oder ein Virus oder ein subatomares Teilchen zu sein. Diese Objekte besitzen keine Erste-Person-Perspektive.

CHRISTOF KOCH: Genau! Das ist der immense Unterschied, wenn wir uns das Gehirn anschauen. Denn wir wissen, dass es sich irgendwie anfühlt, ein Gehirn zu haben. Diese Erste-Person-Perspektive macht die Untersuchung von Bewusstsein schwieriger als andere wissenschaftliche Problemstellungen.

MATTHIAS ECKOLDT: Insofern klafft bei der Erforschung des Bewusstseins eine Lücke zwischen der Erste-Person-Perspektive des Bewusstseins und der Dritte-Person-Perspektive der Wissenschaft.

CHRISTOF KOCH: Diese Erklärungslücke zu schließen, ist die besondere Herausforderung der wissenschaftlichen Annäherung an das Bewusstsein.

MATTHIAS ECKOLDT: Viele der Hirnforscher, mit denen ich in den letzten Jahren gesprochen habe, sagten mir offen oder hinter vorgehaltener Hand: Wenn es jemandem gelingen wird, die Erklärungslücke in Fragen des Bewusstseins zu schließen, dann Christof Koch. Insofern meine Frage: Wie weit sind Sie damit gekommen?

Neuronale Korrelate des Bewusstseins

CHRISTOF KOCH: Da sollten wir über zwei Dinge reden: Das eine ist die Konzeption, die ich mit Francis Crick zusammen erarbeitet habe. Da geht es um die neuronalen Korrelate des Bewusstseins. Das wären die Fußspuren des Bewusstseins im Gehirn – im menschlichen Gehirn, Affengehirn oder Mäusegehirn. Diese Korrelate kann man mithilfe von sogenannten Kontrast-Versuchen sichtbar machen. Dabei untersucht man einen Probanden im Ruhezustand, das heißt, er sitzt entspannt im Hirnscanner und macht nichts. Dann untersuche ich denselben Probanden, wenn er in völlig anderen Zuständen ist. Also beispielsweise im Tiefschlaf oder nach einem epileptischen Anfall, wo ich aus anderen klinischen Studien weiß, dass der Proband nicht bei Bewusstsein ist. Diese Methode erlaubt es – in erster Näherung –, die Gehirnareale zu isolieren, die aktiv sind, wenn der Proband bei Bewusstsein ist. Eine andere Methode würde so aussehen: Dem Probanden wird etwas gezeigt, sagen wir ein Gesicht. Ich arrangiere nun als Versuchsleiter, dass er die Hälfte der Zeit das Gesicht sieht, die andere Hälfte nicht.

Matthias Eckoldt: Wie geht das?

Christof Koch: Zum Beispiel, wenn für den Probanden das Foto des Gesichtes verdeckt oder unterbelichtet ist oder nur sehr kurz auf dem Monitor aufleuchtet, auf den die Person schaut. Dabei konzentriere ich mich wiederum auf die Unterschiede, die sich im Gehirn des Probanden zeigen: Welche Areale sind aktiv, wenn er das Gesicht nicht sieht, und welche, wenn er es bewusst sieht. In beiden Fällen ist das Bild, das die Augen aufnehmen, identisch. Eine bewusste Seherfahrung erfolgt aber nur in einem der beiden Fällen. Hiermit isoliere ich gezielt die Gehirnareale oder Gehirnzustände, die mit der bewussten visuellen Wahrnehmung korrelieren und letztendlich für diesen Prozess verantwortlich sind.

Matthias Eckoldt: Auf diese Weise müsste man eigentlich den Unterschied, der den Unterschied macht, herausbekommen. Welche Erklärungen haben Sie gefunden?

Christof Koch: Der Unterschied, der für Bewusstsein verantwortlich zeichnet, könnte etwas mit 40-Hertz-Schwingungen zu tun haben oder mit Synchronisation oder mit den sogenannten P300b-Gehirnwellen, die man mit dem EEG messen kann. Da gibt es verschiedene Hypothesen. Im Unterschied zu Untersuchungen am Menschen, kann ich bei Tierexperimenten zusätzlich noch intervenieren. Im Mäusegehirn gelingt es uns, präzise einzelne Gruppen von Neuronen ein- beziehungsweise auszuschalten, und wir können somit ganz spezifisch fragen, welche neuronalen Schaltkreise dafür verantwortlich sind, dass die Maus das eine wahrnimmt, das andere aber nicht. Auf diese Weise untersuchen wir – und viele andere Forschergruppen weltweit – die neuronalen Korrelate des Bewusstseins.

Matthias Eckoldt: Mal angenommen, man würde eines Tages über alle neuronalen Korrelate des Bewusstseins verfügen. Wäre damit dann lediglich eine Art Parallelisierung geschaffen, die es erlaubt zu sagen: Immer wenn ich Schmerz empfinde oder diesen Gedanken denke, bilden meine Neurone dieses spezifische Aktivitätsmuster? Oder könnten wir aus den neuronalen Korrelaten weitere Einsichten in die Natur des Bewusstseins gewinnen?

Christof Koch: Das wäre vor allem klinisch wichtig. Es gibt Tausende von Patienten, die sich in einem sogenannten Wachkoma befinden. Sie haben Schlaf- und Wachrhythmen, in denen ihre Augen geöffnet sind und sich mitunter unkoordiniert bewegen. Außerdem verziehen sie hin und wieder ihr Gesicht oder andere Muskeln und gähnen. Aber sie sind nicht wirklich bei Bewusstsein, d. h., sie reagieren nicht in gezielter Weise auf ihre Umwelt – etwa auf Fragen. Wenn man die neuronalen Korrelate des Bewusstseins kennen würde, könnte man messen, inwiefern dieser Patient diese Korrelate besitzt. Dann könnte man entscheiden, ob dieser Patient bewusste Zustände erlebt, ob es sich also auf irgendeine Weise anfühlt, dieser Patient zu sein. Hat er zumindest noch Schmerzerfahrungen oder ist überhaupt nichts mehr da, ist er also unbewusst? Man könnte auch die Frage stellen: Wann hat ein Mensch seine ersten bewussten Erfahrungen? Wenn man aus dem Geburtskanal kommt? Wenn man zum ersten Mal atmen muss und zum ersten Mal etwas sieht? Oder kommt die bewusste Erfahrung erst später? Oder gab es sie vielleicht auch schon früher, im fötalen Stadium? Das Gehirn beginnt sich im zweiten Schwangerschaftsmonat zu entwickeln. Hat der Fötus zu diesem Zeitpunkt schon bewusste Erfahrungen? Was wäre die Natur dieser bewussten Erfahrungen? Das wissen wir heute alles nicht. Man könnte auch untersuchen, welche Tiere Bewusstsein haben. Bei Menschen ist es klar. Bei Säugetieren – den Affen, Hunden und Mäusen – eigentlich auch aufgrund der großen Ähnlichkeit ihrer Gehirne und ihres Verhaltens zu unserem Gehirn und unserem Verhalten und ebenso angesichts unserer engen evolutionären Verbindungen. Es gibt nicht Singuläres beim menschlichen Gehirn, das es gegenüber den Gehirnen anderer Säugetiere auszeichnen würde. Auch nicht seine Größe, denn Wale oder Elefanten haben viel größere Gehirne. Wenn man ein Stück Hirnrinde in der Größe eines Reiskorns vom Menschen, vom Affen und der Maus miteinander vergleicht, dann kann nur der Experte mithilfe eines Mikroskops sagen, welches Stück Nervengewebe zu welcher Spezies gehört. Die grundlegende Hardware der Säugetiergehirne ist also sehr ähnlich.

Aber was ist mit Vögeln? Was ist mit sehr komplexen Organismen wie Tintenfischen die keinen Kortex besitzen? Was ist mit Bienen? Die haben ein enorm komplexes Gehirn mit einer Million Neurone. Ihr Verhalten ist relativ komplex, sie können beispielsweise bestimmte Menschen erkennen, und sie kommunizieren mithilfe einer primitiven Tanz-Sprache. Fühlt es sich also irgendwie an, eine Biene zu sein? Heute kann man darüber nur spekulieren, aber wenn wir die neuronalen Korrelate hätten, kämen wir in all diesen Fragen erheblich weiter.

Die Erklärungslücke

Matthias Eckoldt: Man würde dann über einen hervorragenden Indikator verfügen. Aber inwiefern würden die neuronalen Korrelate das Rätsel des Bewusstseins aufklären, inwiefern könnten sie helfen, die Erklärungslücke zu überspringen?

Christof Koch: Das meiste in der Wissenschaft sind ja letztlich Korrelate. In der Physik weiß ich auch nichts über die innere Natur der Elementarteilchen. Ich weiß nur, dass physikalische Vorgänge bestimmten Gesetzen folgen. Mithilfe dieser Gesetze sind wir in der Lage, diese Prozesse zu messen, vorherzusagen und zu manipulieren. Aber wir haben es auch da nicht mit den Dingen selbst, mit deren Innerstem zu tun, sondern mit der Beziehung zwischen physikalischen Größen, etwa den Massen von zwei Teilchen und deren Entfernung voneinander. Wir werden eventuell beim Untersuchungsgegenstand Bewusstsein auf der Suche nach Korrelaten an Grenzen stoßen; aber es gibt viele historische Beispiele in denen Philosophen argumentierten: »Wir werden es niemals wissen!« Dann ist die Wissenschaft vorangekommen und wir haben es schließlich doch erfahren. Also lasst uns keine Defätisten sein. Lasst uns aufgeschlossen bleiben und sehen, inwiefern die Wissenschaft eine fundamentale Theorie des Bewusstseins entwickeln kann.

Ich möchte zum Beispiel wissen, ob Systeme, die sehr anders sind als ich, auch Bewusstsein haben.

Matthias Eckoldt: Meinen Sie damit andere Tiere oder prinzipiell andere Systeme?

Christof Koch: Letzteres. Die Säugetiergehirne sind ja relativ nah verwandt. Das eine ist etwas größer als das andere, aber strukturell unterscheiden sie sich nicht sonderlich stark. Die besondere Herausforderung des 21. Jahrhunderts liegt in der Erforschung des Bewusstseinszustandes auf einem Gebiet, dessen Strukturen keinerlei Ähnlichkeiten mehr mit unseren Gehirnen aufweisen. Ich spreche hier vom Computer und der künstlichen Intelligenz.

Computer-Bewusstsein

Matthias Eckoldt: Damit setzen sich bislang vorrangig Science-Fiction-Szenarien auseinander.

Christof Koch: Ja, bis jetzt – zum Beispiel *Blade Runner* oder *Ex Machina*. Wir brauchen jedoch dringend eine Computer-Bewusstseins-Forschung. In den nächsten zwanzig bis dreißig Jahren werden wir enorme Entwicklungen auf dem Gebiet der künstlichen Intelligenz erleben: Maschinen, mit denen man sprechen kann und deren Kommunikationsverhalten man nicht mehr von unserem menschlichen unterscheiden kann. Da kann man sich zu Recht die Frage stellen, ob Apples Siri, Mircosofts Cortana oder Amazons Alexa in zwanzig Jahren Bewusstsein haben werden. Diese digitalen Assistenten werden zu sehr komplexen Äußerungen in der Lage sein und den Turing-Test spielend bestehen. Gibt es dann noch ein Argument, ihnen Bewusstsein abzusprechen, nur weil sie Software-Programme sind und ihre zugrunde liegende Hardware aus Silikon, Titanium und Glas besteht und nicht aus organischer Chemie und Zellen? Wie lässt sich eine solch bio-chauvinistische Position rational rechtfertigen? Für diese Fragen brauchen wir eine Theorie, die uns sagt, welche Systeme, sei es ein Nervensystem oder ein Mikroprozessor, in welchen Zuständen Bewusstsein haben. Das müsste eine Theorie sein, die letztlich erklären kann, wie das Bewusstsein in die Physik hineinkommt. Sie müsste prinzipiell sagen können: Dieses System ist bewusst, jenes nicht.

Matthias Eckoldt: Diese Theorie würde dann die objektive Messung eines Bewusstseinszustandes erlauben. Sehen Sie da erste Ansätze?

Die Integrated Information Theory (IIT)

Christof Koch: Allerdings. Der in den USA lebende italienische Psychiater und Neurowissenschaftler Giulio Tononi hat eine Theorie der

Integrierten Information des Bewusstseins (Integrated Information Theory – IIT) entwickelt. Die fängt interessanterweise weder mit Physik noch mit dem Gehirn an. Sie geht den umgekehrten Weg und beginnt mit der Phänomenologie. Sie sagt, dass jede bewusste Erfahrung fünf Bedingungen erfüllen muss. Diese fünf transzendentalen Eigenschaften einer jeden bewussten, subjektiven Erfahrung lauten: 1. Jede bewusste Erfahrung existiert für sich selbst. 2. Sie ist strukturiert durch verschiedene Aspekte. 3. Sie unterscheidet sich von einer immensen Anzahl anderer möglicher Erfahrungen – d. h., sie ist differenziert. 4. Jede Erfahrung ist einheitlich, d. h., keine Erfahrung kann auf unabhängige Komponenten reduziert werden. 5. Jede bewusste Erfahrung ist einzigartig. Im nächsten Schritt fragt man, welches physikalische System diese fünf axiomatischen Bedingungen erfüllt und wie man das messen könnte. Die Theorie liefert ein mathematisches Kalkül, das es ermöglicht, den Grad des Bewusstseins eines physikalischen Systems präzise zu berechnen. Dieser Bewusstseinszustand wird durch die Größe Phi ausgedrückt. Phi kann entweder null oder positiv sein, je nachdem, ob das System Bewusstsein hat (Phi ist positiv) oder nicht (Phi gleich null). Der Ansatz dieser Theorie besagt: Der Grad des Bewusstseins bemisst sich nach dem Grad der Selbstwirksamkeit, mit der ein System auf sich selbst kausal wirken kann. Man berechnet, wie stark sich solch ein Mechanismus in der Zukunft selbst bestimmen wird und wie er in der unmittelbaren Vergangenheit von sich selbst bestimmt wurde.

Matthias Eckoldt: Könnten Sie das an einem Beispiel erläutern?

Christof Koch: Nehmen wir ein Gehirn. Es ist durch den vorherigen Hirnzustand beeinflusst, und der jetzige Zustand kann wiederum den zukünftigen Zustand des Gehirns beeinflussen. Die Theorie postuliert, je mehr sich Vergangenheit, Gegenwart und Zukunft beeinflussen, umso mehr fühlt es sich wie ein bewusstes System an. Die Theorie kümmert sich nicht darum, ob das betrachtete System biologischer Natur ist oder ob es von Ingenieuren konstruiert wurde. Entscheidend ist nur, ob der gegenwärtige Zustand des Systems vom unmittelbar vorangegangenen Zustand kausal verursacht wurde und ob das System seinen zukünftigen Zustand kausal bestimmen kann. Genau das heißt es für die Theorie des IIT, bewusst zu sein: den eigenen Zustand kausal beeinflussen zu können, über Selbstwirksamkeit zu verfügen. Deswegen können viele physikalische Systeme bewusst sein. Erstaunlicherweise sind manche, von denen man denkt, sie wären bewusst, nicht bewusst und andere, von denen man denkt, sie müssten bewusst sein, sind nicht bewusst.

Matthias Eckoldt: Wenn dieses Phi als Maß des Bewusstseins, als Gradmesser für die Stärke des Bewusstseins, gelten könnte, dann wäre das eine graduelle Theorie. Mit deren Hilfe könnte man das Phi vom Menschen und seinem Smartphone messen und diese dann vergleichen.

Christof Koch: Im Prinzip ja. Aber lassen Sie uns erst einmal beim Menschen bleiben. Die Theorie liefert eine Möglichkeit, sowohl die Quantität als auch die Qualität des Bewusstseins zu erfassen. Die Qualität eines jeden bewussten Zustandes – ob das nun Rot ist oder die Erinnerung an meine Mutter – ist identisch mit einem Polytop, also einer geometrischen Anordnung von Punkten in einem extrem hochdimensionalen Zustandsraum. Die Quantität des Bewusstseins wird durch die Zahl Phi gemessen. Phi ändert sich im Zeitraum meiner Lebensspanne. Als Kind war sie recht klein, als Teenager steigt sie an, wenn ich selbstständig und mir meiner selbst bewusst lebe, neue Erfahrungen sammle, Leid und Lust erfahre, kann Phi sehr groß werden. Am Ende meines Lebens wird die Quantität wieder geringer, wenn Gedächtnisverlust, Hör- und Sehdefizite sowie andere physiologische Degenerationserscheinungen mein Bewusstsein trüben. Phi ändert sich aber nicht nur mit dem Lebensalter, sondern auch über den Tag. In der Nacht, etwa im Tiefschlaf, wird Phi sehr klein. Außerdem unterscheidet sich Phi auch von Mensch zu Mensch.

Matthias Eckoldt: Man muss sich das ganze also – in Analogie zum Voltmeter – wie ein Bewusstseinsmeter vorstellen.

Christof Koch: Genau. Zurzeit erproben Teams von Wissenschaftlern und Klinikern die Theorie mit einem Gerät an Patienten mit neurologischen Schädigungen wie dem Wachkoma oder dem Locked-in-Syndrom. Diese Patienten lassen keinerlei Regungen mehr erkennen. Aber wenn man ihr Phi misst, kann man sehen, ob sie dennoch über bewusste Erfahrungen verfügen und diese nur nicht äußern können oder ob tatsächlich niemand mehr zu Hause ist in diesem Körper.

Matthias Eckoldt: Das wäre dann vom Ergebnis her wie beim Intelligenztest, wo dann am Ende eine Zahl steht, die zeigt, in welchem Maß man bewusst ist?

Christof Koch: Im Prinzip ja, nur dass es nicht die Intelligenz, sondern den Grad der Bewusstheit misst. Aber man kann aufgrund des Ergebnisses den Bewusstseinszustand mit denen anderer vergleichen. Es gibt ja bislang kein diagnostisches Programm, das einem sagen kann, welchen Grad von Bewusstsein ein Patient hat. Nach einem schweren Unfall werden bei einem Patienten verschiedene neurologische Tests durchgeführt. Die Augenbewegungen werden untersucht, die Patienten werden gefragt, ob sie sehen und hören und ihre Gliedmaßen bewegen können und ob sie wissen, wer sie sind und wo sie sind. Wenn das alles nicht funktioniert, können Sie noch bildgebende Verfahren einsetzen. Doch die geben Ihnen dann auch nur sehr bedingt Aufschluss über den Bewusstseinszustand des Patienten. Die IIT gibt uns dagegen ein Tool, um den Bewusstseinszustand des Patienten exakt festzustellen.

Praktische Anwendung der IIT

Matthias Eckoldt: Wie sieht diese Prüfung praktisch aus?

Christof Koch: Stellen Sie sich vor, Sie wollen die Qualität einer Glocke prüfen. Was tun Sie? Sie schlagen mit einem Hammer dagegen. Dann hört man auf den Ton. Wenn es eine gute Glocke ist, gibt es einen wunderschönen Klang. Dasselbe machen wir mit der Hirnrinde, dem Kortex, der ja immer an Bewusstsein beteiligt ist. Unser Hammer ist in diesem Fall die transkraniale Magnetstimulation. Wir erzeugen mithilfe einer Magnetspule ein kurzes aber starkes Magnetfeld am Schädel. Das verursacht im darunter gelegenen Kortex eine neuronale Aktivität, die wir mithilfe von EEG-Elektroden am Kopf messen können. Es wird eine Welle neuronaler Erregung ausgelöst, die sich in der Hirnrinde fortpflanzt. Wenn der Proband bewusst ist, kann die elektrische Aktivität lange anhalten und viele verschiedene Regionen der Hirnrinde erfassen. Wenn sich der Proband im Tiefschlaf befindet, narkotisiert oder anderweitig bewusstlos ist, entfaltet sich die elektrische Aktivität im Kortex weniger komplex in Raum und Zeit. Dies kann man mit EEG-Elektroden registrieren und aus den Daten einen Index ermitteln, der mir sagt, wie hoch der Bewusstseinszustand des Hirns ist.

Matthias Eckoldt: Kann man diese Prüfung auch mit technischen Systemen, also im Besonderen bei Computern, auf geeignete Weise vornehmen?

CHRISTOF KOCH: Diese Technik, die wir *zip and zap* nennen, ist für den Kortex entwickelt und würde für andere Strukturen, wie die, die man bei Computern findet, nicht funktionieren. Aber die Integrated Information Theory (IIT) ist eine mathematische Theorie, die auf jedes physikalische System anwendbar ist. Wenn man sich digitale, programmierbare Computer anschaut, sagt die Theorie voraus, dass das Phi von einem solchen System eher gering ist. Ein Programm kann kausale Wirkung simulieren, aber das ist nicht dasselbe, wie kausale Wirksamkeit zu besitzen. Lassen Sie es mich an einem Beispiel erklären. Betrachten wir ein Computerprogramm, das die einsteinschen Feldgleichungen der Allgemeinen Relativitätstheorie simuliert und Masse in Relation zur Krümmung des Raumes setzt. Dieses Programm kann ein schwarzes Loch simulieren, das eine derart starke Gravitationswirkung auf seine Nachbarschaft ausübt, dass nicht einmal Licht von diesem erkalteten Stern entfliehen kann. Dennoch wird der Mikroprozessor, der dieses Programm rechnet, die Raum-Zeit um ihn herum nicht beeinflussen. Denn seine Masse ist winzig und die Kosmologin, die dieses Programm geschrieben hat, muss nicht befürchten, dass sie durch die extreme Anziehungskraft des schwarzen Lochs, das sie simuliert, in ihren Laptop gesaugt wird. Die Fähigkeit des schwarzen Lochs, die Raumkrümmung zu beeinflussen – also seine Wirksamkeit auf andere Dinge – kann man simulieren. Aber diese Simulation besitzt nicht die tatsächliche Wirkung des schwarzen Lochs.

Selbstwirksamkeit

MATTHIAS ECKOLDT: Ebenso wenig wie es in einem Computer nass wird, wenn man Regen mit einem Wetterprogramm simuliert.

CHRISTOF KOCH: So ist es. Was nun für die kausale Wirkung nach außen, für andere Systeme gilt, gilt ebenso für die nach innen – für die Selbstwirksamkeit. Daher kann menschliches Bewusstsein nicht durch einen Computer simuliert werden, weil ein programmierbarer Computer so gut wie keinerlei Selbstwirksamkeit hat und dementsprechend auch so gut wie nichts erleben würde. Selbst dann noch, wenn der Computer das menschliche Gehirn simuliert. Wenn wir in, sagen wir, einhundert Jahren alles vom menschlichen Gehirn wissen und das alles in einen Computer einspeisen, dann könnte dieses System aufwachen und sagen: Ich bin bewusst! Dann ist das aber alles nur Show. Denn dieses System, das die Abläufe im menschlichen Gehirn simuliert, fühlt sich eben nicht nach einem menschlichen Bewusstsein an.

Matthias Eckoldt: Die Frage von Thomas Nagel, die er 1974 in seinem Essay »Wie ist es, eine Fledermaus zu sein?« stellte, ist für Sie tatsächlich die entscheidende in der Erforschung des Bewusstseins? Wenn es sich für das System – ob nun biologisch oder technisch – nicht irgendwie anfühlt, dieses System zu sein, dann kann es nicht den Anspruch erheben, bewusst zu sein?

Christof Koch: Genau. Die Mathematik in dieser Theorie ist sehr kompliziert. Aber die Theorie bestimmt, im Prinzip, nicht nur die Quantität, sondern ebenso die Qualität des Bewusstseins. Die Theorie sagt voraus, dass Sie Bewusstsein nicht simulieren können, sondern nur erzeugen können durch Selbstwirksamkeit; d. h., man muss ein physikalisches System mit kausaler Wirksamkeit für sich selbst tatsächlich bauen. Wenn man das Verhalten dieses Systems simuliert, entsteht kein Bewusstsein. Wenn es also einen Computer mit Bewusstsein geben wird, muss es sich, ganz im Sinne von Thomas Nagel, tatsächlich irgendwie anfühlen, dieser Computer zu sein. Denken Sie an den Film »Her«. Da verliebt sich der Protagonist in seinen digitalen Assistenten, mit Namen Samantha, ein App(let) auf seinem Smartphone, das man sich als weiterentwickeltes iPhone vorstellen muss. Der Film spielt zu einem Zeitpunkt in der Zukunft, zu dem man nicht mehr unterscheiden kann, ob man mit einem iPhone oder einem Menschen spricht. Das iPhone weiß einfach alles über seinen Besitzer, weil es all seine Mails und Telefonate kennt. Es kann einen Menschen perfekt simulieren, mit allen seinen Fehlern und Macken. Es würde spielend den Turing-Test bestehen. IIT sagt nun aber, dass es trotzdem nur wenig Bewusstsein hat, weil seine kausale Selbstwirksamkeit minimal ist. Es fühlt sich kaum irgendwie an, dieses System zu sein.

Matthias Eckoldt: Es fehlt die phänomenale Komponente.

Christof Koch: So ist es! Wenn Sie menschliches Bewusstsein in eine Maschine implementieren wollen, dann müssen Sie so etwas bauen, was Karlheinz Meier in Heidelberg versucht. Sie brauchen neuromorphe Chips. Sie brauchen also eine Grundlage, die dieselbe Wirksamkeit auf sich selbst hat wie das menschliche Gehirn.

Matthias Eckoldt: Selbstwirksamkeit zeichnet das Bewusstsein aus. Mein Gehirn hat einen hohen Grad an Selbstwirksamkeit im Gegensatz etwa zu meiner Leber. Daher ist mein Gehirn, oder Teile meines Gehirns bewusst, was man von meiner Leber oder meiner Niere nicht sagen kann.

Christof Koch: Richtig! Und je intensiver diese Selbstwirksamkeit einem Organismus möglich ist, desto mehr fühlt es sich an, dieser Organismus zu sein.

Matthias Eckoldt: Da schließt sich für mich die Frage an, wie es möglich sein soll, dass aus materiellen Systemen wie neuronalen Verbänden oder neuromorphen Chips mentale Zustände entstehen könnten? Hat Ihre IIT-Theorie dafür eine Erklärung?

Christof Koch: Kommt darauf an, was Sie mit Erklärung meinen. Die Theorie beruht auf Phänomenologie. Sie sagt, dass wir in einem Universum leben, in dem Bewusstsein identisch ist mit kausaler Selbstwirkung. Das genau ist es, was Bewusstsein ausmacht! Die Theorie zielt auf eine Identität und sagt: Bewusstsein zeigt sich in der inneren Erfahrung eines Systems, das von der Selbstwirksamkeit ermöglicht wird. Dies trifft auf jedes physikalische System zu, das kausale Selbstwirkung besitzt – ganz egal, ob es natürlich oder künstlich ist.

Matthias Eckoldt: Aber unterscheidet sich nicht letztlich doch die bewusste, phänomenale Erfahrung von dem ihr zugrunde liegenden physischen System?

Christof Koch: Ich will es noch mal so versuchen: Wenn ich etwas Rotes sehe, ist nichts in meinem Gehirn rot. Aber Gruppen von Neuronen in meinem Gehirn sind es, die das Gefühl »rot sehen« erzeugen. Insofern haben Sie recht. Das Gefühl, die phänomenale Erfahrung, ist anders als die zugrunde liegende Mikrophysik. Das sind verschiedene Sachen, aber sie sind doch auf eine ganze enge Weise verbunden. Ob das dann letztlich ein Monismus oder ein Dualismus ist, sollen die Philosophen entscheiden. Entscheidend für die einzige Wirklichkeit, die ich kenne, ist kausale Selbstwirksamkeit.

Das Claustrum

Matthias Eckoldt: Gemeinsam mit Francis Crick waren Sie auch dem sogenannten Claustrum auf der Spur. Das ist eine kleine Hirnstruktur, die eine wichtige Rolle bei der Synchronisation von Wahrnehmungen spielen, also unmittelbar an der Bewusstseinsbildung beteiligt sein könnte.

Christof Koch: Das Claustrum gibt es, soweit bekannt, bei allen Säugern. Diese Struktur liegt unterhalb der Großhirnrinde und ist mit ihr stark verknüpft. Und zwar in zwei Richtungen. Das Claustrum projiziert massiv zur Großhirnrinde und bekommt Eingänge von allen Arealen der Großhirnrinde, und es verknüpft den hinteren mit dem vorderen Teil des Gehirns. Francis Crick und ich haben das Claustrum mit dem Dirigenten in einem Orchester verglichen, der Hunderte verschiedene Solisten synchronisiert, sodass eine Symphonie entsteht. Die Solisten wären die einzelnen Areale der Großhirnrinde und die Symphonie das Bewusstsein. Es gab vor Kurzem einen experimentellen Hinweis zu dieser These: Im Rahmen einer Epilepsie-Diagnostik hat man das Claustrum elektrisch gereizt. Daraufhin brach bei der Patientin sofort das Bewusstsein zusammen – und zwar so lange die elektrische Reizung anhielt.

Ich bin zurzeit Chef vom Allen Institute for Brain Science in Seattle. An diesem Institut experimentieren wir mit dieser Struktur bei der Maus. Wir können die gesamte Struktur des Claustrums nach Bedarf aus- und wieder einschalten. Wenn sich unsere These als experimentell tragbar erweist, dann könnten wir wiederum mit Klinikern ins Gespräch kommen und darüber nachdenken, wie man das auf den Menschen übertragen kann. Das ist jedoch ziemlich schwierig, weil man beim Menschen nur schwer an diese Struktur herankommt. Beim Menschen wissen wir sehr wenig über diese Struktur.

Matthias Eckoldt: Ich möchte noch einmal auf den entscheidenden Unterschied in der Bewusstseinsfrage zurückkommen. Gehen Sie in Ihrer Forschung davon aus, dass Bewusstsein ein fundamentaler, nicht reduzierbarer Aspekt der Wirklichkeit ist, oder erwächst Bewusstsein tatsächlich aus organisierter Materie?

Christof Koch: Ist das wirklich ein entscheidender Unterschied? Jedes Ding hat gewissermaßen zwei Dimensionen: eine äußere und eine innere. Die äußere umfasst das, was wir von außen über ein System wissen können; wie das System sich zu anderen Systemen verhält. Das ist das Gebiet der Physik, der Chemie und der Biologie. Hochintegrierte Systeme, d. h. solche mit kausaler Selbstwirksamkeit, haben noch diese zweite, innere Dimension, die nur aus der Erste-Person-Perspektive zu erfahren ist. In unserem Universum regiert die natürliche Auslese. Und Evolution hat hochintegrierte Informationssysteme hervorgebracht, die an ihre Umwelt besser angepasst sind solche, die weniger integriert sind und nur aus einzelnen, isolierten Subsystemen bestehen. Und die Ersteren, die mit hoher Integration, haben höhere kausale Selbstwirkung und damit mehr Bewusstsein als solche, die wenig integriert sind.

Matthias Eckoldt: Aber warum ist dem so? Warum ist Erfahrung identisch mit kausaler Selbstwirksamkeit?

Christof Koch: Ich weiß es nicht. So ist es einfach. Ebenso wenig weiß ein Quantenphysiker, warum wir in einem Universum leben, in dem quantenphysikalische Effekte wirken. Man kann sich ein Universum vorstellen, in dem keine quantenphysikalischen Prinzipien herrschen. Aber wir leben nicht in einem solchen. Und genauso verhält es sich auch mit dem Bewusstsein. Wir leben nun einmal in einem Universum, in dem kausale Selbstwirksamkeit – eine gewisse Form der Komplexität – identisch ist mit Bewusstsein. Wir sind in dieses Universum und dieses Bewusstsein hineingeboren worden.

Selbstbewusstsein

Matthias Eckoldt: Ist nicht die entscheidende Stufe des Bewusstseins das Selbstbewusstsein? In Versuchen mit Affen hat man ja herausgefunden, dass sich bestimmte Affenarten selbst im Spiegel erkennen. Das wäre ja ein experimenteller Nachweis für Selbstbewusstsein. Andere Tiere hingegen – Hunde oder Katzen oder Mäuse – besitzen kein Spiegelbewusstsein, das heißt, sie können sich auf diese Weise nicht selbst als sie selbst sehen.

Christof Koch: Genauer genommen, Hunde haben kein visuelles Selbstbewusstsein. Aber möglicherweise haben Hunde ein olfaktorisches Selbstbewusstsein. Das hat man bislang noch nicht getestet. Sicher ist es der entscheidende Unterschied zwischen uns und anderen Tieren, dass wir als Erwachsene – nicht als Baby oder Kleinkind, und nur bedingt als Teenager – ein hochgradiges Bewusstsein von uns selbst, von unseren Intentionen und unserem Handeln haben. Aber als ich neulich 12 Stunden lang im Flieger saß, drängte sich mir auf, dass wir den Grad unseres Selbstbewusstseins überschätzen.

Während ich diese geschützte Zeit – fern von Internet, Telefon und anderen Störungen – produktiv nutzte, um entweder nachzudenken oder zu arbeiten, schauten sich alle anderen Passagiere Videos an. Kaum sitzt man, wird der Bildschirm angeschaltet, und dann schaut man einen Film nach dem anderen. Die meisten Leute schätzen es überhaupt nicht, Betrachtungen über sich selbst und die Welt anzustellen. Im Gegenteil. Mir kommt es so vor, als wenn die meisten meiner Mitmenschen das sogar hassen und sich sehr gerne ablenken lassen – alles, nur kein Selbstbewusstsein. Insofern würde ich Ihnen da widersprechen. Selbstbewusstsein ist nicht die entscheidende Stufe des Bewusstseins, sondern nur ein Aspekt unter anderen, wie zum Beispiel Bewusstsein für Schmerzen oder Freude, für Musik und Bilder. Wir sollten das Selbstbewusstsein nicht überschätzen.

Das Ich

MATTHIAS ECKOLDT: Wenn man sich selbst beobachtet, drängt es sich ja auf, dass sich einem die Phänomene auf einer Art Bewusstseinsbühne darstellen. Wenn man dann aber ins Hirn hineinschaut, findet man dort weder ein Zentrum, noch eine Art Homunkulus, der sich alles anschaut, was da dargestellt wird. Daher meine Frage: Welches Konzept haben Sie von dem, was wir Ich nennen?

CHRISTOF KOCH: Ich hänge dem transzendentalen Idealismus nach Kant an. Ich habe keinen direkten Zugang zu den Dingen. Das einzige, was ich weiß, ist das, was in meinem Gehirn steckt. Das ist ein Produkt der Evolution und meiner eigenen Erfahrungen. Man kann das Repräsentation nennen. Die Welt spiegelt sich in diesen Repräsentationen wider. Die sind teilweise erheblich verzerrt. Wir wissen, dass wir vielen Illusionen unterliegen: Es gibt nicht nur visuelle Illusionen, sondern auch Illusionen in der Selbstwahrnehmung, beispielsweise, dass man besonders klug oder schön sei. Aber trotz dieser Illusionen zweifele ich nicht daran, dass außerhalb von mir eine Realität existiert. Diese Realität bildet sich nicht rein zufällig ab, sondern nach bestimmten Gesetzen in unseren Köpfen. Diese Gesetze bilden zugleich auch die Grenzen des Bewusstseins. Ich kann als Wissenschaftler diese Repräsentationen in meinem Geist testen und fragen, ob sie konsistent sind. Und so ergibt sich im Laufe der Zeit ein genaueres Bild von der Welt. Aber es ist immer nur ein Bild. Es ist indirekt.

MATTHIAS ECKOLDT: Und das Ich wäre dann für Sie die Integrationsinstanz dieser Art von Konstruktion?

CHRISTOF KOCH: Korrekt! Wir wissen auch, dass sich diese Instanz, dieses Ich, mit der Zeit entwickelt. Ein Baby hat noch sehr wenig Ich, ein Erwachsener dagegen sehr viel. Und dieses Konstrukt – dieses nützliche Konstrukt – des Ich kann unter bestimmten Bedingungen auch zerstört werden. Zum Beispiel wenn ich LSD oder andere Drogen nehme.

MATTHIAS ECKOLDT: Das Ich ist ein Konstrukt, das wir aber in der Regel nicht als ein Konstrukt sehen.

CHRISTOF KOCH: Damit kommen wir zurück zu der zentralen Tatsache des Lebens: Woher weiß ich überhaupt, dass ich existiere? Woher weiß ich, dass überhaupt irgendetwas existiert? Nur, weil ich etwas erfahre. Und sein Ich nimmt man nicht als Konstruktion wahr. Ich wache um drei Uhr in der Nacht mit Jetlag irgendwo, in einem dunklen Hotelzimmer, auf. Ich weiß nicht, wo ich bin, was ich hier tue oder auch wer ich bin – aber ich weiß bereits, dass ich bin. Und diese Erfahrung war ein paar Sekunden bevor ich aus dem Tiefschlaf erwachte, einfach nicht da …

MATTHIAS ECKOLDT: Es gibt also nur dieses eine Bewusstsein. Aber umso merkwürdiger ist es ja, dass es im Hirn keinen Ort gibt, an dem alle Fäden zusammenlaufen und dem man dann mit Recht die Bezeichnung Bewusstsein geben könnte. Die dezentrale Organisation des Hirns schließt das aus. Aber wie kommt denn dann die Einheit des Bewusstseins zustande? Warum kann ich in jeder Sekunde meines Lebens sagen, dass ich es bin, der mein Leben lebt und meine Erfahrungen macht?

CHRISTOF KOCH: Das können Sie doch gar nicht. Im Traumschlaf beispielsweise haben Sie alle möglichen Erfahrung, ohne dass Sie wissen, dass Sie Sie sind. Sie sind nicht sonderlich erstaunt, wenn Sie fliegen können oder durch eine Mauer gehen können oder jemandem scheinbar leibhaftig begegnen, der längst verstorben ist. Ich klettere leidenschaftlich gerne. Und wenn es an einer solchen Felswand sehr spannend wird, dann habe ich nur noch sehr wenig Bewusstsein meiner selbst. Dann konzentriert sich mein Bewusstsein völlig auf die Granitwand vor mir, auf meine Hände und Füße und die letzte Sicherung.

Trotzdem ist jede dieser Erfahrungen einheitlich, holistisch, integriert. Ich sehe und höre und fühle – egal ob im Traum, beim Klettern oder im Alltag – nur eine Welt. Die Einheit dieser bewussten Welt folgt aus der kausalen Selbstwirksamkeit. Auf der Ebene der Gehirnverschaltungen wird diese Einheit durch eine ganze Reihe von anatomischen und physiologischen Mechanismen vermittelt.

Die Funktion des Bewusstseins

Matthias Eckoldt: Kann man trotzdem die Frage wagen, was die Funktion von Bewusstsein sein könnte?

Christof Koch: Diese Frage kann man nicht nur wagen, sondern man muss sie stellen! Es gibt da einige lehrreiche Versuche zu diesem Thema, in denen meine Studenten und ich die Evolution von kleinen Fahrzeugen mit einem minimalen Nervensystem über Tausende von Generationen simuliert haben. Die haben Augen, Räder, ein primitives Nervensystem und ein Genom, das ihr Gehirn codiert. Tausende von diesen einfachen Nervensystemen wurden simuliert und in ein Labyrinth geschickt. Die meisten dieser Fahrzeuge haben sich erst einmal gar nicht bewegt oder nur ein Rad gedreht oder sind im Kreis gefahren. Von dieser Population von tausend Fahrzeugen nimmt man nun jene hundert, die mit zufälligen Bewegungen am weitesten in das Labyrinth vorgestoßen sind, kopiert deren Genom, mutiert es und erzeugt hundert Nachkommen. Diese schickt man wieder in das Labyrinth. Die meisten machen wieder nichts, aber es wird wieder ein paar geben, die etwas weiter in das Labyrinth vordringen. Daraufhin nimmt man wieder die hundert Besten, mutiert wiederum deren Genom und erzeugt weitere hundert Nachkommen. So verfährt man wieder und wieder. 100 000 Generationen lang. Am Ende dieses evolutionären Prozesses bekommt man Fahrzeuge, die rasend schnell durch das Labyrinth fahren. Da ihr Nervensystem simpel ist, kann man ihr Phi, ihre kausale Selbstwirksamkeit, per IIT berechnen und sehen, wie es sich im Laufe der Evolution verändert. An dieser Computersimulation kann man sehr schön sehen: Je höher der Anpassungsgrad der Fahrzeuge an ihre Umwelt ist, umso mehr integrierte Information haben sie.

Matthias Eckoldt: Könnte man auch sagen, umso mehr Bewusstsein haben sie?

Christof Koch: Sehr wohl. Die Simulation zeigt, dass sich Bewusstsein nicht von selbst, spontan, sondern in enger Verbindung mit Verhalten entwickelt. Insofern würde ich die Funktion des Bewusstseins darin sehen, immer mehr Optionen für die Verhaltenskoordination zu gewinnen.

Matthias Eckoldt: Sie haben Ihr Leben lang das Phänomen des Bewusstseins erforscht. Inwiefern ist denn für Sie heute Bewusstsein nach wie vor rätselhaft?

Christof Koch: Wir haben jetzt mit der IIT eine wunderbare quantitative Theorie die eine enorme Menge von Tatsachen erklärt. Diese Theorie muss, wie jede andere Theorie, getestet werden. Selbst wenn sich diese Theorie als falsch herausstellen sollte, müssen wir nicht noch einmal von vorn anfangen, da wir selbst aus dem Scheitern vieles lernen könnten. Wenn die Integrated Information Theory recht hat, dann bleibt immer noch folgendes Mysterium: Warum leben wir in einem Universum, das nicht nur Leben produziert hat – das allein wäre schon rätselhaft genug –, sondern auch zum Bewusstsein und Subjektivität? Ist das Zufall? Oder Anzeichen einer höheren Ordnung? Ich wache jeden Morgen auf und staune darüber, dass ich bewusst bin.

Aus dem Amerikanischen übersetzt von Julia Eckoldt

»Jedes Bewusstsein, das nach dem Bewusstsein fragt, ist an seine eigene kulturgeschichtliche Grammatik gebunden«

Natalie Knapp über integrales Bewusstsein, das Denken in Analogien und die Traurigkeit eines Hundes

Natalie Knapp, *geboren 1970, studierte Philosophie, Literaturwissenschaften, Religionsphilosophie und Religionsgeschichte. Sie promovierte in Freiburg im Breisgau über Heidegger, Derrida und Rilke. Von 2001 bis 2013 arbeitete sie als Kulturredakteurin beim SWR. Seither lebt sie als freie Autorin und philosophische Beraterin in Berlin. Sie ist Gründungsmitglied des Berufsverbands für philosophische Praxis, Mitglied verschiedener Expertengremien, hält Vorträge, leitet Seminare und Akademien.*
Letzte Publikation zum Thema: Der unendliche Augenblick. Warum Zeiten der Unsicherheit so wertvoll sind *(2015).*

Wahrnehmung und Bewusstsein

Matthias Eckoldt: Wie und warum ist das Thema Bewusstsein in den Fokus Ihrer Überlegungen gelangt?

Natalie Knapp: Erstaunlicherweise habe ich mich lange Zeit gar nicht gefragt, was Bewusstsein eigentlich ausmacht. Ich bin einfach davon ausgegangen, dass es Bewusstsein gibt, und habe den Begriff selbst eher naiv verwendet. Im Laufe meiner Auseinandersetzung mit der Philosophiegeschichte tauchte dann natürlich zuerst einmal die Frage auf, wie wir denken. Woher weiß ich, was ich weiß? Was macht das Denken aus? Wenn ich heute Workshops halte, dann frage ich die Teilnehmer sehr gern, wann sie am heutigen Tage angefangen haben zu denken. Das ist eine schöne Eröffnungsfrage, weil sich rasch herausstellt, dass die meisten Menschen kein Bewusstsein für ihr Denken haben. Sie wissen auch nicht, was Wahrnehmung von Denken unterscheidet, inwiefern Sprache notwendig ist, um zu denken, oder wann der Traum ins Tagesbewusstsein übergeht. Ich bemerke immer wieder, dass all diese Dinge im Grunde ungeklärt sind. Das ist für mich ein starker Anreiz, darüber nachzudenken.

Matthias Eckoldt: Wie gehen Sie dabei vor?

Natalie Knapp: Ausgangspunkt ist für mich immer die Beobachtung der eigenen Weltwahrnehmung. Ich versuche, Strukturen in meiner Wahrnehmung zu erkennen. Das ist ja ein fließender Übergang zum Bewusstsein. Ich würde mittlerweile von dem Moment an von Bewusstsein sprechen, in dem ich meine eigenen Wahrnehmungen so weit geordnet habe, dass ich einen Wahrnehmungsinhalt erfasse. Etwa »Mir ist kalt« oder »Ich bin wach«. Deswegen weiß ich aber noch lange nicht, wie ich das mache. Woher weiß ich, dass die schlotternde und bibbernde Empfindung, die ich gerade habe, »kalt« bedeutet? Der Begriff »kalt« ordnet meine Körperempfindungen so, dass sie eine Bedeutung bekommen. Bewusstsein ist auf Ordnung angewiesen. Gleichzeitig muss man beachten, dass Bewusstsein durch soziale Kontakte und die Auseinandersetzung mit der Umwelt entsteht. Jedes Bewusstsein, das nach dem Bewusstsein fragt, ist an seine eigene kulturgeschichtliche Grammatik gebunden. Deshalb ist die Idee mit den neuronalen Netzwerken ja auch erst in den 1990er-Jahren mit der Ausbreitung des Internets aufgekommen. Das bedeutet aber, dass sich der Bewusstseinsbegriff mit dem Wandel der Kultur verändert. Auch mein eigener Begriff von Bewusstsein ändert sich, weil ich mir im Laufe meines Lebens auf immer neue Weise Welt aneigne. Den Prozess der Bewusstseinsbildung selbst begreife ich jedoch nicht. Da kann ich nur Hypothesen aufstellen.

Vorbedingungen des Denkens

Matthias Eckoldt: ... so wie es in der Philosophiegeschichte ja auch gang und gäbe war. Welche Hypothesen sind für Sie da aussagekräftig? Bei welchen Denkern wird klar, dass Bewusstsein ein besonderer Gegenstand des Nachdenkens ist?

Natalie Knapp: Letztlich haben alle Philosophen in je eigener Weise darüber nachgedacht – von der Antike an. Ein sehr eigenes Programm hat Immanuel Kant entwickelt, indem er uns erhellt hat, dass die Dinge nicht einfach so gegeben sind, sondern wir sie durch bestimmte, in uns angelegte Strukturen mit hervorbringen. Etwa die besondere Vorliebe in Ursache-Wirkungs-Verhältnissen zu denken. Wenn sich etwas ereignet, suchen wir sofort nach der dazugehörigen Ursache und sind auch eher bereit, irgendeinen Blödsinn als Ursache zu akzeptieren, als die Ursache nicht zu kennen. Kants Erkenntnis, dass unser Denken von Voreinstellungen geprägt wird, ist für mich ein interessanter Punkt, weil sie ebenso verstörend wie kulturell folgenreich war. Und da stellt sich mir natürlich die Frage, wie es zu solchen Einsichten kommt, die einen Bruch oder Sprung in der Geistesgeschichte nach sich ziehen? Kants Einsicht, auf der dann der gesamte Idealismus fußt, war ja nicht von langer Hand vorbereitet, die lag nicht in der Luft. Obwohl wir als Weltmeister im Erfinden von Ursache-Wirkungs-Ketten natürlich rückwirkend immer so tun können, als gäbe es unumstößliche historische Kausalketten. Als hätte es notwendigerweise so kommen müssen. Aber wenn wir davon mal Abstand nehmen, gibt es da ein Überraschungsmoment. Dann stellt sich die spannende Frage: Wo kommt diese Einsicht her? Wie kommt es zu den Brüchen im Kontinuum? Wie kommen überhaupt neue Ideen in die Welt?

Matthias Eckoldt: Kant sagt ja, dass wir keinen unmittelbaren Zugang zum Ding an sich haben, sondern immer eine bestimmte Form der Verarbeitung von Wahrnehmung brauchen, damit Dinge überhaupt in unser Bewusstsein aufsteigen.

Natalie Knapp: Ich hätte an dieser Stelle mehrere Fragen. Ist das wirklich bei allen Kulturen gleich, oder reden wir hier nur vom abendländischen Mitteleuropäer? Auch den Begriff des Dings an sich würde ich nicht unhinterfragt verwenden. Das ist ja auch nur eine Hypothese, dass es irgendwo ein Ding an sich gibt, das zu erkennen sich lohnt. Woher weiß denn Kant, dass es ein Ding an sich gibt, wenn wir es nicht erkennen können? Trotzdem findet sich bei Kant etwas ganz Eigenes, so wie auch in der einsteinschen Relativitätstheorie. Etwas, das vorher in dieser Weise nicht auftaucht. Da findet gewissermaßen ein Sprung in eine neue Dimension von Erkenntnis statt.

Emergenz

Matthias Eckoldt: Durch einen solchen Sprung muss ja auch eines Tages das Bewusstsein als solches entstanden sein. Denn offensichtlich ist mit dem menschlichen Bewusstsein etwas ganz Neues in die Welt gekommen, das es in dieser Weise im gesamten Tierreich nicht gibt. Können Sie in diesem Zusammenhang mit dem Begriff der Emergenz etwas anfangen, also dem Umstand, dass sich Strukturen mit neuen Eigenschaften aus Elementen bilden können, obwohl keines dieser Elemente diese Eigenschaften besitzt? So, wie Aminosäuren an sich nicht lebendig sind, aber in einer bestimmten Organisation dann lebendige Strukturen bilden.

Natalie Knapp: Natürlich. Emergenz ist ein Erklärungsmodell, das sehr viele Fragen beantwortet. Es beschreibt die Entstehung des Lebens als Beziehungsereignis. Ab einer bestimmten Komplexität der Beziehungen zwischen Aminosäuren entsteht Leben. Allerdings ist Emergenz auch ein sehr schwammiger Begriff, weil er ja nicht exakt beschreibt, welche Voraussetzungen gegeben sein müssen, damit sich vorhandene Einzelteile so miteinander in Beziehung setzen, dass neue Fähigkeiten wie Leben oder Bewusstsein entstehen. Es geschieht einfach wie von Zauberhand, der Prozess bleibt im Dunkeln. Das ist ja häufig so, dass Begriffe umso mehr erklären, je schwammiger sie sind. Ich würde mittlerweile sogar so weit gehen zu sagen, dass auch der Begriff Bewusstsein letztlich ein Erklärungsmodell ist, das wir brauchen, um uns überhaupt entwickeln zu können. Ich glaube, dass diese Begriffe, von denen wir uns sehr wünschen, dass sie endgültig ausdefiniert wären, eigentlich eine gewisse Elastizität benötigen, um Entwicklung zu ermöglichen. Diese Begriffe tragen ein kreatives Moment in sich und kommen niemals an ihr Ende, weil sie uns immer durch die Rückspiegelung dessen, was wir als Bewusstsein definieren, eine Möglichkeit geben, neue Aspekte zu entdecken. Insofern würde ich es gar nicht für erstrebenswert halten, einen Begriff wie Bewusstsein endgültig zu definieren.

Matthias Eckoldt: Lassen Sie uns doch noch einen Moment beim Begriff der Emergenz bleiben. Manche sagen auch Quantensprung dazu, obwohl dieser Begriff gerade keine große Änderung meint, sondern die kleinstmögliche Zustandsänderung in der Physik. Was interessiert Sie an diesen Übergängen, an diesen Brüchen im Kontinuum? Der französische Philosoph Michel Foucault hat ja ebenfalls über Umbrüche nachgedacht und beschreibt die Entstehung neuer gesellschaftlicher Entwicklungen immer als Reaktion auf einen Notstand.

Natalie Knapp: Das würde ich auch so sehen. Das erfährt man ja auch in persönlichen Krisen, die entstehen, weil alle Bewältigungsmuster, die man bislang erfolgreich erprobt hatte, plötzlich nicht mehr anwendbar sind. Die alten Muster erzeugen nicht mehr die Ordnung, die ich brauche, um mein Leben führen zu können. Ich habe dann keine andere Wahl, als neue Muster zu finden, weil ich mit der gegenwärtigen Situation nicht mehr zurechtkomme. Sei es, dass Todesfälle um mich herum eingetreten sind, dass ich eine geliebte Arbeit verloren habe oder auch, dass ich in die Pubertät komme.

Arten der Weltwahrnehmung

Matthias Eckoldt: Wenn man das nun – rein hypothetisch – auf die Entstehung von Bewusstsein anwendet, dann fällt auf, dass der Mensch als Tier eigentlich erst einmal sehr wenige besondere Fähigkeiten hat, die ihn befähigen würden, in der Natur zu überleben. Er hat weder Giftzähne, noch martialische Krallen, er ist weder sonderlich schnell noch besonders kräftig, noch kann er fliegen oder hat andere Fähigkeiten, die ihn für die Besetzung spezieller Nischen prädestinieren würden. Könnte das vielleicht die Not gewesen sein, aus der heraus sich so etwas wie Bewusstsein gebildet hat?

Natalie Knapp: Ganz sicher. Beim Menschen ist ja auch die Anzahl instinkthafter Muster, die genetisch vorgegeben sind, im Vergleich zu anderen Tierarten eher gering. Dadurch irrt er auch sehr lange recht hilflos in der Welt umher.

Matthias Eckoldt: Man bezeichnet den Menschen auch als physiologische Frühgeburt, weil er ein Jahr zu früh auf die Welt kommt. Das geht wohl aber nicht anders, weil andernfalls sein Kopf bereits zu groß für den Geburtskanal wäre.

Natalie Knapp: Na ja, da würde ich sagen, dass der Mensch nicht ein, sondern eher dreißig Jahre zu früh auf die Welt kommt. (Lacht) Das stimmt natürlich nicht, weil in der Kindheit eine ganz eigene Art der

Weltwahrnehmung und -verarbeitung entsteht, die nicht nur wichtig für die spätere Entwicklung ist, wir brauchen sie auch als Ergänzung und Vervollständigung der Erwachsenensicht. Da stelle ich mir auch oft die Frage, ob es von der Seite der Erwachsenen nicht sehr überheblich ist, ihre eigene Art der Weltwahrnehmung als näher an der Wahrheit liegend anzusehen. Ich habe neulich auf einem Kongress mit einer Kollegin gesprochen, die mit kleinen Kindern philosophiert. Sie erkennt den Moment, in dem sie ihre Weltwahrnehmung über die der Kinder gestellt hat, daran, dass die Kinder sich ab einem bestimmten Punkt nicht mehr auf Argumentationen einlassen, sondern einfach sagen: In meiner Welt ist das aber so! Beispielsweise hat sie die Kinder gefragt, ob Maschinen Gefühle haben. Dabei stellte sich rasch heraus, dass die Fünfjährigen die Frage überhaupt nicht verstanden hatten, weil es für sie glasklar war, dass Maschinen Gefühle haben – genauso wie Teddybären und andere Kuscheltiere auch – und sie gar nicht wussten, wie man das überhaupt in Zweifel ziehen konnte. Wenn man die Kinder nach der Evidenz für ihre Annahme fragt, dass alle Dinge, die sie umgeben, Gefühle haben, bleiben sie ganz in ihrer Welt und erzählen einem sogar, mit welchen Worten der Teddybär oder das Spielzeugauto ihre Gefühle zum Ausdruck bringen. Es scheint also in diesem Alter eine Art der Weltwahrnehmung gegeben zu sein, bei der die Trennung zwischen Belebtem und Unbelebtem nicht relevant ist. Deshalb sagt das Kind dann mit gutem Recht: In meiner Welt ist das so! Das sollte man auch so stehen lassen und nicht abwerten. Es gibt verschiedene Bewusstseinszustände in der Kindheit und im Erwachsenenalter. Allerdings ist keiner von beiden wichtiger oder richtiger. Es werden lediglich andere Aspekte der Welt sichtbar. Man sollte da einen Sinn für die Differenzierungsfähigkeit innerhalb der Bewusstseinsbildung entwickeln.

Denken in Analogien

Matthias Eckoldt: Ist Ihr Nachdenken über Kausalität auch in diesem Zusammenhang zu sehen? Sie haben ja aufgezeigt, dass Kausalität, auch wenn sie in der technifizierten Welt eine eigene Evidenz zu besitzen scheint, nur ein Ordnungsmuster des Denkens unter anderen ist. Man kann auch in Analogien denken und bekommt damit andere Phänomene in den Blick.

Natalie Knapp: Das Denken in Analogien beispielsweise hat überhaupt nichts mit Esoterik zu tun, sondern Sie finden es sogar in der gesamten Geschichte der Hirnforschung. Bestimmt 90 Prozent der Erkenntnisse sind durch Analogien entstanden und nicht durch kausale Schlüsse. Von Descartes, der das Hirn nach dem Vorbild einer Orgel beschrieben hat, über du Bois-Reymond, für den das Hirn wie ein Telegrafenamt funktionierte, bis in unsere Tage, wo das Hirn wie das Internet arbeiten soll, wurden immer Analogien gebraucht. Sobald wir etwas Beeindruckenderes erschaffen haben als das Internet, wird uns das als Analogie für das Bewusstsein oder das Gehirn dienen. Dabei kann man natürlich auch in völlig abwegige Richtungen gehen, aber davor ist man beim kausalen Denken ebenfalls nicht gefeit. Offensichtlich ist das Analogische aber kreativer und letztlich auch wirkmächtiger als der Versuch, aus gemessenen Daten rein logische Ableitungen zu tätigen.

Matthias Eckoldt: Letzteres wäre allerdings das Ideal der Naturwissenschaften, das aber in der konkreten Arbeit nicht annähernd erreicht wird. Darauf haben die Wissenschaftsphilosophen Sir Karl Popper und Thomas Kuhn hingewiesen. Man kann gar nicht rein empirisch vorgehen und Daten sammeln, um aus ihnen hernach Theorien aufzubauen, weil man immer schon einen Begriff von der Sache, die man erforschen will, haben muss. Kuhn nennt das dann Paradigmen, die teilweise so beharrlich sind, dass sie sogar wider besseres Wissen – also trotz logisch erwiesener Falschheit – bestehen bleiben und das Bewusstsein der Wissenschaftslandschaft bestimmen.

Sprache und Bewusstsein

Natalie Knapp: Das trifft natürlich in besonderem Maße auf das Bewusstsein zu. Ich glaube, dass man allein deshalb mit den kausallogischen Schlüssen Probleme bekommt, weil wir es besonders beim Bewusstsein mit einem sehr elastischen Begriff zu tun haben, der sich in seiner weiteren Ausdeutung auf uns selbst auswirkt. Nehmen wir die Frage, wie man eine Sprache erlernt. Diese Leistung rechnen wir eindeutig den Bewusstseinsfähigkeiten zu. Dann kann man das Gehirn untersuchen und schauen, welche Prozesse ablaufen, während man eine Sprache erlernt. Selbst wenn man all jene Prozesse kennen würde, könnte dieses Wissen allein noch niemandem helfen, eine

Sprache zu erlernen. Denn für das Erlernen braucht man jemanden, der die Sprache spricht und mit dem der, der die Sprache lernt, interagiert. Das heißt, die physischen Voraussetzungen können nur dann greifen, wenn zugleich soziale Voraussetzungen gegeben sind. Wenn ein Kind schließlich eine Sprache erlernt hat, prägt diese Sprache die Wahrnehmung. Dinge, für die es Begriffe gibt, sind leichter wahrnehmbar als jene, für die es keine Begriffe gibt. Diesen Prozess sieht man auch in der Geschichte der Naturwissenschaften, denn es ist nicht möglich, einen Versuch aufzubauen, wenn man nicht schon einen Begriff davon hat, was man messen möchte. Insofern verfügt man als Mensch auf keiner Ebene über eine Unabhängigkeit von Vorbedingungen. Die Fähigkeit, Bewusstsein auszubilden, also etwa mich als mich selbst zu erkennen, ist bereits durch soziale Interaktion entstanden. Ich bin niemals als ein voraussetzungsloses Wesen unterwegs und komme niemals an diesen Punkt, den ich bräuchte, um mir aus der reinen Faktenlage heraus etwas zu erschließen.

Definition von Bewusstsein

Matthias Eckoldt: Wie klärungsbedürftig ist für Sie eigentlich die Frage danach, was Bewusstsein ist? Eigentlich weiß man ja in dem Moment, in dem man es hat, alles Notwendige darüber.

Natalie Knapp: Ich halte diese Frage für sehr klärungsbedürftig, weil ich glaube, dass es genau der Prozess der Klärung ist, um den es geht.

Matthias Eckoldt: Unabhängig vom Ausgang des Prozesses ...

Natalie Knapp: Unabhängig vom Ausgang! Heutzutage besteht der Klärungsprozess aus der Interaktion der verschiedenen Wissenschaftsdisziplinen. Der ermöglicht eine neue Art von Verstehen, die weitaus wichtiger ist als eine letztgültige Definition des Begriffs Bewusstsein. Es kommt nicht auf das Ergebnis an, sondern darauf, dass sich in dem Prozess der Klärung eine komplexere Art ausbildet, Bewusstsein und zugleich den Menschen zu verstehen.

Matthias Eckoldt: Dann würde ich Sie an dieser Stelle gern fragen, wie Ihre derzeitige Definition von Bewusstsein ausschaut?

Natalie Knapp: Der Philosoph Marcus Steinweg hat eine wunderbare Definition der Realität entwickelt, die man auch auf das Bewusstsein übertragen könnte. Er sagt: Realität ist ein Konsistenzversprechen, das gebrochen wird. Ich denke, dieser Bruch gehört auch zum Begriff des Bewusstseins. Aber wenn man unbedingt einen konsistenten Begriff entwickeln will, sollte man mindestens drei unterschiedliche Ebenen betrachten, um zu einigermaßen vernünftigen Ergebnissen zu kommen: das biologische Fundament, die individualgeschichtliche Entwicklung und die kulturgeschichtliche Ebene. Bislang können wir uns ja noch nicht einmal darauf einigen, worüber wir eigentlich sprechen, wenn wir den Begriff verwenden. Für den Arzt bedeutet »bei Bewusstsein« einfach, wach oder ansprechbar zu sein. Ein Theologe verknüpft mit dem Begriff zuweilen sogar die spirituelle Dimension des Menschseins. Soweit ist die Spannbreite. Eine angemessene Definition sollte eine Vielfalt dieser Facetten berücksichtigen und zugleich in großer Bescheidenheit ihre eigene Vorläufigkeit anerkennen. Denn jede gute Theorie über das Bewusstsein beeinflusst das Bewusstsein. Ohne diese Entwicklungsdimension wird man dem Phänomen nicht gerecht.

Rückkopplungsphänomene

Matthias Eckoldt: Es gibt ja in der Menschheitsgeschichte Beispiele dafür, dass sich Kulturen gegen einen Entwicklungsprozess im Verständnis von sich selbst entschieden haben. So weigerten sich die Wikinger beispielsweise hartnäckig, auf Fleisch zu verzichten, und unterschrieben damit ihr eigenes Todesurteil, während die Inuit auf den grundlegenden Wechsel der Ernährungsgrundlagen mit einer Umstellung ihres Speiseplans hin zu Fisch reagierten und überlebten. Darin lässt sich meines Erachtens eine Bewusstseinsleistung erkennen, dass man sich in der Krise bereit zeigt, auch grundlegende Muster zu ändern.

Natalie Knapp: Eine der höchsten Leistungen des Bewusstseins ist ja die Reflexion der Begrenztheit der eigenen Erkenntnisfähigkeit, die einen in die Lage versetzt, einen Weg nicht mehr weiterzugehen, weil man registriert, dass sich immer mehr Probleme anhäufen. Die Fähigkeit umzukehren, die Fähigkeit, das Gegebene noch einmal ganz anders anzuschauen, das ist eine hohe Bewusstseinsleistung. Zugleich setzt das auch ein hohes Maß an Urvertrauen voraus, denn man muss ja das Gefühl haben, nicht völlig den Boden unter den Füßen zu verlieren, wenn man sich auf etwas ganz Neues einlässt. Dazu gehört eine emotionale Stabilität, die über die Bewusstseinsfähigkeiten hinaus geht. Möglicherweise kann man aber diese Dinge nicht wirklich scharf trennen. Es kann sein, dass wir um des Verstehens willen derzeit immer noch verschiedene Arbeitsgebiete aufmachen und Trennungen vornehmen müssen, die eigentlich gar nicht hilfreich sind. Ist es wirklich sinnvoll, zwischen Fühlen und Denken zu unterscheiden oder zwischen Bewusstsein und Handlung? All diese Phänomene sind miteinander rückgekoppelt, und keines davon findet jemals wirklich einzeln statt. Wir trennen die Phänomene, weil es dann einfacher ist, sie zu untersuchen, aber folgt daraus auch, dass sie getrennt voneinander existieren? Ich glaube das nicht, denn alle Erfahrung spricht dagegen. Es gibt kein Denken ohne emotionale Grundlage, genauso wenig wie Handeln ohne Denken – beziehungsweise andersherum. Zumindest beim Menschen.

Bewusstseinsleistungen eines Hundes

Matthias Eckoldt: Das setzt sich in gewisser Weise auch im Tierreich fort. Der US-amerikanische Philosoph Thomas Nagel hat den Begriff der mentalen Zustände verwendet, um das deutlich zu machen. Wenn es sich für einen Organismus irgendwie anfühlt, dieser Organismus zu sein, dann hat er mentale Zustände, hat er phänomenales Bewusstsein. In dem Moment, da es sich irgendwie anfühlt, dieser spezifische Organismus zu sein, muss dieser Organismus ja auch zumindest eine Art Wissen um sich selbst haben.

Natalie Knapp: Das geht noch weiter. Ich habe einmal auf einen Hund aufgepasst. Das war faszinierend. Der war todtraurig, als sein Herrchen für ein paar Tage weg war. Ich habe dann jeden Abend einen Spaziergang mit dem Hund gemacht, und der hat mich immer zu der S-Bahn-Station gezogen, an der er mit seinem Herrchen ausgestiegen war, als der ihn zu mir brachte. Dann musste ich mit ihm warten, bis die S-Bahn einfuhr und alle Leute ausgestiegen waren. Erst als die Bahn wieder wegfuhr und sein Herrchen nicht da war, konnten wir wieder gehen. Der Hund hatte also eine ganz starke Erwartung, dass sein Herrchen genau dort ankommen würde. Das fand ich eine enorme Leistung, die weit über jede Form von Instinkt hinausreicht und mich ins Grübeln brachte, ob wir uns nicht zu vorschnell als einzige Bewusstseinsträger im Tierreich ansehen.

Matthias Eckoldt: Für mich war in diesem Zusammenhang das Spiegelbewusstsein höherer Affenarten interessant. Man kann zeigen, dass sie sich im Spiegel erkennen. Der große Unterschied besteht nur darin, dass sie rasch wieder das Interesse am Spiegel verlieren, während der Mensch sein Leben ja geradezu an der Selbstbespiegelung ausrichtet.

Natalie Knapp: Diese Form des Sich-in-den-Mittelpunkt-Stellens, das wir von uns kennen, hatte dieser Hund auch überhaupt nicht. Der war an seinem Herrchen interessiert, aber nicht an sich selbst.

Das Ich

Matthias Eckoldt: Wäre diese Form der Selbstbespiegelung möglicherweise genau der Punkt, an dem das spezifisch menschliche Bewusstsein gebildet wird? Das führt mich zu der Frage nach dem Ich. Die Hirnforschung ist ja lange davon ausgegangen, dass das Ich eine Substanz ist, die man im Hirn auch verorten können muss. Das funktioniert aber nicht. Außerdem stellt sich dann noch das Homunkulus-Problem, dass es da im Hirn noch eine Instanz gäbe, der alle Empfindungen und Gedanken vorgespielt werden. Das wäre dann der Mensch im Menschen, der dann wiederum einen Menschen in sich haben müsste. Was ist für Sie das Ich?

Natalie Knapp: Wir haben in den letzten zwei- bis dreihundert Jahren das Ich immer mehr ins Zentrum unserer Kultur gestellt. Das ist ein Spezifikum unserer westlichen Kultur, das finden Sie weder zu anderen Zeiten noch in anderen Kulturkreisen so stark ausgeprägt. Diese kulturelle Fokussierung hat nun zugleich zu der Vorstellung geführt, dass es sich beim Ich um eine Einheit handelt. Nun zeigen uns ausgerechnet die Neurowissenschaften, dass es diese Einheit nicht gibt. Zudem wissen wir, dass sich das Bewusstsein mehrmals im Laufe eines Lebens verändert. Wenn ich ein Bild von mir als Kind sehe, sage ich trotzdem: Das bin ich. Aber ich fühle mich nicht mehr wie dieses Kind. Die Kontinuität des autobiografischen Ichs ist nicht an sich gegeben, sondern die konstruiere ich. Interessant ist, dass wir das alles wissen, uns aber trotzdem bemühen, das Ich als Einheit darzustellen und zu behandeln. Hinzu kommen zunehmend die virtuellen Welten, wo Menschen mit unterschiedlichen Formen der Selbstwahrnehmung und Selbstdarstellung experimentieren. Das wird sich sicherlich auf das Erleben des Ichs auswirken. Ich denke nicht, dass wir in 200 Jahren noch derart darauf erpicht sein werden, das Ich als Einheit wahrzunehmen. Meine Wahrnehmung ist heute bereits, dass ich in unterschiedlichen Kontexten immer eine andere bin – je nachdem, mit welchen Menschen ich mich unterhalte, in welchen sozialen Zusammenhängen ich mich bewege, erlebe ich mich selbst anders. Trotzdem ist die Idee, immer dieselbe zu sein, stark eingebrannt. Vielleicht wachsen wir langsam in ein Zeitalter hinein, in dem wir das Ich nicht mehr als Einheit, sondern als Wechselwirklichkeit erleben. Dann würden wir mehr Augenmerk auf die Kontexte als auf uns selbst legen.

Matthias Eckoldt: Das ist spannend. Sie denken ja auch viel über Transformation nach. Was wäre wichtig im Umgang mit dem kulturell geprägten Begriff des Ich?

Ich-Bewusstsein versus Gruppenbewusstsein

Natalie Knapp: Wir haben ja nicht nur das Ich-Bewusstsein, sondern auch das Gruppenbewusstsein. Immer wenn etwas Unvorhergesehenes geschieht, wechseln wir ganz automatisch von der individuellen Ich-Perspektive in eine überindividuelle Gruppenperspektive. Bei Bahnfahrten ist mir das oft passiert. Solange alles normal läuft, ist jeder für sich. Aber sobald der Zug sehr lange stehen bleibt, bilden sich sofort Gruppen, die nicht nur die Lage besprechen, sondern sogar Vorräte austauschen, sich gegenseitig beistehen und sich auf eine gemeinsame Haltung einstimmen. Da wird Bewusstsein als kollektive Wechselwirklichkeit erlebbar. Es wäre sicherlich hilfreich, beide Fähigkeiten zu kultivieren: einerseits die Kompetenz, mit anderen gemeinsam fühlen und denken zu können, auch Ressourcen zu teilen, auf der anderen Seite aber auch die Einsamkeitsfähigkeit, die in dem Ich-Begriff, den wir derzeit kultivieren, inbegriffen ist und die es uns ermöglicht, auch mal gegen den Strom zu schwimmen. Wir sollten beide Zustände bewusster kultivieren und auszuhalten lernen. Damit verbunden wäre auch die Fähigkeit, die entsprechenden Übergänge zu meistern und zu spüren, wann ein Gruppenbewusstsein und wann ein individuelles Bewusstsein angebracht ist.

Matthias Eckoldt: Was würde uns das eröffnen?

Natalie Knapp: Wir könnten dann vielleicht wieder besser über unsere Lebensspanne hinaus denken. Das ist ein gewaltiges Problem unserer

Gegenwart, dass wir kaum mehr in der Lage sind, uns in einer Kultur zu verorten, die einen größeren Zeitraum umfasst als unser eigenes Erdendasein. Das Wissen darum, dass es schon andere Phasen gegeben hat, in denen beispielsweise das Ich nicht im Mittelpunkt stand, könnte wieder aktiviert werden. Um Missverständnisse zu vermeiden: Es geht mir nicht um einen Rückfall in ein Stammesbewusstsein oder um das unbewusste Mitlaufen in einer Gruppe. Es geht darum, den Horizont des Individuums zu erweitern. Wir könnten dann auch wieder in größeren Kontexten denken und darüber nachdenken, wovon sich die Menschen in zweihundert Jahren ernähren werden oder wie sie mit dem Müll umgehen sollen, den wir hinterlassen. Das war noch vor zweihundert Jahren eine Selbstverständlichkeit. Es gibt diese schöne Geschichte aus Oxford, vielleicht ist es ein Mythos, aber es wird erzählt, dass man einen Speisesaal gebaut und zugleich eine Reihe von Bäumen angepflanzt hat, von denen man wusste, dass sie in hunderten von Jahren so groß sein würden, dass man direkt vor Ort wieder Material zur Erneuerung der Deckenbalken haben würde. In solch größeren zeitlichen Kontexten zu denken ist an sich nicht weiter schwierig. Aber wenn wir den Fokus nur auf die Individualität unseres eigenen Lebensentwurfs legen, kommt es uns nicht in den Sinn. Gus Speth, ein amerikanischer Anwalt und Umweltexperte, der mehrere Präsidenten der USA beraten hat, sagte einmal, er habe immer geglaubt, die drei größten Umweltprobleme seien der Verlust der Artenvielfalt, der Kollaps des Ökosystems und der Klimawandel. Und er habe gedacht 30 Jahre profunder wissenschaftlicher Forschung müssten ausreichen, um damit klarzukommen, aber er habe sich geirrt. Die größten Umweltprobleme seien Selbstbezogenheit, Gier und Apathie. Um damit umzugehen, bräuchte man eine spirituelle und kulturelle Transformation und er als Wissenschaftler habe keine Ahnung, wie man so etwas macht.

Veränderungen des Bewusstseins

Matthias Eckoldt: Wir verfahren ja derzeit eher nach dem Motto: Was weg ist, ist weg. Aber Sie sehen Anzeichen dafür, dass sich an dieser Art des Bewusstseins etwas ändert?

Natalie Knapp: Na ja … weniger Anzeichen, als vielmehr Notwendigkeiten. Um die Notwendigkeiten nicht zu sehen, muss man ja – Entschuldigung – bescheuert sein. Die Menschheit wächst und wächst, die

Ressourcen schwinden. Zugleich setzen wir unsere energie- und ressourcenintensiven Lebensformen fort und haben keine Idee, wie die Weltbevölkerung ernährt werden soll, von einem menschenwürdigen Leben will ich da gar nicht sprechen. Insofern halte ich es für geradezu existenziell, über die eigene Lebensspanne hinaus zu denken. Die Summe der Problematiken, die sich momentan auftun, ist erdrückend. Selbst wenn man eines der drängenden Probleme – beispielsweise die Klimaerwärmung – in den Griff bekäme, bleiben immer noch zehn andere. Natürlich gibt es einzelne Gruppierungen, die alarmiert sind und etwas tun, um über ihren eigenen Lebenshorizont hinauszudenken, aber diese Leute sind leider in der Minderheit. Wenn es nicht notwendig für das eigene Überleben wäre, die Hoffnung nicht zu verlieren, könnte man sehr pessimistisch werden angesichts der gegenwärtigen Weltlage.

Matthias Eckoldt: Zugleich aber sagt uns ja der deutsch-schweizerische Bewusstseinsforscher Jean Gebser, dass sich das Bewusstsein ebenfalls nach evolutionären Gesetzen verändert. Insofern könnte der heutige Zustand ja auch als die Krise des gegenwärtigen auf Wachstum und Expansion gerichteten rationalen Bewusstseins zu verstehen sein, in der sich ein neues Bewusstsein vorbereitet.

Natalie Knapp: Die Vergangenheit hat gezeigt, dass die Veränderungen des Bewusstseinszustandes langwierige Prozesse sind. Da geht es nicht um zehn oder zwanzig Jahre, sondern um Hunderte von Jahren. Vielleicht könnte man sogar sagen, dass die Zeiten des Wandelns genau so lange währten wie die der Stabilität. Im Grunde analog zur menschlichen Entwicklung. Wir tun zwar immer so, als gäbe es da sehr viel Stabilität, aber wir sind zehn oder zwölf Jahre Kind, dann kommt der erste große Bruch. Die Pubertät und Jugendzeit dauert dann im Grunde, bis man Ende zwanzig ist. Dann hat man wieder zehn Jahre Stabilität, dann beginnen die nächsten Brüche. In der Evolution des Bewusstseins verhält es sich ähnlich. Es ist nicht so, dass jeweils nur eine Art des Bewusstseins vorherrscht.

Matthias Eckoldt: Was bedeutet an dieser Stelle Bewusstsein?

Natalie Knapp: Der Begriff bezeichnet in diesem Zusammenhang die bevorzugten Ordnungsstrukturen, die wir verwenden, um die Wahrnehmungsphänomene zu strukturieren. Da gibt es nicht immer nur eine Form der Ordnungsstruktur, sondern verschiedene in unterschiedlichen Kulturen. Im Moment haben wir zwar eine relative Vereinheitlichung, aber trotzdem gibt es auch noch andere. Außerdem gibt es auch hier zeitliche Überlappungen. An einer Stelle beginnt etwas Neues, an einer anderen ist noch hundert Jahre das Alte am Werke.

Integrales Bewusstsein

Matthias Eckoldt: Das vorausgeschickt kann man aber zumindest im Rückblick eine große Linie erkennen. Gebser unterschied in zeitlicher Reihenfolge das archaische, das magische, das mythische und das rationale Bewusstsein. Letzteres, das die enorme Karriere von Wissenschaft und Technik begleitete, soll abgelöst werden vom integralen Bewusstsein.

Natalie Knapp: Gebser interessiert sich für die historische Linie der Veränderungen im Umgang des Menschen mit der Welt und versucht, sie als Bewusstseinsepochen zu beschreiben. Man kann das am besten nachvollziehen, wenn man die Entwicklung eines Kindes betrachtet, dass all diese Phasen noch mal durchläuft. Ganz am Anfang, in der archaischen Phase, unterscheidet das Kind noch nicht zwischen sich und seiner Umgebung. Es hat kein Bewusstsein für diesen Unterschied. In der magischen Phase entdeckt es, dass es ein »Ich« ist, das seine Umgebung beeinflussen kann. In der mythischen Phase lebt es in Geschichten und rituellen Wiederholungen. Menschheitsgeschichtlich spiegelt sich das in der Zeit der Mythen und dem Beginn des Ackerbaus. Denn um Ackerbau betreiben zu können, muss man den Wiederholungscharakter der Natur verstehen. Und schließlich kommt das Kind in die Pubertät und entwickelt ein rationales Bewusstsein. Menschheitsgeschichtlich hat das schon etwa 500 v. Chr. begonnen, wurde aber erst nach dem Mittelalter vervollständigt. Und seit etwa 1900 entwickelt sich nach Gebser ein integrales Bewusstsein. Da eine solche menschheitsgeschichtliche Entwicklung sehr lange Zeitspannen umfasst, ist das noch nicht überall angekommen. Das Wichtige an dem Begriff »integrales Bewusstsein« ist die Vieldimensionalität, die man aber nicht als Zersplitterung verstehen darf. Der Begriff besagt, dass Bewusstsein als eine Einheit erfahren wird, die aber ihrerseits nicht eindimensional ist.

Matthias Eckoldt: Das heißt?

Natalie Knapp: Das heißt, dass wir die verschiedenen Dimensionen, die Bewusstsein in der Entwicklung der Menschheitsgeschichte hatte, alle in uns tragen. Wir können das gut an der Art der Zeitwahrnehmung nachvollziehen. Zeit ist immer ein Rhythmus, der das Bewusstsein strukturiert. Ohne Zeit gibt es keine Bewusstseinserfahrung, weil die Ordnung der Wahrnehmungsphänomene immer durch die Unterscheidung von vorher, jetzt und nachher entsteht. Nun aber gibt es unterschiedliche Arten der Rhythmisierung. Ich kann zyklisch rhythmisieren, indem ich – wie ein Kind – von Fußballtraining zu Fußballtraining denke. Oder ich kann linear nach der Uhr und dem Kalender rhythmisieren, wie es in der Erwachsenenwelt geschieht. Aber ich kann auch nach Ereignissen rhythmisieren, was man bei Kleinkindern beobachten kann. Dann scheint es nur den Augenblick zu geben, und ein Spiel ist genau ein Spiel lang. Ich kann also auf ganz verschiedene Weise Wahrnehmungen rhythmisieren, wodurch dann unterschiedliche Formen der Perspektive auf die Welt entstehen, also unterschiedliche Bewusstseinszustände. Gehe ich ganz im rationalen Bewusstsein auf, kann ich mich auf Uhr und Kalender konzentrieren und alle anderen Arten der Rhythmisierung ignorieren. Oder ich kann mir bewusst werden, dass mir verschiedene Arten der Rhythmisierung zur Verfügung stehen und sie ineinandergreifend praktizieren. Ich kann zwischen ihnen hin- und herpendeln und sehen, welche unterschiedlichen Welterfahrungen sie eröffnen. Das Resultat wäre dann eine integrale, vieldimensionale Einheit. Ich glaube, das könnte durchaus unsere Art des Erlebens bereichern. So stelle ich mir zumindest vor, was Gebser mit integralem Bewusstsein gemeint haben könnte.

Matthias Eckoldt: Unser neuestes Leitmedium, das Internet, lädt ja zu genau so einer integralen Rhythmisierung ein. Man kann sowohl von Ereignis zu Ereignis surfen, kann aber auch dem Rhythmus folgen, den Blogs oder Podcasts vorgeben. Zugleich gibt es aber – nicht zuletzt durch die Online-Angebote der herkömmlichen Massenmedien – auch noch den Rhythmus der Uhr.

Natalie Knapp: Das geht ja noch weiter. Man braucht sich nur vorzustellen, dass heute jeder andauernd eine multidimensionale Welt in der Tasche mit sich herumträgt. Wir sind permanent mit einer zweiten Welt konfrontiert, die immer neben der ersten herläuft. Selbst wenn man sich in der ersten Welt mit jemandem unterhält, meldet diese andere Welt sich andauernd oder wird sogar im Gespräch aktiv bemüht. Da kann man sehr gut einen völlig neuen Möglichkeitsraum sehen, der zu einer Veränderung des Bewusstseinszustandes führen muss. Allerdings kann man das dann erst im Nachhinein analysieren.

Freier Wille

MATTHIAS ECKOLDT: Brüche, Übergänge, Multidimensionalität, Gleichzeitigkeit verschiedener Bewusstseinszustände. Diese Begriffe haben große Bedeutung in Ihrem Denken. Wie stellt sich denn aus dieser Sicht der Zweifel der Neurowissenschaft am freien Willen des Menschen dar? Naiv?

NATALIE KNAPP: Sehr naiv. Naiv erscheint mir vor allem der Glaube, man könne diese komplexe Frage mit einem schlichten »Ja, wir haben einen freien Willen« oder »Nein, wir haben keinen« beantworten. Aber auch diesem Drang zur Vereinfachung liegt letztlich das Problem der Trennung zugrunde. Wir haben zugelassen, dass die Fakultäten so getrennt werden, dass man Physik oder Neurowissenschaften studieren kann, ohne ein einziges Seminar in der Philosophie besucht zu haben. Hier ist der freie Wille ein entscheidender Begriff, von dem zumindest eines klar ist: Er ist in seiner Komplexität nicht zu ergründen durch ein Versuchsdesign, in dem der Proband sein Handgelenk bewegen oder auf einen Knopf drücken soll. Für alle, die am freien Willen des Menschen zweifeln, habe ich ein schönes Gegenexperiment: Nehmen Sie sich mal vor, drei Tage lang so zu tun, als hätten Sie keinen freien Willen und alles sei vorherbestimmt – von der Sorte Müsli, die ich morgens esse über den Tee, den ich dazu trinke –, alles sei vorherbestimmt, und man würde nun nur noch wie ein Automat dieser angelegten Spur folgen. Ich habe das nicht länger als zwei Stunden ausgehalten, weil sich rasch »Depressionen« einstellen. Wenn man das wirklich ernst nimmt und konzentriert durchzieht, kommt man in einen vollkommen lähmenden Zustand. Aus meiner Sicht stellt sich gar nicht die Frage, ob es den freien Willen gibt oder nicht gibt, weil die Idee des freien Willens für das Menschsein konstitutiv ist. Zumindest in unserer Kultur. Wenn man das realisiert, muss man verantwortungsbewusster mit dem Begriff des freien Willens umgehen und sich fragen, ist das Experiment wirklich geeignet, den freien Willen des Menschen zu untersuchen? Was ist überhaupt alles an Entscheidungsfindungen beteiligt? Inwiefern erfasst die Versuchsanordnung auch das gesamte emotionale System?

MATTHIAS ECKOLDT: Wenn man Gesellschaft beobachtet, gibt es jedoch gleichwohl eine Tendenz, Komplexität zu reduzieren. Diese Komplexitätsreduktionen stehen in der Regel dem freien Willen entgegen oder schränken ihn zumindest ein. So kann ich nicht meinen Warenkorb im Supermarkt vollpacken und an der Kasse ein schönes Lied singen, anstatt zu bezahlen. Insofern gibt es ja ganz viele Bereiche, gerade im menschlichen Miteinander, wo wir uns automatenhaft verhalten, ja verhalten müssen.

NATALIE KNAPP: Ganz klar. Diese automatisierten Prozesse sind womöglich sogar in der Überzahl. Aber trotzdem stellen sich immer wieder Situationen ein, die unseren freien Willen herausfordern. Ansonsten könnten wir andere Menschen durch unsere Handlungen auch nicht in Erstaunen versetzen. Das aber geschieht ja immer wieder. Glücklicherweise. Manchmal überraschen wir uns sogar selbst. Das heißt in jedem Fall, dass Menschen nicht vollständig vorhersagbar und damit auch nicht völlig determiniert sind. Ob wir das nun am Ende freien Willen nennen ist noch eine andere Sache. Ich verwende den Begriff, weil er im historischen Kontext gewachsen ist. Aber wenn jemand etwas anderes dazu sagen möchte, bitte.

MATTHIAS ECKOLDT: Da fällt mir der österreichisch-amerikanische Kybernetiker Heinz von Foerster ein, der Menschen als nichttriviale Maschinen bezeichnete.

NATALIE KNAPP: Das wäre auch in meinem Sinne. Heinz von Foerster hat ebenfalls den Begriff der prinzipiell unentscheidbaren Fragen geprägt. Die Antwort auf solche Fragen – wie die nach der Entstehung des Universums oder nach Gott – sagen mehr über denjenigen aus, der antwortet, als über die Sache selbst. Dasselbe gilt sicher auch für das Bewusstsein. Das ist ein ganz wichtiger Begriff, weil wir uns und unser Verhältnis zur Welt und zu den anderen darüber klären können. Dieser Klärungsprozess ist aber prinzipiell offen. Der wird nicht zum Abschluss kommen. Allein deshalb nicht, weil das Nachdenken über das Bewusstsein den Untersuchungsgegenstand beeinflusst. Das ist ein Rückkopplungsprozess. Daher ist es eben auch nicht egal, ob wir als Gesellschaft auf eine unterkomplexe Weise über das Bewusstsein nachdenken. Das sollte man nicht vergessen.

MATTHIAS ECKOLDT: Sind denn in diesem Zusammenhang die geläufigen Perspektiven auf das Bewusstseinsphänomen erhellend, wie sie sich in Begriffen wie Monismus, Materialismus, Physikalismus, Dualismus oder Realismus darstellen?

NATALIE KNAPP: Diese Begriffe sind erhellend, und zwar so, wie wenn man mit einer Taschenlampe einen bestimmten Bereich gezielt ausleuchtet, aber den Rest des Raums im Dunkeln lässt. Wenn man in der Lage ist, genau das auch zu reflektieren, dass man sich jetzt nur einen Bereich anschaut, ist das ein sehr spannender Vorgang. Mit der Taschenlampe jeweils einen Bereich scharf und gnadenlos auszuleuchten, ist für mich der Prozess eines philosophischen Studiums. Man darf dabei heute nur nicht aus den Augen verlieren, dass es immer nur ein Bereich von vielen möglichen ist, die man sich dann mit derselben Intensität anschauen sollte.

Nichtwissen

Matthias Eckoldt: Würden Sie dann den Begriffsraum des Bewusstseins auch mit der Taschenlampe der Neurowissenschaften ausleuchten, oder finden Sie an dieser Perspektive nichts Interessantes?

Natalie Knapp: Oh doch! Ich komme aus der geisteswissenschaftlichen Ecke, wo gern mal über Phänomene hinweggegangen wird, weil man gerade eine »coole Idee« entwickelt hat und nicht durch experimentelle Ergebnisse gebunden ist wie die Naturwissenschaften. Im Laufe der Jahre habe ich eine größere Demut vor der Empirie der Naturwissenschaft entwickelt. Und natürlich sind die Experimente zum freien Willen auch interessant für mich. Ich konfrontiere mich damit und muss genau durchdenken, wo da die Knackpunkte liegen und was aus diesen Ergebnissen wirklich folgen könnte. Ich empfinde es als Segen, dass es diese harten Wissenschaften gibt und dass die Forscher die Fähigkeit entwickelt haben, sich selbst durch den Ausgang von Experimenten infrage stellen zu lassen. Probleme habe ich nur, wenn die Neurowissenschaften über ihren Deutungshorizont hinausgreifen. Beispielsweise, wenn sie von ihrer Suche nach den neuronalen Korrelaten des Bewusstseins reden, und diese Korrelate, die sie im Hirn gefunden haben, dann nach und nach mehr werden als Korrelate und plötzlich das Bewusstsein selbst darstellen sollen. Das ist dann ein aus philosophischer Sicht unzulässiger Kategorienfehler. Dabei fällt mir immer auf, dass es für Naturwissenschaftler offensichtlich sehr viel schwieriger ist, Nichtwissen auszuhalten, als es für mich als Philosophin ist. Denn ich gehe ohnehin von nichts anderem als dem Nichtwissen aus.

»Das Entscheidende des Menschseins und -werdens passiert auf der sozialen Ebene«

Georg Kreutzberg über springende Gene, Bewusstseinstrübungen und einen Dopingfall vor 282 000 Jahren

Georg W. Kreutzberg, *geboren 1932, studierte Medizin und Psychologie an den Universitäten Bonn, Freiburg und Wien und wurde von der Technischen Universität München in Neuropathologie habilitiert. Als Postdoktorand arbeitete er am MIT in Cambridge, USA. Er hatte eine Gastprofessur an der Rockefeller University New York und an der Universität Zürich und wurde mit der Ehrendoktorwürde der Universität Szeged, Ungarn ausgezeichnet.*

Präsident verschiedener nationaler und internationaler Gesellschaften und geehrt durch mehrere wissenschaftliche Preise ist Georg W. Kreutzberg auch einer der Gründer von EICOS, der European Initiative for Communicators of Science. Kreutzberg leitete von 1984 bis 2000 als Direktor am Max-Planck-Institut für Neurobiologie die Abteilung Neuromorphologie. Seine besonderen Schwerpunkte in der experimentellen Neuropathologie sind die Erforschung der Regeneration im Nervensystem und die Rolle von Gliazellen. Ein Zitationsklassiker mit über zweitausendsiebenhundert Erwähnungen in der Weltliteratur ist die Publikation zum Thema: Microglia: a sensor for pathological events in the CNS *(1996).*

Vom klinischen Umgang mit Bewusstsein

Matthias Eckoldt: Wie ist Ihnen das Phänomen des Bewusstseins in Ihrer Forscherlaufbahn begegnet?

Georg Kreutzberg: Mein akademisches Fach ist ja die Neuropathologie. Das heißt, ich untersuche Gewebe, das bei kranken Menschen entnommen wurde, und schaue mir an, welche Krankheiten dahinter stecken könnten, beispielsweise Tumore. Außerdem studiere ich Krankheitsverläufe bei Traumata, die Nervenlähmungen zur Folge haben. Querschnittslähmung war ein spezielles Forschungsgebiet von mir. Insofern forschte ich eher weit entfernt von den höheren Funktionen, die das Bewusstsein ausmachen. Aber ich war auch Kliniker. Das Phänomen Bewusstsein taucht bei vielen Krankheiten auf. Ich hatte es mit Bewusstseinseintrübungen bis hin zu Bewusstseinsverlusten zu tun. Man lernt als Kliniker, welchen Grad von Bewusstlosigkeit man da vor sich hat. Den analysiert man, beschreibt ihn und verordnet dann die entsprechende Therapie. Aber damals haben wir nicht nach weiter gehenden Antworten gesucht. Es gab auch keine. Ich würde sogar noch einen Schritt weiter gehen und sagen: Wir hatten nicht einmal Fragen zum Bewusstsein.

Matthias Eckoldt: Das Bewusstsein stellte sich Ihnen in Ihrer Zeit als Kliniker nicht als Rätsel dar, obwohl Sie so intensiv mit dem Bewusstsein zu tun hatten?

Georg Kreutzberg: Auf alle Fälle ist mir klar geworden, dass Bewusstsein eine Leistung des Gesamtgehirns ist. Von einem Tumor an einer bestimmten Stelle des Gehirns wird noch keine Bewusstlosigkeit erzeugt. Die entsteht nur durch einen globalen Hirnschaden. Beispielsweise durch ein Hirnödem, wenn sich eine Flüssigkeit so zwischen die Synapsen drängt, dass sie keine Verbindung zur nächsten Nervenzelle mehr herstellen können. Es gibt auch viele Krankheiten, wie beispielsweise die Leberzirrhose, die im Endstadium in eine Bewusstlosigkeit hinübergleiten. Bei der Leberzirrhose kommt es schließlich zu einem hepatischen Koma. Aber das haben wir alles mehr oder minder phänomenologisch gesehen. So ist der Weg in der klinischen Medizin.

Moleküle und Bewusstsein

Matthias Eckoldt: Und in Ihrem Forschungsgebiet, der Neuropathologie, spielt da das Bewusstsein eine Rolle?

Georg Kreutzberg: Eigentlich auch nicht. Ich habe ja viele Jahre auf molekularer Ebene geforscht. Und die Moleküle interessieren sich nicht fürs Bewusstsein.

Matthias Eckoldt: So entwickelte ja der Elektrophysiologe Emil du Bois-Reymond im 19. Jahrhundert sein Ignorabimus-Argument, nach dem uns in der Erkenntnis der materiellen Grundlagen des Bewusstseins prinzipielle Grenzen gesetzt sind, weil die Materie, die wir naturwissenschaftlich untersuchen können, das Bewusstsein nicht kümmert.

Georg Kreutzberg: Die Denkweise von du Bois-Reymond ist imponierend, aber ich bezweifle, dass er das heute noch genauso sagen würde. Natürlich gibt es irgendwo eine unüberwindbare Schranke. Das liegt aber auch an der Konstruktion unseres Gehirns. Sicherlich bleibt meine Innenwelt auf ewig für niemand anderen einsehbar. Nicht einmal für meine Frau. Auf der anderen Seite ist es aber auch wieder sehr erstaunlich, wie viel die heutige Neurowissenschaft aus der Analyse des limbischen Systems im Gehirn über die Gefühle erfahren kann. Da fällt mir ein Zitat ein, das der Nobelpreisträger Manfred Eigen gerne erwähnte, vom Mathematiker Hilbert: »Wir müssen wissen, wir werden wissen.«

Matthias Eckoldt: Sie gelten als eine Instanz bei der Erforschung der Gliazellen – besonders der sogenannten Mikroglia, über die Sie fünfzig Jahre lang geforscht haben. Wie sehen Sie dieses Forschungsfeld heute?

Mikroglia

Georg Kreutzberg: In meinen jungen Jahren fing die Elektronenmikroskopie gerade an. Zu dieser Zeit habe ich noch Spitzenleute des Fachs gekannt, die die pure Existenz der Mikroglia bezweifelten. Sanford Palay von der Harvard University sagte immer: »I think the good Lord has made the microglia only for the neuropathologists. I've never seen one.« Tja, warum hat er nie eine gesehen? Weil die ziemlich klein sind und im üppigen normalen Hirngewebe verschwinden. Ein Neuroanatom wie er, guckt sich nur Normalgehirne an und sieht dann die Mikroglia natürlich nicht.

Matthias Eckoldt: Was ist das Besondere an den Mikrogliazellen?

Georg Kreutzberg: Die Mikroglia sind die einzigen Zellen des Gehirns, die sich massenhaft vermehren können. Ansonsten können das nur noch diese schrecklichen – schrecklich im Sinne der Pathologie – Stammzellen, die Tumore verursachen. Die Mikroglia aber sind die Soldaten des Gehirns. Die Abwehrzellen schlechthin. Sie sind an sämtlichen kriegerischen Auseinandersetzungen des Hirngewebes beteiligt. Ob das ein Trauma ist oder eine Vergiftung oder eine Entzündung oder ein Tumor. Überall spielen die Mikroglia eine große Rolle. Als ich anfing, über diese Zellen zu arbeiten, habe ich ein druckfrisches Handbuch der Neuropathologie einer amerikanischen Autorin in die Hand bekommen, die darin die schiere Existenz der Mikroglia infrage stellte. Obwohl das die wichtigste Zelle für die Hirnpatholgie ist. Eine weitere Art der Gliazellen sind die Oligodendroglia. Die bilden vor allem den Myelinmantel um die Nervenfasern. Sie sind dafür verantwortlich, dass die Nervenleitung schnell wird, weil sogenannte Schnürringe gebildet werden. Die Erregung springt dann gewissermaßen von einem Schnürring zum nächsten. Dann gibt es noch die Astrozyten. Das sind Gliazellen, die der Nervenzelle schon sehr ähneln. Die können auch Transmitter aufnehmen, abtransportieren und zum Teil auch synthetisieren. Diese Gliazellen sind sehr nahe an den Synapsen dran und haben dort auch begleitende Funktionen. Das geht über die Stützfunktionen, die man gemeinhin den Gliazellen zuspricht, weit hinaus. Die spielen mehr oder minder direkt bei der Signalübertragung mit. Auf diesem Gebiet tut sich wissenschaftlich gerade enorm viel.

Das Bindungsproblem

Matthias Eckoldt: Das ist faszinierend! Wenn Bewusstsein eine globale Funktion ist, kann man sagen, dass die Gliazellen die Bedingung der Möglichkeit dafür schaffen, dass Bewusstsein entstehen und sich erhalten kann. Ist denn darüber hinaus damit zu rechnen, dass den Gliazellen noch eine Karriere hinsichtlich der Erzeugung von Bewusstsein bevorstehen könnte, oder liegen diese höheren Hirnfunktionen fest in den Händen der Neurone?

Georg Kreutzberg: Dafür sehe ich keine Anzeichen. Was an dieser Stelle vielleicht noch interessant wäre, ist das *binding*. Also das Phänomen, dass unser Gehirn modular organisiert ist. Nehmen wir mal die Sprache. Da gibt es ja nicht nur ein Sprachzentrum, mit dem die Motorik organisiert wird. Dazu gibt es ein Zentrum für die Vokabeln. Sie haben ein Zentrum für die Grammatik. Dann gibt es ein Zentrum, in dem die Sprachmelodie bearbeitet wird, die Prosodie. Wenn wir jetzt miteinander reden, läuft das alles spielend leicht zusammen, obwohl das in verschiedenen Modulen im Gehirn geleistet wird. Das Gehirn ist in der Lage, das alles zusammenzubinden, deswegen nennt man diesen Prozess *binding*.

MATTHIAS ECKOLDT: Aber wie das Gehirn diesen Prozess organisiert, ist noch nicht recht klar und firmiert unter der Bezeichnung Bindungsproblem.

GEORG KREUTZBERG: Es scheint zumindest in Umrissen gelöst. Die Bindung gelingt dem Hirn wahrscheinlich über Synchronisation der elektrischen Aktivitäten in den verschiedenen Bereichen.

Springende Gene

MATTHIAS ECKOLDT: Nun haben Sie sich aber in letzter Zeit auch mit Hominisation, also der Menschwerdung, beschäftigt. Da muss es ums Bewusstsein gehen, weil das der eigentliche Unterschied ist, der den Unterschied macht.

GEORG KREUTZBERG: Es gibt da eine Entdeckung von Barbara McClintock, einer unglaublich eindrucksvollen Frau. Sie hat auch 1983 einen Nobelpreis dafür bekommen. Sie hat beobachtet, dass Maiskörner verschiedene Farben haben können. Das hätte eigentlich nach den mendelschen Gesetzen gar nicht sein dürfen. Die Körner einer Frucht hätten alle dieselbe Farbe haben müssen. Nach vielen Jahren Forschung hat McClintock einen Mechanismus im Genom gefunden, den sie »springende Gene« genannt hat. Die springenden Gene sind lockere genetische Elemente, die ihren Platz verlassen und sich irgendwo anders auf das Genom setzen können. Das ist der Mechanismus, der bei allem Konservatismus der Gene dafür sorgt, dass sich die Gene auch verändern können. Und zwar zufällig.

MATTHIAS ECKOLDT: Eine überraschende Einsicht, denn eigentlich steht ja bei den Überlegungen zur Vererbungslehre immer die Stabilität des Genpools im Vordergrund.

GEORG KREUTZBERG: Das stimmt. Wenn die Natur etwas Nützliches erfunden hat, wird es als Information im Genom abgelegt und bleibt da drin. So tragen wir Menschen auch noch genetische Informationen in uns, die eine Milliarde Jahre und älter sind. Wir teilen sogar einige genetischen Informationen mit Pflanzen. Deswegen ist es ja so aufregend, dass es zwei so gegensätzlich Mechanismen im Genom gibt.

Matthias Eckoldt: Wie verhalten sich springende Gene und Mutationen zueinander? Verursachen diese springenden Gene am Ende Mutationen?

Georg Kreutzberg: Die springenden Gene setzen sich auf Chromosomen und verursachen zum Beispiel die Verdoppelung eines Gens. Normalerweise haben Sie von jedem Gen zwei – eines vom Vater, eines von der Mutter – und dann haben Sie vier, manchmal sind es sogar acht oder auch sechzehn. Mittlerweile hat man sogar beobachtet, dass es springende Gene sogar in Körperzellen gibt, die dann dort zu Varianten dieses Gens führen. Da steckt eine unglaubliche Dynamik drin.

Matthias Eckoldt: Wie führen uns die springenden Gene zum Thema Menschwerdung und Bewusstsein?

Menschwerdung

Georg Kreutzberg: Das will ich Ihnen sagen. Meines Erachtens hat dieser Mechanismus der springenden Gene bei der Entstehung des Menschen eine große, wenn nicht die entscheidende Rolle gespielt. Kürzlich wurde nämlich das Gen BolA 2 auf Chromosom 16 untersucht. Dieses Gen hat etwas mit der Regulierung des Stoffwechsels zu tun. Und Forscher haben nun herausgefunden, dass dieses Gen beim Menschen verdoppelt, verdrei- und sogar vervierfacht sein kann. Dieses Gen ist im Wesentlichen für den Eisenstoffwechsel verantwortlich und bewirkt, dass wir Eisen aus der Nahrung leichter aufnehmen und speichern können als andere Tiere. Das hat den Menschen zu einer besonderen Kondition verholfen. Die Vervielfachung des Gens BolA 2 erzeugt einen Doping-Stoß und macht genau das, was das Mittel EPO auch tut: Den Eisenstoffwechsel erhöhen und die roten Blutkörperchen vermehren, die dann über das Eisen mit mehr Hämoglobin versorgt werden können.

Matthias Eckoldt: Also Doping auf natürlichem Weg …

Georg Kreutzberg: Und die Folgen waren unglaublich: Der Mensch hat aufgrund der Fähigkeit, den Eisenstoffwechsel dramatisch zu erhöhen, eine fast unvergleichliche Ausdauer bekommen. Er kann sehr lange Strecken laufen. Als Jäger ist er damit in eine Extraklasse aufgestiegen, denn er konnte seine Opfer verfolgen, bis sie erschöpft waren. Auf diese Weise kam der Mensch an eiweißreiche Nahrung, die dann wiederum die Vergrößerung des Gehirns ermöglichte.

MATTHIAS ECKOLDT: Wann hat sich diese Vervielfachung des Eisenstoffwechsel-Gens in etwa ereignet?

GEORG KREUTZBERG: Das Verrückte daran ist, dass man das sogar genau sagen kann: vor genau 282 000 Jahren. Von da an waren wir Menschen körperlich in der Lage, die enorme Energie ranzuschaffen, die das Gehirn benötigt. Das sind ja 20 Prozent und mehr des gesamten Energiehaushaltes des Menschen.

MATTHIAS ECKOLDT: Wirft diese Entdeckung auch neue Schlaglichter auf die Homonisationsforschung als solche? Bislang ging man doch meines Wissens davon aus, dass es erst vor 40 000 bis 50 000 Jahren den Menschen in unserer Gestalt und mit unseren Anlagen gab.

GEORG KREUTZBERG: Es gibt ja mindestens drei verschiedene Homo sapiens: den Homo sapiens neandertalensis, den Homo sapiens denisowa und den Homo sapiens sapiens. Letzterer sind wir. Alle drei haben gleichzeitig gelebt, und die beiden erstgenannten sind ausgestorben, weil wir eben eine unglaublich verletzliche Spezies sind. Wir brauchen eine enorm intensive und lange Brutpflege. Schauen Sie sich doch an, wie viel Zuwendung Menschen brauchen, bis sie geschlechtsreif sind. Damit verbunden ist aus meiner Sicht die Kernfrage des Menschseins und damit auch die Frage des Bewusstseins.

Bewusstseinsbildung

MATTHIAS ECKOLDT: Inwiefern?

GEORG KREUTZBERG: Das soziale Element ist im Menschen genetisch angelegt. Das hat die *social neurobiology* herausgefunden, die es seit etwas mehr als zwanzig Jahren gibt. Das ist eine sehr wichtige Fachrichtung, da sie Gruppen und ihr Verhalten in den Blick nimmt. Vorher standen immer der einzelne Mensch und das einzelne Gehirn im Mittelpunkt. Aber das Entscheidende des Menschseins und -werdens passiert auf der sozialen Ebene. Alle Fähigkeiten, die wir als spezifisch menschlich betrachten, hängen mit den sozialen Bedingungen zusammen.

Matthias Eckoldt: Welche weiteren Bedingungen hat die Sozio-Neurobiologie noch mit ins Spiel gebracht in Bezug auf Menschwerdung und Bewusstseinsentstehung? Die Brutpflege allein kennt man ja quer durch das gesamte Tierreich.

Georg Kreutzberg: Die Brutpflege allein ist es nicht. Wobei man sehen muss, dass die menschliche Brutpflege nicht von einem allein geleistet werden kann. Die Mutter muss stillen, währenddessen muss der Vater für das Essen sorgen und die Gemeinschaft für die entsprechende Sicherheit. Brutpflege und Gemeinschaft gehören also beim Menschen immer schon zusammen. Wir haben ja relativ präzise Zahlen, wie groß ein Dorf in der Steinzeit war. Im Schnitt lebten da fünfzig bis sechzig Menschen zusammen. Manchmal bis zu hundert, aber selten unter fünfzig. Es ist interessant zu sehen, dass sich bis heute diese Art der Einheit auch zahlenmäßig gehalten hat. Wir kennen ungefähr 50 Menschen mit Gesicht und Namen, maximal hundert. In der Geschichte der Menschheit bildet sich jedenfalls sehr früh eine Gruppe und sehr früh eine Arbeitsteilung. Parallel dazu werden die Gehirne immer größer und erreichen mit 1500 Gramm – beim Neandertaler sogar 1600 Gramm – die heutige Größe. Das Hirnwachstum ermöglicht differenziertere Verhaltensweisen, präzisere Wahrnehmungen der Umwelt und enorme Gedächtnisleistungen. Mit derart komplizierten Wesen brauchen Sie etwas ganz Wichtiges: die Feststellung von Urheberschaft. Sie können ab einem bestimmten Komplexitätsgrad nicht in einer Gemeinschaft zusammenleben, ohne dass Sie wissen, wer was gemacht hat und wer wofür verantwortlich ist. Urheberschaft für jede Handlung, für jedes Unglück und jeden Erfolg. Sie können aber keinen Urheber finden, wenn nicht der Einzelne ein Gefühl für sich selbst hat.

Die Entdeckung des Ichs

Matthias Eckoldt: Das wäre dann die Erlangung der Fähigkeit, »ich« zu sagen.

Georg Kreutzberg: Sie können das ja auch bei Kleinkindern beobachten. Erst sind sie Teil der Mutter. Dann lösen sie sich langsam aus diesem Mutteruniversum heraus. Wenn sie der Sprache mächtig werden, sagen sie zu Anfang erst einmal ihren Namen, wenn sie von sich sprechen. Und dann, mit einem Mal sagen sie: Ich. Ich habe das getan! Ich will das jetzt haben. Genau dafür brauchen sie Bewusstsein. Hier ist menschheitsgeschichtlich aus einem ursprünglich instinktgetriebenen Miteinander ein bewusstseinsgetriebenes Miteinander entstanden, innerhalb dessen ich mich in den anderen einfühlen kann.

Matthias Eckoldt: Ich kann mich einfühlen, aber mein Wissen über den anderen ist letztlich nur Vermutungswissen. Das wird ja in der Rede vom phänomenalen Aspekt des Bewusstseins deutlich. Wir wissen letztlich nur sicher über unser eigenes Innenleben Bescheid. Ich kann zwar vermuten, wie sie diesen Raum hier wahrnehmen, wie Sie die Röte des Rot innerlich empfinden, aber wissen kann ich das nur von mir selbst. Das andere Bewusstsein ist mir prinzipiell unzugänglich.

Georg Kreutzberg: Das ist das, was Karl Popper unter Welt 2 versteht. Die Welt des subjektiven Geistes.

Matthias Eckoldt: Im Unterschied zur Welt 1, der Welt der materiellen Dinge, und der Welt 3, der Welt der überindividuellen Ideen, Entdeckungen und Erfindungen, in die wir uns gewissermaßen einloggen können, wann immer wir mögen.

Georg Kreutzberg: Das finde ich immer noch ein wunderbares Denkmodell. Zur Welt 3 haben wir jederzeit Zugang, wenn wir die entsprechenden intellektuellen Fähigkeiten mitbringen, aber die Welt 2 ist nur für den Einzelnen zugänglich. Wenn wir mit den Worten Bewusstsein oder Geist umgehen, sollten wir uns immer vor Augen halten, dass es da zwei große Schienen gibt. Dabei gibt es kein Entweder-oder, sondern ein Sowohl-als-auch. Das ist wie bei der Diskussion um die Natur des Lichts Anfang des letzten Jahrhunderts. Es wollte den Physikern damals einfach nicht in den Sinn, dass Licht sowohl Teilchen- als auch Wellencharakter haben kann. Da hat dann Nils Bohr gesagt: Das Gegenteil von einer tiefen Wahrheit ist oft eine andere tiefe Wahrheit.

Komplementarität

Matthias Eckoldt: Diese Aussage beschreibt ja bestens das von ihm gefundene Komplementaritätsprinzip, nach dem Licht entsprechend der Art der Untersuchung sowohl als Welle als auch als Teilchen beobachtet werden kann, obwohl sich diese Beschreibungen wechselseitig ausschließen.

Georg Kreutzberg: Ganz genau! Und deswegen halte ich beispielsweise diese ganze Diskussion darüber, ob es einen freien Willen gibt oder ob wir determiniert sind, für eine solche Frage, die man im Sinne von Nils Bohr mit einem Sowohl-als-auch beantworten muss. Wir haben zwei Stränge der Evolution. Einerseits stammen wir von Tieren ab, und die Natur hat uns alles, was die Tiere erfolgreich gemacht hat, weitergegeben, als wir noch auf den Bäumen saßen. Vor 282 000 Jahren ist jedoch noch ein zweiter Strang dazugekommen, der des Bewusstseins. Insofern haben wir auch eine Erbschaft aus dieser soziokulturellen Evolution. Beide Stränge sind genetisch verankert. Wir treffen am Tag sicherlich tausend und mehr Entscheidungen. Aber dafür brauchen wir doch nicht jedes Mal einen freien Willen.

Matthias Eckoldt: Bei den meisten Sachen, die man tut, muss man in der Regel nicht nachdenken.

Georg Kreutzberg: Wenn ich Hunger habe, gehe ich an den Kühlschrank und hole mir etwas raus oder gehe in ein Restaurant. Aber wenn ich mir überlege, ob ich diesen Partner fürs Leben haben möchte, dann überlege ich mir das gründlich. Da treffe ich dann eine bewusste Entscheidung. Deswegen liest man in der heutigen englischsprachigen Fachliteratur auch nicht mehr von freiem Willen, sondern von *conscious will*, also bewusstem Willen. Wir müssen einfach einsehen, dass wir es hier mit einem Sowohl-als-auch zu tun haben, das aus diesen beiden Strängen unserer Evolution entsteht. Wir haben zwei Seelen in unserer Brust. Eine aus den letzten 200 000 Jahren, die andere Milliarden Jahre zurückreichend. Beide sind als Erbsubstanz tatsächlich da und bringen uns zu einem bestimmten Verhalten.

Matthias Eckoldt: Ich will noch einmal zurückkommen zur Entstehung des Bewusstseins. Sie erklären das sozioneurowissenschaftlich aus der Notwendigkeit der Zurechnung von Handlungen in größeren Gruppen von 50 und mehr Einzelwesen. Nun stellt sich mir aber die Frage, was Ursache und was Wirkung ist. Entstand das Bewusstsein als notwendige Folge davon, dass 50 und mehr Individuen zusammenlebten, oder ermöglichte die Entstehung des Bewusstseins das Zusammenleben von 50 und mehr Individuen? In letzterem Fall läge die Entstehung des Bewusstseins weiterhin im Dunkeln.

Georg Kreutzberg: Ich würde diese Frage auch so stellen. Wir wollen auf diese Fragen auch eine befriedigende Antwort haben. Aber die Art der Frage entsteht aus unseren Denkmustern, aus unserer Denkerziehung. Möglicherweise aber gibt es darauf keine Antwort in dem Sinne, wie wir es erwarten und erhoffen. Wahrscheinlich war es so, dass ein Alpha-Tier dieses Bewusstsein besonders stark hatte und deshalb zum Alpha-Tier wurde. Einer meiner akademischen Lehrer, der Genetiker Theodosius Dobzhansky vom Rockefeller Institut in New York, sagte immer: »Nothing in biology makes sense – except in the light of evolution.« Das ist eine einfache, aber unglaublich tiefe Einsicht. Das gilt auch für all diese Eigenschaften wie Bewusstsein. Dass die einmal entstanden sind, bezweifelt ja keiner. Und wenn sie einmal entstanden und in unser Erbgut eingegangen sind, dann war damit ein Überlebensvorteil verbunden. Insofern dürfen wir nicht fragen, wie was entstanden ist und warum, sondern welcher Vorteil damit jeweils verbunden ist. Und da steht für mich das soziale Element im Vordergrund, das erfordert, dass die Individuen einer Gemeinschaft wissen, wer sie sind. Dazu gehört Bewusstsein. Das hat sich wahrscheinlich auch allmählich entwickelt und als großer Vorteil für die Gruppen erwiesen, die es hatten. Diese Gruppen haben dann überlebt. So könnte ich mir das vorstellen.

Matthias Eckoldt: Aber es gibt keine Beweise dafür, dass es so war.

Georg Kreutzberg: Nein.

Warum gibt es Bewusstsein?

Matthias Eckoldt: Was sagen Sie als Hirnforscher zu der Entwicklung des Bewusstseins? Warum gibt es im Universum haufenweise Atome, die sich auf bestimmte Weise zusammenballen und denen ihr Seinszustand völlig egal ist. Und dann gibt es plötzlich auf einem unbedeutenden, randständigen Planeten namens Erde Materie, die von sich selbst weiß? Das ist doch ein unglaubliches Wunder und für die Hirnforschung ein ungelöstes Rätsel, weil man nicht erklären kann, wie aus den materiellen Prozessen in den Neurone mentale Zustände entstehen können, die Bewusstsein bilden.

Georg Kreutzberg: Wir können es nicht experimentell nachspielen. Aber viele dieser Fragen werden heute mithilfe computergestützter Modellierungen angegangen und zum Teil auch gelöst. Beispielsweise die Frage: Was war vor dem Urknall? Diese Frage galt noch vor zehn Jahren als unwissenschaftlich. Inzwischen zeigen mir die Astrophysiker ihre Modellrechnungen für die Zeit vor dem Urknall. Selbst auf solch hypothetische Fragen gibt es heute bereits Antworten. Da wird es nicht mehr lange dauern, bis es auch zur Entstehung des Bewusstseins und zum Zusammenhang von Materie und Bewusstsein sinnvolle Modelle gibt.

»Ich halte die Neurowissenschaft für komplett überschätzt!«

Harald Walach über Quantenverschränkungen, chaotische Systeme und ein Experiment mit einem tibetischen Lama

Harald Walach, *geboren 1957, war Professor für Forschungsmethodik komplementärer Medizin und Leiter des Instituts für Transkulturelle Gesundheitsforschung an der Europa-Universität Viadrina in Frankfurt an der Oder. Er promovierte an der Universität Basel in Psychologie sowie in Philosophie und Wissenschaftsgeschichte an der Universität Wien. 1998 habilitierte er an der Universität Freiburg zum Professor für Psychologie. Sein Arbeitsschwerpunkt ist die Untersuchung komplementärmedizinischer Behandlungen. Er entwickelte unter anderem den Freiburger Fragebogen zur Achtsamkeit. Letzte Publikation zum Thema:* Spiritualität. Warum wir die Aufklärung weiterführen müssen *(2015).*

Das Leib-Seele-Problem

MATTHIAS ECKOLDT: Warum und wie ist Bewusstsein zu einem Thema für Sie geworden?

HARALD WALACH: Ich habe mich immer schon mit dem Leib-Seele-Problem beschäftigt. Am Anfang meines Psychologiestudiums hat mir mein Lehrer, Jochen Fahrenberg, einen Artikel von ihm über das Leib-Seele-Problem geschenkt. Mit einer Widmung! Der war extrem wichtig für mich. Ich hab den wochenlang intensiv studiert. Das war für mich der Einstieg in dieses Thema. Richtig ans Herz gewachsen ist mir das Thema, weil ich begann, mich mit Meditation zu beschäftigen.

Matthias Eckoldt: Theoretisch oder praktisch?

Harald Walach: Praktisch zuerst. Beim Meditieren habe ich erfahren, wie stark sich Bewusstsein auf körperliche Prozesse auswirkt. Wenn man einmal die Erfahrung eines wirklich tiefen Entspannungszustands macht und sich ein Schmerz löst oder die Glieder warm werden oder sich das Körpergefühl auf noch andere Weise verändert, dann erlebt man, wie wirkmächtig das Bewusstsein ist.

Matthias Eckoldt: Sie sind also theoretisch und praktisch vom Leib-Seele-Problem aus gestartet. Was macht denn Bewusstsein in Ihren Augen zu einem besonderen Gegenstand des Nachdenkens?

Harald Walach: Ich habe Psychologie und Philosophie studiert. In beiden Fächern ist das Leib-Seele-Problem ein Kernthema. Mir ist schnell klar geworden, dass der Dualismus von Leib und Seele, den Descartes eingeführt hat, ein Grundproblem der abendländischen Philosophie ist. Wenn man der Analyse Descartes' folgt, für die einiges spricht, ist Geist, oder wie wir heute sagen: Bewusstsein, nicht ausgedehnt, wohingegen Materie immer in einer Ausdehnung vorliegt, Trägheit und Masse hat. Von daher ist die Frage, die sich aus dieser Analyse ableitet, durchaus berechtigt: Wie kann sich unser Bewusstsein, das seinem Wesen nach nicht ausgedehnt und nicht räumlich ist, auf materielle Prozesse auswirken, die immer nur räumlich zu denken sind? Das ist eine philosophische Frage, die bis heute nicht gelöst ist.

Matthias Eckoldt: Und ebenfalls andersherum.

Harald Walach: Andersherum genau so: Wie können massehaltige, materielle Prozesse Veränderungen im masselosen, nicht räumlichen Bewusstseinszustand bewirken?

Matthias Eckoldt: Ist das eine philosophische Frage, oder ist es vielleicht einfach nur eine falsch gestellte Frage? Denn es ist ja bei jedem Menschen offensichtlich, dass Leib und Seele beziehungsweise Körper und Bewusstsein miteinander wechselwirken.

Harald Walach: Ich denke, Fragen sind niemals falsch gestellt. Möglicherweise kann man sie glücklicher stellen. Aber in jedem Fall ist die Frage nach dem Zusammenhang von Leib und Seele eine sinnvolle Frage, die sich aus der philosophischen Tradition ergeben hat und die sich in der neueren Fachliteratur als zugespitztes Problem zeigt.

In den 1970er-, 1980er-Jahren dachte man, dass das Problem gelöst wäre, nachdem die materialistische Identitätstheorie des Geistes um sich gegriffen hatte. Da dachte man, das ist doch alles ganz simpel: Das Bewusstsein entsteht einfach im Gehirn. Dann aber kamen wieder Gegenargumente, etwa von David Chalmers.

Das schwierige Problem des Bewusstseins

Matthias Eckoldt: Das »schwierige Problem des Bewusstseins« nannte das der australische Philosoph Chalmers und brachte damit zum Ausdruck, dass es völlig ungeklärt ist, wie physikalische Abläufe im Gehirn subjektive Empfindungen hervorrufen können.

Harald Walach: So hat das Chalmers genannt. Ich finde das eine sehr schöne Formulierung, weil sie unterscheidet zwischen den wirklich harten Problemen des Bewusstseins und jenen, die mit neurowissenschaftlichen Mitteln auf einer empirischen Basis zu lösen sind. Beispielsweise die Fragen nach der Wahrnehmung, dem Gedächtnis oder nach Lernvorgängen.

Matthias Eckoldt: Welchen Stellenwert würden Sie den Neurowissenschaften bei der Lösung des Problems überhaupt einräumen?

Harald Walach: Ich halte die Neurowissenschaft für komplett überschätzt! Das ist ein wichtiger Zweig unserer Physiologie, der uns zeigt, welche Prozesse im Gehirn ablaufen. Viele dieser Prozesse kann man ja mit den bildgebenden Verfahren relativ gut sichtbar machen. Doch die Überbewertung der bunten Bilder halte ich für gefährlich. Man meint, man hätte etwas verstanden, wenn man diese Abbilder der Hirnaktivität erhält. Aber eigentlich hat man nichts verstanden, außer dass in bestimmten Hirnarealen Stoffwechseltätigkeit sichtbar wird. Wenn beispielsweise Leute sehr gut musizieren können, machen die das mit weniger Aufwand als Menschen, die das nicht so gut können. Wenn Neurowissenschaftler nun bei derselben Aufgabenstellung bei einem Probanden möglicherweise sehr viel Hirnaktivität, bei einem anderen vergleichsweise weniger sehen, wie aussagekräftig ist das dann? Gerade eben habe ich eine Studie gelesen, die davon ausgeht, dass 70 Prozent der Untersuchungen in den Neurowissenschaften zu falschen Ergebnissen gekommen sind, weil sie alle falsche Schätzparameter verwendet haben.

Matthias Eckoldt: Nun gut, aber solche und ähnliche methodische Probleme hat jede Wissenschaft. Das ist letztlich der Katalysator für neue Wege.

Harald Walach: Selbst wenn man das konzediert, bleibt das Problem, dass uns die Neurowissenschaften über diese Schaltstelle zwischen Körper und Bewusstsein gar nichts sagen können, weil sie lediglich die materiellen Prozesse abbilden. Sonst nichts!

Matthias Eckoldt: Es gibt da zumindest einen Parallelismus. Wenn bestimmte geistige Prozesse ablaufen, zeigen sich charakteristische neuronale Muster. Deswegen reden die Neurowissenschaftler ja auch von den NCCs, den *neuronal correlates of consciousness*, den neuronalen Korrelaten des Bewusstseins.

Harald Walach: Das mag ja sein, aber diese Korrelate sagen nichts über die Innensicht aus, die ja das entscheidende Moment bei Bewusstseinsvorgängen ist.

Phänomenales Bewusstsein

Matthias Eckoldt: Das wäre dann der sogenannte phänomenale Aspekt des Bewusstseins, die innere Erfahrung der Empfindung.

Harald Walach: Wenn ich hier jetzt meinen Tee trinke und mich der Tee auf eine bestimmte Weise aktiviert, könnte man das vielleicht an der Erhöhung des Blutdrucks messen. Aber dieses Messergebnis sagt nichts darüber aus, wie sich das in mir anfühlt.

Matthias Eckoldt: Das hat ja der US-amerikanische Philosoph Thomas Nagel in seinem berühmten Aufsatz, »Wie es ist, eine Fledermaus zu sein«, so schön auf den Punkt gebracht. Selbst wenn man alle biologischen und physikalischen Fakten über die Fledermaus erhoben hätte, dann wüsste man noch lange nicht, wie es sich anfühlt, eine Fledermaus zu sein.

Harald Walach: Nagel hat diesen Aufsatz bereits Mitte der Siebzigerjahre geschrieben, aber er hat das vor Kurzem noch einmal zugespitzt und die Dominanz des materialistischen Weltbildes hinterfragt. Die Grundvoraussetzungen, mit denen da operiert wird, sind genau das: Grundvoraussetzungen. Die kann man akzeptieren oder auch nicht. Damit aber steht und fällt das gesamte Gebäude. Der Materialismus würde das Zentrale in der Darstellbarkeit des Geistes in materiellen Formen sehen. Ich finde das unbefriedigend. Für mich ist eben diese Phänomenalität, die Innenperspektive des Bewusstseins der entscheidende Aspekt am Phänomen des Bewusstseins. Die Herausforderung sehe ich darin, diese Innensicht zu erkunden. Das kann der Materialismus der Neurowissenschaft nicht.

Freier Wille

Matthias Eckoldt: Es gibt ja von den Neurowissenschaften einige Befunde, die zumindest ein merkwürdiges Licht auf das Bewusstsein werfen. Demnach hinkt das Bewusstsein den vom Hirn getroffenen Entscheidungen hinterher. Oder nehmen Sie die Introspektionsillusion. Also diese eigentlich erstaunliche Tatsache, dass wir anderen sehr gern Vorurteile zusprechen, uns selbst aber für weitestgehend frei davon halten. Wie sehen Sie solche kontraintuitiven Befunde als Psychologe?

Harald Walach: Diese kontraintuitiven Befunde machen Wissenschaft spannend. Davon gibt es in der Psychologie eine Menge. Aber all diese Untersuchungen stellen nicht die Frage des Bewusstseins an sich. Nehmen Sie nur das berühmte Libet-Experiment, das beweisen soll, dass wir keinen freien Willen haben, weil sich vor der bewussten Entscheidung für das Bewegen des Handgelenks bereits im Hirn etwas tut. Kollegen von mir aus Freiburg haben dieses Experiment nachgemacht und konnten einen tibetischen Lama als Probanden gewinnen. Der konnte, geschult durch seine meditative Praxis, sehr präzise erzählen, was in ihm vorging. Auf diese Weise konnte in dem Experiment geklärt werden, dass die Potenziale, die dem Willensakt vorauslaufen, einen Willensdrang beschreiben. Das ist also in der Tat eine vorbereitende Aktivität des Gehirns, die diese motorische Entscheidung wahrscheinlicher macht. Allerdings bedingt sie diese Entscheidung nicht, weil es in etwa 30 Prozent der Fälle auch motorische Entscheidungen ohne dieses vorbereitende Potenzial gab. Außerdem konnte der Lama diesem Willensdrang – »urge« nannte er das auf Englisch – auch widerstehen. Das zeigt ganz deutlich, dass die Interpretation des Libet-Experiments als Beweis dafür, dass Menschen keinen freien Willen haben, einfach falsch ist. Wenn ich mir die Welt anschaue, dann ist jeder Süchtige, der von sich aus seiner Sucht nicht mehr nachgibt, ein Beleg für den freien Willen des Menschen.

Matthias Eckoldt: Aber auf jeden Fall belegen diese Experimente, dass der Drang dem Bewusstsein vorausläuft. Das heißt doch aber, dass ich mich nicht bewusst für eine Handlung entscheide, wenn der Drang, der uns ja nicht bewusst ist, vor der bewussten Entscheidung kommt.

Harald Walach: Das Interessante dabei ist aus meiner Sicht, dass sich dieser Drang nicht unbedingt durchsetzt, dass also das Bewusstsein dem Drang nicht folgen muss. Ich denke schon, dass wir die physiologischen Bedingtheiten unserer Existenz ernst nehmen müssen. Wir haben nun einmal bestimmte Rahmenbedingungen, die wir nicht überschreiten können. Wenn ich aus dem fünften Stock springe, bin ich tot, wenn ich unten ankomme, da ich nicht fliegen kann. Wenn ich nichts esse und nichts trinke, sterbe ich auch, weil unsere Physiologie auf eine ganz bestimmte Weise angelegt ist. Insofern ist auch unser Gehirn ein wertvolles Instrument, um Entscheidungen vorzubereiten, durchzuspielen, einen davor zu bewahren, dumme Entscheidungen zu treffen. Aber letztlich ist das Gehirn aus meiner Sicht eher ein Hilfsmittel als eine determinierende Maschine.

Matthias Eckoldt: Die letztlich getroffene Entscheidung wäre bewusst. Was wäre dann für Sie der von dem Lama verspürte Drang? Wäre der vorbewusst oder unbewusst?

Harald Walach: Das ist nicht so einfach zu klären. Der Lama hat nach innen geschaut und festgestellt, dass da ein Drang kommt, den Finger zu bewegen. Und diesen Drang beobachtet er. Dem kann er auch widerstehen. Wenn er dem Drang nachgibt, dann sieht man in zwei Dritteln der Fälle, dass sich ein Bereitschaftspotenzial bildet. Das heißt Bereitschaftspotenzial, weil es die Bereitschaft zu einer Handlung zwar erhöht, sie aber nicht determiniert.

Meditation

Matthias Eckoldt: Da sie gerade von dem Lama sprachen, möchte ich Sie fragen, ob Ihre Meditationspraxis Ihren Weg in den Wissenschaften beeinflusst hat?

Harald Walach: Sicherlich. Durch die Meditation habe ich gemerkt, wie hilfreich eine Hinwendung zu den inneren Zuständen sein kann. Als dann das Thema Achtsamkeit aufkam, sind einige Studierende auf mich zugekommen und haben mich gefragt, ob man nicht dazu wissenschaftlich etwas machen könne. Dann haben wir losgelegt und, ich glaube, als die Ersten in Deutschland Achtsamkeit erforscht.

MATTHIAS ECKOLDT: Hat die Achtsamkeitsforschung Ihren Begriff vom Bewusstsein und Ihren Blick auf das Phänomen verändert?

HARALD WALACH: Eigentlich nicht. Denn wir haben angewandte Forschung betrieben und untersucht, wie sich Achtsamkeit auf Gesundheit auswirkt. Wir konnten beobachten, dass Probanden, die Achtsamkeit praktizieren, einen Zuwachs an Freiheit erfahren, weil sie eine Art Distanz zu ihren eigenen inneren Akten aufbauen können. Die merken dann beispielsweise, wie ein Schmerzimpuls aufsteigt, und können sich dazu verhalten. Wir hatten auch eine Fibromyalgie-Patientin. Diese Menschen haben sehr starke, generalisierte Schmerzen, und reagieren nicht auf Schmerzmittel. Die hatten durch das Achtsamkeitstraining nicht weniger Schmerzen, konnten aber besser damit umgehen. Eine Patientin hat das mal so ausgedrückt: »Ich bin seit zwanzig Jahren nicht mehr weggefahren, weil ich immer das Gefühl hatte, ich muss in der Nähe meines Arztes sein, falls die Schmerzen schlimmer werden. Aber jetzt fahre ich in den Urlaub!« Es hat sich nichts an ihren Schmerzen geändert, aber sie konnte das Verhältnis zu dem, was in ihr vorgeht, verändern. Das hat ihr mehr Freiheitsgrade verschafft.

Determinismus

MATTHIAS ECKOLDT: Dieses Beispiel ist ja letztlich der beste Beweis für die Existenz des freien Willens.

HARALD WALACH: Genau! Deswegen finde ich auch die These, wir hätten keinen freien Willen, geradezu töricht. Es stimmt zwar, dass die Psychologie den alltäglichen Selbstverständlichkeiten auf die Pelle rückt, aber deswegen darf man doch das Kind nicht mit dem Bade ausschütten und so tun, als wäre unser Bewusstsein ein ferngesteuerter Automatismus.

MATTHIAS ECKOLDT: Abgesehen davon wird ja auch nur ein eher kleiner Teil unserer Handlungen wirklich rational vorbereitet. Über die allermeisten Handlungen, die ich jeden Tag durchführe, denke ich nicht einen Moment nach.

Harald Walach: Das stimmt schon, aber selbst wenn der Anteil bewusster Handlungen bei lediglich einem Prozent liegen sollte, kann man draus nicht schlussfolgern, dass *alles* determiniert ist.

Matthias Eckoldt: An der Stelle kommt der Determinismus ins Spiel, also die Vorstellung, dass die Welt kausal geschlossen ist und alles nach dem Ursache-Wirkungs-Prinzip funktioniert und damit auch zumindest prinzipiell erklärbar ist. Insofern hängt der Determinismus natürlich eng mit der physikalistischen Weltsicht zusammen.

Harald Walach: Aber das Interessante daran ist ja, dass der Determinismus nicht einmal innerhalb der Physik funktioniert. Die Leute, die sich darauf beziehen, halten an einem vormodernen Verständnis von Materie fest. Wenn man die neueren Erkenntnisse der Physik zusammennimmt, kann man ein deterministisches Weltbild gar nicht mehr ernst nehmen. Das kommt noch aus dem Zeitalter der Mechanik. Wenn man allein schon einmal die moderne Systemtheorie betrachtet, wird klar, dass materielle Systeme chaotisch sind und es gar nicht möglich ist, solche Systeme deterministisch durchzurechnen.

Matthias Eckoldt: Aber selbst wenn man die gesamten Grundlagen materieller Prozesse in den Griff bekommen würde, wäre ja trotzdem das Grundproblem noch nicht aus der Welt geschafft, wie nämlich materielle Zustände geistige Zustände mit einem inneren Erfahrungshorizont ermöglichen können.

Harald Walach: Und zwar genau aus dem Grund, weil eben die Möglichkeit besteht, in Form des freien Willens gegen die angebliche materielle Determination zu handeln. Jeder, der sich freiwillig entscheidet zu fasten, ist ein lebendiger Beweis dafür. Wie sollte man auf materialistische Weise erklären, dass Herr Müller nach über fünfzig Jahren, die er ohne jeglichen Verzicht in Ernährungsfragen ausgekommen ist, plötzlich zu fasten beginnt? Das müsste ein so hyperkomplexes Erklärungsmodell sein, dass man fast schon wieder die göttliche Vorsehung einführen müsste, die nun gar nicht im Sinne des Materialismus ist. Denn im Prinzip müsste dann ja direkt nach dem Urknall, mit dem die uns bekannten physikalischen Gesetzmäßigkeiten entstanden, auch der Entschluss für das Fasten von Herrn Müller festgestanden haben.

Komplementarität

Matthias Eckoldt: Wie gestaltet sich Ihr Zugang zum Bewusstsein als Untersuchungsgegenstand konkret? Wie würden Sie Bewusstsein definieren?

Harald Walach: Ich sehe Bewusstsein und Materie als komplementäre Erscheinungsformen derselben Sache. Damit wird die Materie nicht als das Grundlegende angesehen, sondern als eine transzendente Realität, die sich zunächst erst einmal weder als Geist noch als Materie interpretieren lässt. Uns Menschen mit unserer speziellen Konstitution erscheinen diese beiden Dinge immer in der Doppelform.

Matthias Eckoldt: So wie es der Physiker Nils Bohr für das Licht gezeigt hat.

Harald Walach: Genau. Licht zeigt sich entweder als Partikelstrom oder als Welle. Je nachdem, welche Art der Messung man anwendet. Dass es sich so ähnlich mit Bewusstsein verhält, finde ich schlüssig. Bewusstsein ist eine Form, in der sich die Realität zeigt. Wenn es sich im menschlichen Organismus zu einer gewissen Komplexität entwickelt hat, zeigt es sich sowohl als ein materielles System als auch als Bewusstsein. Diese beiden Zustände sind offensichtlich so eng aufeinander bezogen, dass in gewissem Sinne kein Papier dazwischen passt. Deswegen passt hier der Begriff der Komplementarität so hervorragend, weil wir es hier mit zwei sich anscheinend ausschließenden oder widersprechenden Beschreibungsweisen zu tun haben, die wir aber beide brauchen, um die Sache zu verstehen. Interessanterweise übernahm Nils Bohr den Begriff der Komplementarität aus der Psychologie in die Physik, um diese merkwürdigen Messergebnisse zu beschreiben, die bei den Messungen des Lichts auftraten. Ich finde, dass dieses Komplementaritätsprinzip auch eine kluge Beschreibung für die Realität als solche ist. Das ist aber nicht meine Erfindung. Im Prinzip haben bereits Spinoza und Leibniz ähnliche Beschreibungen vorgelegt. Auch der Ansatz von C. G. Jung beruht auf dem Gedanken, dass es eine Welt gibt, die sich in zwei verschiedenen Formen zeigt.

Matthias Eckoldt: Das Leib-Seele-Problem selbst ist damit aber noch nicht geklärt.

Harald Walach: Das nicht, aber wir hätten mit dem Komplementaritätsprinzip zumindest erst einmal eine begriffliche Beschreibung, bei der die Dualität nicht geleugnet, zugleich aber ein Monismus beibehalten wird.

Erleuchtung

MATTHIAS ECKOLDT: Aber einen unmittelbaren Zugang zu dieser von Ihnen beschriebenen Einheit von Bewusstsein und Materie gibt es nicht. Mit anderen Worten: Für uns Menschen ist diese Wirklichkeit immer nur in der Komplementarität von Bewusstsein und Materie erfahrbar.

HARALD WALACH: Da wäre ich mir gar nicht so sicher. Vielleicht stellt ja eine Erleuchtungserfahrung, wie man sie aus den spirituellen Traditionen kennt, den unmittelbaren Zugang zu dieser vorliegenden Wirklichkeit durch das Bewusstsein selbst dar.

MATTHIAS ECKOLDT: Inwiefern kann man solche außergewöhnlichen Bewusstseinszustände untersuchen?

HARALD WALACH: Untersuchungen sind da enge Grenzen gesetzt. Letztlich kann man nur die entsprechenden Berichte analysieren. Wenn man das tut, sieht man, dass es dabei quer durch die Kulturen hindurch ein paar Konstanten gibt. Es liegt nahe, dass es sich dabei wirklich um einen unmittelbaren Zugang zur Wirklichkeit handelt. Man findet nämlich in den Berichten immer wieder die Erfahrung geschildert, dass die gesamte Wirklichkeit eng verbunden ist. Das würde die Komplementaritätsidee stützen. Wenn das stimmt, gäbe es zwei Zugangsarten zu dieser Wirklichkeit. Die eine, die die materielle Beschaffenheit der Welt analysiert, stammt von den Naturwissenschaften, die andere würde sich dann durch die Innenschau des Bewusstseins ergeben.

Bewusstsein und Materie

MATTHIAS ECKOLDT: Würden Sie dann trotzdem sagen, dass Bewusstsein an Materie gebunden sein muss?

HARALD WALACH: Nicht unbedingt, allerdings haben wir momentan nicht so wahnsinnig viele Hinweise darauf, dass es auch anders geht. Einige empirische Belege gibt es vielleicht. Beispielsweise die Daten, die Ian Stevenson und Erlendur Haraldsson vorgelegt haben. Das sind Reinkarnationsforscher. Die haben ein paar Fälle gefunden, die hoch interessant sind, wo Menschen Geburtsmale tragen und behaupten, dass die aus einem früheren Leben stammen – von einem Unfall oder einem Schuss beispielsweise. Die sorgfältige Aktenforschung hat dann gezeigt, dass dem in einigen Fällen tatsächlich so war. Da gibt es nicht sonderlich viele Fälle, die mich wirklich überzeugen, aber es gibt ein paar. Das wäre dann ein Beleg dafür, dass Bewusstsein zumindest ohne die Bindung an uns bekannte materielle Träger existiert. Vielleicht gibt es materielle Systeme, die wir nicht kennen.

Matthias Eckoldt: Die gibt es ganz sicher. Nehmen Sie nur die sogenannte dunkle Materie.

Harald Walach: Die mittelalterliche Philosophie hat immer mit der sogenannten Engelsmaterie hantiert. Die haben auch vermutet, dass Bewusstsein an Materie gebunden sein muss. Deswegen gingen sie davon aus, dass es dementsprechend auch Engelskörper geben muss. Das klingt aus unserer heutigen Perspektive ein wenig albern. Aber wenn die Astrophysiker heute davon ausgehen, dass wir überhaupt nicht wissen, woraus 95 Prozent der Materie in unserem Universum bestehen, klingt es nicht so abwegig, dass es andere Materieformen gibt, an die Bewusstsein angekoppelt sein könnte. Jenseits der Reinkarnationsforschung ist auch die empirische Forschung zu spiritistischen Phänomenen ganz interessant. Gary Schwartz aus Arizona hat Medien untersucht, die Informationen von Verstorbenen erhalten. Die sind gar nicht so uninteressant. Schwartz hat sichergestellt, dass die Medien nichts über die Verstorbenen wissen. Es gibt da eigentlich nur zwei Interpretationen: Entweder hatten die Medien tatsächlich Kontakt zu den Geistern der Verstorbenen, oder diese Medien können auf Informationen zugreifen, die nicht zu lokalisieren sind. Das wäre dann ein Argument für die Existenz eines überindividuellen Informationsfeldes. Das wären zwei Hinweise darauf, dass Bewusstsein eventuell auch nicht an Materie gebunden vorliegen kann, aber uns Normalsterblichen ist Bewusstsein nur im Zusammenhang mit körperlichen Systemen zugänglich.

Matthias Eckoldt: Insofern würden Sie auch keine grundsätzlichen Zweifel an der Grundthese der Neurowissenschaft anmelden, dass jeder mentale Bewusstseinszustand eine neuronale Entsprechung hat.

Harald Walach: Ich denke, das ist eine ganz vernünftige Ansicht. Allerdings halte ich das in der Fokussierung auf die neuronalen Prozesse für ein wenig überkandidelt. Denn wir haben in unserem Kopf zehn Mal mehr Gliazellen als Neurone. Insofern könnte es sein, dass auch die Gliazellen in die Bewusstseinsprozesse mit hineinspielen. Außerdem haben wir eine weitere Zehnerpotenz mehr Bakterien in unserem Organismus sitzen. Vielleicht spielen die ja auch eine Rolle. Kein Mensch weiß, wie diese physiologischen Systeme zusammenhängen. Ich sehe da eine gewisse Überheblichkeit der modernen Naturforschung, die immer davon ausgeht, dass ihr gegenwärtig verfolgter Ansatz der einzig wahre ist. Wenn man mittelalterliche Literatur liest, sieht man, dass es bereits 1280 Leute gab, die gesagt haben: Wir sind die Modernen, wir wissen jetzt, wie es geht. Die haben dann verächtlich darauf zurückgeschaut, was ihre Vorgänger um 1220 gedacht hatten. Das ist heute ganz genauso. Kaum wurden Maschinen wie das MRT erfunden, mit denen man zeigen kann, wie die Stoffwechselvorgänge in den Neuronen funktionieren, werden die neuronalen Vorgänge zum universellen Erklärungsprinzip erhoben. Möglicherweise aber spielen da noch ganz andere Vorgänge mit hinein. Es ist unstrittig, dass Gedanken in irgendeiner Form eine körperliche Resonanz haben, aber ob die allein durch die Untersuchung der Neurone aufgeklärt werden kann, wage ich zu bezweifeln.

Matthias Eckoldt: Die moderne Neurowissenschaft heißt ja so, weil sie sich gerade auf die Neurone konzentriert hat.

Harald Walach: Das stimmt, aber ich finde, man sollte sich, wenn man sich auf eine bestimmte Sache konzentriert, immer im Klaren darüber sein, dass es eine Konzentration ist, die eine Abstraktion vom Ganzen und die Fokussierung eines bestimmten Aspektes darstellt. Man sollte einen solchen Prozess mit einer gewissen Demut versehen, denn es kann ihm eine kluge Idee zugrunde liegen, aber eben auch eine törichte. Die Phrenologie beispielsweise gab es schon im 18. Jahrhundert; die Phrenologen sagten: Dieser Hirnteil ist für Sprache, ein anderer für das Wollen, wieder ein anderer für das Hören oder den Geschlechtstrieb zuständig. Das hat sich im Laufe der Geschichte als Irrtum herausgestellt, und ich finde, die Hirnforschung ist mit ihren bunten Bildern nicht wirklich viel weiter gekommen. Der Fortschritt besteht eigentlich nur in der Genauigkeit und im Wissen darum, dass die phrenologische Idee falsch ist, weil es immer um Zusammenhänge im Gehirn geht und die Areale ihre Funktionen nicht isoliert voneinander vollbringen.

Matthias Eckoldt: Wenn wir davon ausgehen, dass materielle Prozesse die Bedingung für Bewusstsein darstellen, ergreift mich immer wieder ein regelrechtes Schaudern, wenn ich mir vorstelle, dass die gewaltigen Materiemassen, aus denen unsere Galaxien bestehen, offensichtlich ohne Bewusstsein auskommen, während hier auf der Erde einige wenige materielle Prozesse von Bewusstsein begleitet sind. Geht Ihnen das ähnlich?

Harald Walach: Das erscheint mir auch als ein mittelgroßes Wunder!

Ismen der Bewusstseinsforschung

Matthias Eckoldt: Nun gibt es ja verschiedene Perspektiven, aus denen man dieses mittelgroße Wunder bedenken kann. Diese Perspektiven sind unter philosophischen Markennamen wie Monismus, Materialismus, Dualismus, Realismus und Naturalismus bekannt. Was halten Sie von diesen Schubladen, und wozu würden Sie Ihre Art des Nachdenkens zugehörig erklären?

Harald Walach: All diese Zuschreibungen erinnern mich an einen bekannten Witz aus der Psychiatrie.

Matthias Eckoldt: Würden Sie den bitte erzählen?

Harald Walach: Ein Besucher wird in der Psychiatrie herumgeführt. In einem der Zimmer rufen sich die Insassen Zahlen zu. Einer sagt 128, alle lachen. Darauf sagt ein anderer 120, alle lachen. Der Besucher erkundigt sich, was in diesem Zimmer los sei. Da erklärt ihm der Leiter der Psychiatrie, dass sich die Patienten gegenseitig Witze erzählen. Weil sie alle kennen, haben sie sie nummeriert, damit das Erzählen schneller geht. Daraufhin sagt der Besucher: »423!« Die Patienten bekommen regelrechte Lachanfälle und können gar nicht mehr aufhören. Da fragt der Besucher: »Was ist denn jetzt los?« Sagt der Leiter der Psychiatrie: »Den Witz kannten sie noch nicht.« So ähnlich geht es mir mit den philosophischen Markennamen. Das sind Kürzel für sehr komplexe Forschungsprogramme, die von verschiedenen Leuten unterschiedlich verwendet werden. Materialisten gehen in der Regel davon aus, dass nur Materie real ist und Bewusstsein sich in irgendeiner Form aus der Anordnung von Materie erklären lässt. Das ist aus meiner Sicht unbefriedigend. Dann gibt es die idealistischen Positionen, die davon ausgehen, dass Bewusstsein das Primäre ist und Materie sich in irgendeiner Weise davon ableitet. Das ist für mich dasselbe in Grün, nur halt andersherum gedacht. Diese Denkrichtung finden Sie im Deutschen Idealismus, aber eben auch in Indien. Die gesamte Vedanta-Philosophie ist so konstruiert, dass Materie aus Bewusstsein abgeleitet wird. Dann gibt es Dualisten wie René Descartes, die davon ausgehen, dass es zwei verschiedene Substanzen im Universum gibt, die in irgendeiner Form zusammenhängen. Da stellt sich die Frage, wie genau sie zusammenhängen. Gerade das ist dann aber das ungeklärte Problem. Der Realismus wiederum wäre dann eher eine erkenntnistheoretische Position, die davon ausgeht, dass wir mit unseren Sinnen und unserem Tun tatsächlich die Realität fassen können. Das greift für mich auch zu kurz. Mir schwebt eher ein transzendenter Monismus vor, nach dem es eine Form von Realität in der Wirklichkeit gibt, die sich uns Menschen in der Doppelnatur von Materie und Bewusstsein zeigt. Leibniz ist davon ausgegangen, dass bereits die kleinsten Bestandteile der Wirklichkeit beide Seiten in sich vereinen. Das scheint mir immer noch die stimmigste Variante zu sein.

Matthias Eckoldt: Das wäre die vorhin besprochene komplementaristische Position.

Harald Walach: Genau. Aus dieser Position geht denn auch hervor, dass weder der Materialismus noch der Idealismus eine vollständige Beschreibung liefern können, weil keine der Erscheinungsweisen der Wirklichkeit für sich genommen der Wirklichkeit gerecht wird.

Matthias Eckoldt: Ihre Position läuft aber letztlich auf einen Monismus hinaus – die Vorstellung also, dass im Grunde alle Phänomene letztlich auf ein Prinzip zurückgehen. Im Gegensatz zum Dualismus, der zumindest von zwei getrennten Substanzen ausgeht.

Harald Walach: Das ist ein Monismus. Ganz sicher. Denn mir gefällt dieser Aspekt der Wissenschaft, der es darum geht, die *eine* Wirklichkeit zu verstehen. Da haben die Naturwissenschaften übrigens eine Parallele mit den spirituellen Traditionen, die auch davon ausgehen, dass es eine Wirklichkeit gibt. Soweit gehe ich da gerne mit. Den materialistischen Monismus der Naturwissenschaften halte ich aber für ziemlich verkürzt.

Matthias Eckoldt: In den Naturwissenschaften gab es ja – gerade in der Geist-Gehirn-Problematik – nicht nur den Monismus. Wenn man an Popper und Eccles denkt, die haben ja eine Theorie der Liaison-Zentren aufgestellt, wo der Geist mithilfe quantenphysikalischer Effekte mit der Materie in Kontakt steht.

Harald Walach: Die Theorie sagte, dass über Quantenschwankungen in den Vesikeln der Neurone der Geist in materielle Systeme eingreifen kann. Diese ambitionierte Theorie löst aber leider das Problem nicht. Trotzdem haben die dualistischen Positionen auch etwas für sich, denn sie spiegeln die Phänomenologie, von der wir ausgehen müssen, da sich uns Geist und Materie ja als zwei ihrem Wesen nach unterschiedliche Substanzen darstellen.

Generalisierte Quantentheorie

Matthias Eckoldt: Wie ist denn Ihre Vision, um das Geist-Materie-Problem zu lösen?

Harald Walach: Wir haben ein Modell entwickelt, das zugegebenermaßen ein wenig spekulativ ist. Aber es ist ganz spannend, finde ich. Es hat die generalisierte Quantentheorie zur Grundlage. Da möchte ich jetzt nicht zu sehr ins Detail gehen. Nur so viel: Die generalisierte Quantentheorie funktioniert, indem man verschiedene Restriktionen der eigentlichen Quantentheorie weglässt. Dann erhält man eine allgemeine Systemtheorie, die man auf alle möglichen Systeme anwenden kann, in denen komplementäre Größen vorkommen.

Matthias Eckoldt: ... komplementäre Größen wie Bewusstsein und Materie.

Harald Walach: Ich habe das jetzt gemeinsam mit Hartmann Römer in einem Aufsatz zusammengefasst. Und darin haben wir die Quantenverschränkung angewendet, die sich aus dem Modell ergibt, um die Korrelation von psychischen und physischen Systemen zumindest erst einmal zu verstehen. Ich könnte mir vorstellen, wenn das Modell zukünftig noch stärker spezifiziert wird, dass man es durchaus für konkrete Vorhersagen verwenden könnte. Das ist aber noch Zukunftsmusik. In diese Richtung gehe ich im Moment.

Matthias Eckoldt: Wo gibt es auf diesem Weg die größten Baustellen?

Harald Walach: Zunächst einmal wollen wir belegen, dass es tatsächlich generalisierte Quantenverschränkungen gibt. Dazu haben wir ein Experiment entworfen.

Matthias Eckoldt: Können Sie uns davon bereits etwas erzählen?

Harald Walach: Das ist eine Art generalisiertes EPR-Experiment.

Matthias Eckoldt: Das EPR-Experiment geht ja auf die Überlegungen der drei Physiker Albert Einstein, Boris Podolsky und Nathan Rosen zurück, aus deren Anfangsbuchstaben das Kürzel gebildet wurde. EPR jedenfalls beschreibt dieses merkwürdige Phänomen, dass man zwei im Quantenzustand verschränkte Teilchen räumlich egal wie weit voneinander entfernen kann und sie trotzdem sofort reagieren, wenn man eines von ihnen manipuliert bzw. an ihm einen Zustand misst. Dieses Experiment brachte das Thema der Nicht-Lokalität auf.

Harald Walach: Wir stützen uns da auf ein anderes Modell, aus dem letztlich hervorgeht, wie Systeme miteinander in Verbindung stehen können, ohne dass es lokale Wechselwirkungen gibt. In unserem theoretischen Modell gehen wir davon aus, dass solche Verschränkungen oder nicht lokalen Korrelationen auch in anderen Systemen vorkommen können und beispielsweise eigentümliche Phänomene wie Telepathie oder Telekinese verstehbar machen. Das machen wir uns zunutze. Eine Person versucht dabei, nur mit Intuition die Entwicklung eines Fraktals zu »beeinflussen«, die von einem Zufallsgenerator gesteuert wird. Im Unterschied zu klassischen parapsychologischen Experimenten erwarten wir nicht, dass es eine Abweichung von der Zufallsfolge gibt, sondern dass es Korrelationen zwischen physikalischen und psychologischen Variablen gibt, die in diesem Experiment erzeugt werden. Unser Experiment wird zurzeit international repliziert. Dann kommen alle erhobenen Daten in einen Pool, sodass jeder das analysieren kann. Und wenn sich das Experiment dann tatsächlich als replizierbar erweist, dann hätten wir den Beleg dafür, dass es so etwas wie die generalisierte Verschränkung überhaupt gibt. Dann können wir weitermachen und diesen Mechanismus, der kein lokaler, sondern ein nicht lokaler Mechanismus ist, verwenden, um zu verstehen, wie psychische und materielle Systeme in Verbindung treten oder auch sich verbinden lassen. Das ist mein Weg, den ich in den nächsten Jahren einschlagen möchte. Parallel dazu wäre es nötig, dass man sehr gute Argumente zusammenträgt, um den banalen Materialismus der Neurowissenschaft zu entlarven.

Matthias Eckoldt: Wenn sich das, was Sie vorhaben, auf befriedigende Weise einlöst, würde das die Neurowissenschaften in ihrer heutigen Ausrichtung befruchten oder würde Ihr Ansatz einfach beiseitegeschoben werden, da die Neurowissenschaft ja eher auf lokale Wechselwirkungen setzt.

Bindungsproblem

Harald Walach: Unser Ansatz könnte auf alle Fälle weiterhelfen. Beispielsweise könnte man auf dieser Grundlage auch das Bindungsproblem und einige andere sehr schwer verstehbare Koordinationsleistungen im Organismus erklären.

Matthias Eckoldt: Das wäre ja in der Tat sehr spannend. Das Bindungsproblem stellt ja die Frage, wie es möglich ist, dass wir einen einheitlichen, ungebrochenen Bewusstseinsstrom erleben, obwohl unsere Wahrnehmungen in verschiedenen Hirnarealen mit oft beträchtlichen zeitlichen Unterschieden verarbeitet werden. Wie würde da Ihre Erklärung aussehen?

Harald Walach: Wir könnten erklären, wie ein koordinierender Mechanismus innerhalb des physiologischen Systems nicht lokal wirken kann. Damit könnten wir das Bindungsproblem relativ elegant lösen. Aber das ist letztlich eine sehr komplizierte Angelegenheit, für die man von Neurowissenschaft mehr verstehen muss als ich. Ich denke aber, man könnte das über die Kalkulation von Nervenleitgeschwindigkeiten ausrechnen. Das würde die Neurowissenschaft unbedingt bereichern, weil man erklären könnte, wie neuronale Prozesse mit phänomenalen Bewusstseinszuständen zusammenhängen.

Zurück zum Geist-Materie-Problem

Matthias Eckoldt: Genau das ist ja das Geist-Materie-Problem!

Harald Walach: Mit unserer Theorie könnte man es zwar nicht lösen, aber man könnte zumindest einen Vorschlag machen, wie man es verstehen könnte.

Matthias Eckoldt: Wenn ich Sie richtig verstehe, laborieren Sie am selben Problem wie René Descartes, der ja die Zirbeldrüse für die Austauschprozesse zwischen Geist und Materie auserkoren hat. Nur dass Sie mit Ihrer Konzeption der generalisierten Quantentheorie keinen Ort, sondern einen nicht räumlichen Mechanismus für die Kommunikation zwischen Geist und Seele im Blick haben.

Harald Walach: Ja, uns geht es um ein Zusammenhangsverständnis. Das halte ich für wertvoll, weil wir so plausibel machen können, dass es eine Dualität geben kann, ohne dass sie auf einen materiellen Hintergrund festgelegt sein muss. Das wäre eine Verständnishilfe. Ob die dann als Erklärung akzeptiert wird, hängt sicherlich auch davon ab, wie sich andere Bereiche der Wissenschaft entwickeln werden. Ich möchte da keine Vorhersagen treffen. Man kann nur so sorgfältig, wie man kann, an den Themen arbeiten, die einen interessieren. Dann muss man sehen, ob es andere aufgreifen und plausibel finden. Denn Wissenschaft ist letztlich ein sozialer Prozess, dessen Gelingen sehr davon abhängt, wie gut man seine Informationen in den wichtigen Publikationsorganen platzieren kann. In dieser Hinsicht ist die Wissenschaft ein völlig chaotisches System, was seine Vorteile, aber eben auch seine Nachteile hat.

Über den Autor

© Kirsten Breustedt

Matthias Eckoldt, studierte Philosophie, Germanistik sowie Medientheorie und promovierte mit einer Analyse der Massenmedien auf Grundlage der Luhmann'schen Systemtheorie und der Foucault'schen Machtanalytik. Er veröffentlichte Romane, Erzählungen und Fachbücher. Zuletzt *Die Intelligenz der Bienen* (zusammen mit dem Neurowissenschaftler Randolf Menzel), *Eine kurze Geschichte von Gehirn und Geist* sowie *Kann das Gehirn das Gehirn verstehen? Gespräche über Hirnforschung und die Grenzen unserer Erkenntnis* (2. Aufl. 2014).

Seine Arbeit wurde mit dem idw-Preis für Wissenschaftsjournalismus gewürdigt. Daneben erhielt er ein Recherchestipendium des American Council on Germany in New York, ein Aufenthaltsstipendium des Künstlerhauses Lukas in Ahrenshoop sowie den Jury-Preis des Berliner Hörspielfestivals für sein Hörspiel *Ich bin ein Schweinehund, das ist gar nicht auszudenken.*

Schwerpunkte: Systemtheorie der Massenmedien, Machtanalytik moderner Gesellschaften, Konstruktivistische Paradigmen, Moralphilosophie, Verbindung von Wissenschaft und Kunst.